电子商务实务

平文英　张世荣　主编

经济管理出版社
ECONOMY & MANAGEMENT PUBLISHING HOUSE

图书在版编目（CIP）数据

电子商务实务/平文英，张世荣主编. —北京：经济管理出版社，2014.3

ISBN 978-7-5096-3184-3

Ⅰ.①电… Ⅱ.①平…②张… Ⅲ.①电子商务—中等专业学校—教材 Ⅳ.①F713.36

中国版本图书馆 CIP 数据核字（2014）第 143287 号

组稿编辑：魏晨红

责任编辑：魏晨红

责任印制：黄章平

责任校对：张　青

出版发行：经济管理出版社

（北京市海淀区北蜂窝 8 号中雅大厦 A 座 11 层　100038）

网　　址：www. E-mp. com. cn

电　　话：（010）51915602

印　　刷：三河市延风印装厂

经　　销：新华书店

开　　本：889mm×1194mm/16

印　　张：17.25

字　　数：363 千字

版　　次：2014 年 3 月第 1 版　　2014 年 8 月第 2 次印刷

书　　号：ISBN 978-7-5096-3184-3

定　　价：39.00 元

国家级中等职业改革示范校系列教材
编 委 会

序

为深入推进国家中等职业教育改革发展示范学校建设，努力适应经济社会快速发展和中等职业学校课程教学改革的需要，贵州省商业学校作为"国家中等职业教育改革发展示范学校建设计划"第二批立项建设学校，按照"市场需求，能力为本，工学结合，服务三产"的要求，针对当前中职教材建设和教学改革需要，在广泛调研、吸纳各地中职教育教研成果的基础上，经过认真讨论，多次修改，我们编写了这套系列教材。

这套系列教材内容涵盖"电子商务"、"酒店服务与管理"、"会计电算化"、"室内艺术设计与制作"4个中央财政重点支持专业及德育实验基地特色项目建设有关内容，包括《基础会计》、《财务会计》、《成本会计》、《会计电算化》、《电子商务实务》、《网络营销实务》、《电子商务网站建设》、《商品管理实务》、《餐厅服务实务》、《客房服务实务》、《前厅服务实务》、《AutoCAD室内设计应用》、《3Ds Max 室内设计与应用》、《室内装饰施工工艺与结构》、《室内装饰设计》、《贵州革命故事人物选》、《多彩贵州民族文化》、《青少年犯罪案例汇编》、《学生安全常识与教育》共19本教材。这套教材针对性强，学科特色突出，集中反映了我校国家改革示范学校的建设成果，融实用性与创新性、综合性与灵活性、严谨性与趣味性为一体，便于学生理解、掌握和实践。

编写这套系列教材，是建设国家示范学校的需要，是促进我校办学规范化、现代化和信息化发展的需要，是全面提高教学质量、教育水平、综合管理能力的需要，是学校建设职业教育改革创新示范、提高质量示范和办出特色示范的需要。这套教材紧密结合贵州省经济社会发展状况，弥补了国家教材在展现综合性、实践性与特色教学方面的不足，在中职学校中起到了示范、引领和辐射作用。

前　言

　　《电子商务实务》是各中等职业院校广泛开设的一门专业课程。本书力争反映电子商务的实践及电子商务学科教学改革的成果。以就业为导向、以培养高素质人才为目标，强调基本知识和实用技能，以任务驱动、项目教学的方式组织和开展教学活动，为教学提供平台，以适应提升学生素养、满足劳动就业和继续发展的需要。本书是贵州省商业学校经济管理教研室结合本校学生实际综合水平与其他同类教科书的优点，通过任课老师的经验总结编写而成，是一本适应广大中职学生接受能力的教材。

　　为了更好地满足教学需求，达到趣味教学的目的，本书在编写时，通过情景案例引入知识点。学生在老师的带动下趣味性地阅读案例，了解案例需要解决的问题；学生带着问题学习知识点，这样基础知识的讲解就可以做到有的放矢，不空谈，把抽象化为实务，使难点变得更加容易理解。另外，为了使学生能够轻松地掌握所学知识，本书对理论知识的介绍做到了"深入浅出"，把复杂问题简单化，通过案例、图示等方法把理论问题立体化、透视化。

　　本书采用理论与实践紧密结合，每个任务都有知识目标和技能目标。教学活动由"引导案例"、"知识链接"、"应用案例"和"任务示范"几个部分组成；同时配有项目任务书，每个任务还配有思考练习。全书层次分明、重点突出，可以指引学生快速入门。

　　本书由平文英、张世荣主编；黄贵春、王璐副主编；刘翀、兰岚、刘宁参编。

　　由于编者水平有限，难免有错误之处，敬请读者批评指正。

编者

2014 年 3 月

目　录

项目一　网上开店（B2C） ·· 1

任务 1　网络平台选择 ·· 3

任务 2　天猫开店 ·· 17

项目二　网络支付 ··· 45

任务 3　网上银行 ·· 47

任务 4　电子支付 ·· 66

项目三　网店后台管理 ··· 85

任务 5　阿里巴巴进货 ··· 87

任务 6　网上店铺装修 ·· 105

任务 7　网上发布宝贝 ·· 127

任务 8　网店商品管理 ·· 153

任务 9　网店客服 ··· 179

项目四　网络推广 ·· 201

任务 10　群发 E-mail 营销 ·· 203

任务 11 网络广告营销 ………………………………………………………… 222

任务 12 新闻组营销 ………………………………………………………… 245

参考答案 ………………………………………………………………… 259

项目一

网上开店(B2C)

网上商店又称"虚拟商店"、"网上商场"、"电子空间商店"或"电子商场",是电子零售商业的典型组织形式,是建立在互联网上的商场。目前小到街头店面大到MOTO这样的跨国集团都在努力地与第三方合作搭建自己的网络直销商店。

B2C,即Business-to-Customer,是企业对消费者的电子商务模式。这种形式的电子商务一般以网络零售业为主,主要借助于互联网开展在线销售活动。B2C简而言之就是商家与顾客之间的商务活动,也就是通常所说的网上购物网站。截至目前,B2C市场上成功的企业有当当网、卓越、京东商城及淘宝天猫等。

项目导图

网上开店的基本流程(B2C)如下:

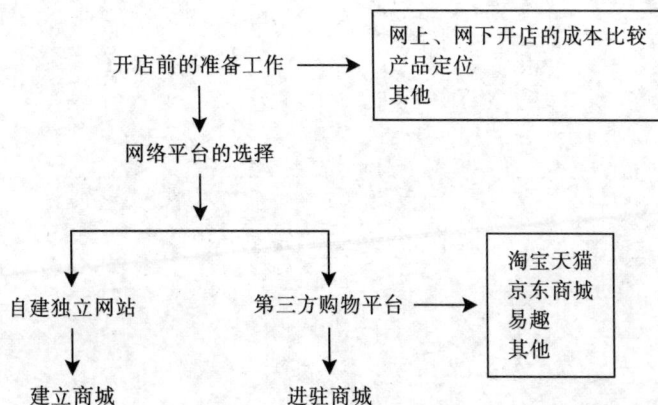

```
                              ┌──────────────────────┐
        开店前的准备工作  ──→   │ 网上、网下开店的成本比较 │
              │                │ 产品定位              │
              ↓                │ 其他                  │
        网络平台的选择          └──────────────────────┘
              │
      ┌───────┴───────┐
      ↓               ↓                ┌──────────┐
  自建独立网站    第三方购物平台  ──→    │ 淘宝天猫  │
      │               │                │ 京东商城  │
      ↓               ↓                │ 易趣      │
   建立商城         进驻商城            │ 其他      │
                                       └──────────┘
```

学习目标

知识目标

1. 了解 B2C 网上商城的发展及现状；

2. 掌握网上开店的基础知识；

3. 掌握网络交易平台选择的方法；

4. 熟悉网上开店的流程。

技能目标

1. 具备选择合适网络交易平台的能力；

2. 具备恰当选择网上商店销售商品的能力；

3. 具备网上开店总体策划的技能。

任务1 网络平台选择

任务目标

理解设立专门网站作为销售平台的流程，熟悉常见大型综合网络购物平台的特色及运行模式，掌握网络平台选择的原则。

项目任务书

任务名称	网络平台选择	任务编号		时间要求	
要求	1. 以 3~5 人为小组分别在淘宝、京东商城、易趣及拍拍网进行购物体验，熟悉其运行模式 2. 以 5~10 人为一组模拟建立一个专门的网站作为销售平台 3. 提高团队合作能力、提高网上开店专业技能				
重点培养的能力	资料查找能力、资料分析能力、团队合作能力、写作能力、沟通能力				
涉及知识	网上开店的基础知识，网络平台的种类，设立专门网站的方法和流程，各网络平台的特征				
教学地点	教室、机房	参考资料			
教学设备	投影设备、投影幕布、能上网的电脑				

训练内容

1. 听教师讲解案例及相关知识（时间约　　分钟）
2. 制订工作计划，了解团队要做什么，要达到什么样的目的（时间约　　分钟）；组长进行分工安排，每个人在自己的项目任务书相应栏进行记录（时间为　　分钟），组员开始行动
3. 资料查找分析：资料查找（时间约　　分钟），分析讨论（时间约　　分钟）；得出结论；撰写分析报告（填写任务产出表）（时间约　　分钟）
4. 进行购物体验，模拟独立网站建立（时间约　　分钟），分析讨论（时间约　　分钟）；得出结论；撰写分析报告（填写任务产出表）（时间约　　分钟）

训练要求

在完成任务的过程中能自主学习并掌握网上开店、网络平台选择有关知识；能够在规定的时间内完成相关的资料查找、整理、分析任务；能够在规定的时间内，撰写出分析报告；团队制订工作方案，工作有成效（能够很好地进行时间管理），团队合作较好

成果要求及评价标准

成果要求：需提交下列书面文件。
　　1. 本项目组成员的分工情况
　　2. 本项目组提交设立专门网站的流程图
　　3. 本项目组提交设立专门网站和利用其他网站作为网络销售平台的比较分析报告
评价标准：
　　1. 正确提交设立专门网站作为销售平台的流程图，找出各网络平台的特点并根据其特点合理选择适当的网络平台，分析报告质量优
　　2. 能够提交设立专门网站为销售平台的流程图并选择合适的网络平台，分析报告质量良
　　3. 分析报告合理但依据不充分，分析报告质量合格
　　4. 选择不合理，分析不正确；分析报告质量差
符合上述标准1，成绩为优秀，可得90~100分；符合标准2，成绩为良好，可得70~80分；符合标准3，成绩为及格，可得60~70分；符合标准4，成绩为不及格，得分60分以下；介于这几种标准之间的，可酌情增减分

任务产出一	成员姓名与分工	成 员	学 号	分 工
		组 长		
		成员1		
		成员2		
		成员3		
		成员4		
		成员5		
		成员6		

任务产出二	就第三方网络平台的特点、运行模式等方面进行讨论，填写各网络平台的比较分析表				
		淘宝天猫商城	京东商城	卓越	当当网
	网址				
	建立时间				
	主要商品类别				
	购物流程				
	交流工具				
	支付方式				
	售后服务种类				

项目组评价		总分	
教师评价			

引导案例（情景导入）

京东商城年销售额突破 1 亿元，2012 年跃居音像零售业第一

在中国音像市场下滑的大背景下，京东商城音像频道 2012 年销售额突破 1 亿元，占零售市场整体的 20% 之多，成为中国音像第一大零售商。据了解，京东商城音像频道自 2010 年 11 月建立以来，借助自身的大批量采购等低成本运营优势，已经集中采购特价优质 CD、DVD 碟片 500 万片，并以此为基础不断举行大规模的阶段性促销活动，吸引了越来越多的消费者。2011 年京东商城店庆当日，音像商品单日订单就突破 4 万单，成为当时行业"日订单之最"。随后，音像频道一周年庆，其音像商品单日订单更是打破 6 万单，创造行业新的纪录。而在刚刚结束的图书音像两周年庆上，音像频道的月销售已超过千万元。

除了利用便捷的购买渠道，为消费者提供品类丰富、价格实惠且服务完善的音像商品网购平台，京东商城作为当前音像零售的主导者，更是通过独家音像商品，满足了音像爱好者先睹为快、先听为快的需求。京东商城音像频道的界面如图 1-1 所示。

图 1-1 京东商城音像频道界面

思考题：中国音像市场的困境如何？京东商城为什么可以成为优秀的音像制品网上销售平台？

知识链接

一、B2C 网上商城的相关概念

1. B2C 网上商城的定义

B2C 网上商城是通过新兴的网络渠道为个人用户和企业用户提供人性化的全方位服务，努力为用户在网络上创造亲切、轻松和愉悦的购物环境，不断丰富产品结构，最大化地满足消费者日趋多样的购物需求；具有竞争力的价格和逐渐完善的物流配送体系等各项优势，同时也是时代发展的趋势。

2. B2C 网上商城适用对象

（1）想要开拓网络市场，弥补传统渠道不足的传统型企业（如海尔集团等大型企业）。

（2）想要通过网络打造品牌的新兴专业网上商城运营公司（如凡客诚品等）。

（3）想要迅速开拓国内市场的外贸型企业（如万事利集团等）。

（4）只要有想法，都可以成为网上商城的运营者。

二、网上开店的优势

（1）开店成本极低。

（2）经营方式灵活。

（3）基本不受时间、地点、面积的限制。

（4）广泛的消费者范围。

三、网上商店网络平台的选择

网上开店不仅依托网上商店平台（网上商城）的基本功能和服务，而且顾客主要也来自该网上商城的访问者，因此，平台的选择非常重要，但用户在选择网上商店平台时往往存在一定的决策风险。尤其是初次在网上开店时，由于经验不足以及对网店平台了解比较少等原因而带有很大的盲目性。有些网上商城没有基本的招商说明，收费标准也不明朗，只能通过电话咨询，这也为网店平台的选择带来一定的困惑。

1. 理想的网络平台的特征

良好的品牌形象、简单快捷的申请手续、稳定的后台技术、快速周到的顾客服务、完善的支付体系、必要的配送服务和售后服务保证措施。

2. 网络平台的种类

定位清晰以后，就可以选择合适的 B2C 电商平台。目前常用的网络平台有两种：

（1）自建独立网店。

优点：自主拥有、域名独立、不依赖任何平台、费用低廉。

缺点：需专业运营、推广人才等。

（2）第三方平台（天猫商城、京东商城、拍拍网、1 号店等）。

优点：平台大、用户多、品牌保证。

缺点：费用昂贵、依赖性强、处罚多、要求高。

上述两种方法各有优缺点，所以可根据企业的不同情况选择适合自己的 B2C 方式。

3. 网络平台的选择建议

由于网上商店建设和经营具有一定的难度，需要经验的积累，因此在初次建立网上商店时，最好进行多方调研，选择适合自己产品特点和经营者个人爱好，又具有较高访问量的电子商务平台，同时，在资源许可的情况下，不妨在几个网站同时开设网上商店，这样最安全、有保障。综合考虑品牌形象、申请手续、后台技术、顾客服务、支付体系、配送服务、售后服务、保证访问量及企业对网络平台的特殊要求，运营一段时间后再确定最适合的网络平台。而独立网店可选择第三方商城系统服务商，可以减少精力、人力、物力。

4. 中小企业网上开店的三种模式

第一种模式：到淘宝网或易趣网申请个人卖家账号。

第二种模式：自己搭建具有简单的商品展示和网上订单功能的网站或是采购小型网店系统。

第三种模式：选择专业的网上商店系统。

以上三种模式各有所长，在 B2C 电子商务起步阶段，选择前两种会是较好的选择，就目前的发展趋势，随着网上购物人群的增加，网购群体对网上购物体验要求也越来越高，在这种趋势下，选择专业的网店系统来进行网上经商就成为必然的选择。

四、自建独立网上商店方式

（1）自己开发商城：一需要技术，二需要时间，三专业性不够，因此不可取。

（2）雇人开发商城：费用高、时间长，但是针对性强，可以根据自己的需求开发。

开发一个商城的最低价为 4000~5000 元，Php 或 Jsp 更是高达 1 万~20 万元，对于个人来说投资过大。

（3）购买商城程序：低价、快速，但是很多程序缺少个性，功能构架上缺少自己的特点，但是对于起步阶段的商城来说这是最佳选择。

五、目前常见的网络平台

目前,中国提供网上开店服务的大型购物网站有上百家,但真正有影响力的则数量不多,以下是几个主要的相关网站:

(1)易趣网,最大的中文网上交易平台,提供 C2C 与 B2C 网络平台的搭建与服务。

(2)淘宝网是国内领先的个人交易网上平台,成立于 2003 年 5 月 10 日,由阿里巴巴集团投资创办。

(3)拍拍网是中国知名的网络零售商圈,是腾讯旗下的电子商务交易平台。

应用案例

京东商城——优秀的 B2C 网络购物平台

京东商城是中国 B2C 市场最大的 3C 网购专业平台,是中国电子商务领域最受消费者欢迎和最具有影响力的电子商务网站之一。京东商城目前拥有遍及全国各地的 2500 万注册用户,近 6000 家供应商,在线销售家电、数码通信、电脑、家居百货、服装服饰、母婴、图书、食品等 11 大类数万个品牌百万种优质商品,日订单处理量超过 30 万单,网站日均页面浏览量(PV)超过 5000 万。2010 年,京东商城跃升为中国首家规模超过百亿的网络零售企业,连续六年增长率均超过 200%,现占据中国网络零售市场份额 35.6%,连续 10 个季度蝉联行业头名。

思考题:京东商城为什么能够脱颖而出,成为国内最具价值的 B2C 电子商务网站之一?

名人名言

创业者只有激情和创新是不够的，它需要有很好的体系、制度、团队以及良好的盈利模式。

——马云

任务示范

陶华碧"老干妈"牌油制辣椒是贵州的风味食品。几十年来，一直沿用传统工艺精心酿造，具有优雅细腻、香辣突出、回味悠长等特点。随着电子商务的发展，传统的风味食品实现网上销售就成为必然，选择合适的网络平台作为网上销售渠道对于推广"老干妈"风味食品尤为重要。

网络平台选择主要有两种方法，综合两种方法的优缺点，第三方平台用户多，在用户群中知名度高、信誉好，便于覆盖更多的消费者，能够更快、更广泛地推广商品；另外"老干妈"食品经过几十年的发展，具备了较雄厚的实力，能够负担第三方网络平台的昂贵费用。在第三方网络平台中，综合考虑淘宝网是亚洲第一大网络零售商圈，而淘宝天猫商城的运作较为成熟，因其具备良好的品牌形象、稳定的后台技术、快速周到的顾客服务、完善的支付体系、多种各具特色的促销推广手段以及各种售后服务保证措施等，此外淘宝还具有超高的访问量、完善的网店维护和管理等多种基本功能，因此可选择淘宝天猫商城作为网络销售平台建立商城。

知识拓展

<table>
<tr><th colspan="3">B2C 模式与 C2C 模式比较</th></tr>
<tr><th></th><th>B2C</th><th>C2C</th></tr>
<tr><td>库存方面</td><td>库存相当大，一个 B2C 型的网站有成千上万种的产品</td><td>没有大库存</td></tr>
<tr><td>商品多样性方面</td><td>商品种类有限制</td><td>产品丰富</td></tr>
<tr><td>商品个性化描述方面</td><td>对所销售的物品描述千篇一律，没有详细的个性化描述</td><td>对商品的描述详细深入，每一个商品都配有其个性化的描述，大部分还有实物图片</td></tr>
<tr><td>商家信誉度方面</td><td>所卖的物品一般都是正品，加上有一套相对完整的售后服务制度，售后服务有所保障</td><td>交易完成后，买家会给卖家做一次信用评价</td></tr>
<tr><td>支付方式方面</td><td>大多支持货到付款</td><td>多为第三方付款机制</td></tr>
</table>

续表

	B2C	C2C
物流方面	有特定的物流公司，二者为重要的合作伙伴关系	卖家为小型个体，对物流公司的业绩不会有太大的影响
代表	京东商城、当当网、麦考林、凡客诚品	淘宝网、拍拍网

👍 职业能力训练

一、单选题

1. 按照法律的规定，网络交易中心所扮演的角色应该是（　　）。

A. 买方的卖方　　　　　　　　　　B. 卖方的买方

C. 交易的中间人　　　　　　　　　D. 履约的监督管理人

2. 对网上交易流程的设定方面，一个好的电子商务网站必须做到（　　）。

A. 对客户有所保留

B. 无论购物流程在网站的内部操作多么复杂，其面对用户的界面必须是简单和操作方便的

C. 使客户购物操作烦琐但安全

D. 让客户感到在网上购物与在现实中购物流程是有区别的

3. 世界上最大的网上书店亚马逊是（　　）。

A. 企业与消费者之间的电子商务　　B. 企业与企业之间的电子商务

C. 企业与政府之间的电子商务　　　D. 企业内部的电子商务

4. 易趣的电子商务模式是（　　）。

A. 网络广告模式　　　　　　　　　B. 网络经纪模式

C. 网络生产商模式　　　　　　　　D. 内容提供商模式

5. 不适合在网上销售的产品是（　　）。

A. 木材　　　　　　　　　　　　　B. 起重机

C. 天然气　　　　　　　　　　　　D. 黄金

6. 网上商店与客户联系习惯用的方式是（　　）。

A. 传真　　　　　　　　　　　　　B. 电子邮件

C. 电话   D. 电脑

7. 目前，我国网民数和宽带上网人数均位居世界（　　）。

A. 第一   B. 第二

C. 第三   D. 第四

8. 相对于传统书店，网上书店容易做到（　　）。

A. 存书量最小、成本最高   B. 存书量最大、成本最小

C. 存书量最大、成本最高   D. 存书量最小、成本最小

9. WWW 是指（　　）。

A. World Wide Wait   B. Web Wide World

C. World Wide Web   D. World Wade Web

10. 下面各项中不属于电子商务主要特点的是（　　）。

A. 营销个人化   B. 营销电子化、网络化

C. 市场复杂化   D. 市场全球化

11. 网上开店同相应的实体店铺的关系是（　　）。

A. 二者同时存在   B. 有网店无实体店

C. 有实体店无网店   D. 以上都可以

12. 目前，亚洲最大的购物网站是（　　）。

A. 淘宝网   B. 易趣网

C. 拍拍网   D. 万维网

13. 如果企业在搭建电子商务平台时，通过购买商店管理软件系统来搭建企业的网上商店平台，优点是（　　）。

A. 比较适用于大中型企业

B. 生成的商店会是具有规模效应的一组商店中的一分子

C. 不需要大力推广，简单快捷

D. 企业可以根据自己的特性搭建个性化网站

14. 要使网上交易成功首先要能够确认对方（　　）。

A. 身份   B. 信用程度

C. 资金多少 　　　　　　　　　　　D. 是否上网

15. 以下选项中，不属于消费者在网上商店进行购物的操作是 （　　）。

A. 浏览产品 　　　　　　　　　　　B. 选购产品

C. 订购产品 　　　　　　　　　　　D. 信息发布

二、多选题

1. 电子商务按照交易对象可以分为 （　　）。

A. B2C 　　　　　　　　　　　　　B. B2B

C. B2G 　　　　　　　　　　　　　D. G2B

2. 淘宝网是阿里巴巴推出的 （　　）。

A. B2B 网站 　　　　　　　　　　B. B2C 网站

C. C2C 网站 　　　　　　　　　　D. B2G 网站

3. 网店常见的商品类型有 （　　）。

A. 体积较小，方便运输 　　　　　B. 通过网站了解就可以激起浏览者的购买欲望

C. 具备独特性或时尚性 　　　　　D. 价格昂贵的商品

4. 网上开店的基本物资准备必须包括 （　　）。

A. 电脑 　　　　　　　　　　　　B. 汽车

C. 网络 　　　　　　　　　　　　D. 数码相机

5. 下列可以作为 B2C 网络交易平台的网站是 （　　）。

A. 淘宝网 　　　　　　　　　　　B. 拍拍网

C. 卓越亚马逊 　　　　　　　　　D. 京东商城

三、填空题

1. 淘宝网的交流工具是 （　　）。

2. 网络平台主要包括 （　　）和 （　　）两大类。

3. 网上开店的优势有 （　　）、（　　）、（　　）、（　　）等。

4. 第三方网络平台的优点是 （　　）、（　　）、（　　）等。

5. 目前可以免费网上开店的网站有 （　　）。

6. 京东商城由 （　　）创立。

7. 设立专门的网站作为销售平台的缺点是（   ）。

8. 易趣网 C2C 购物的基本流程为：寻找商品→（   ）→（   ）→（   ）→做出评价。

9. 电子商务的收益可大体分为（   ）、（   ）和（   ）三个方面。

10. 传统市场的主体是（   ），电子商务环境下的市场主体是（   ）。

观念应用训练

　　王强有志于成为一名电子商务专员，对电子商务专员的岗位职责进行了分析和总结，他对电子商务专员的岗位职责总结如下：

　　电子商务专员在企业里主要负责电子商务平台的商品订单管理及日常平台操作、电子商务平台的交易投诉和对平台的服务质量和用户满意度，以及能够及时、准确地执行平台营销的各种工作。

　　1. 配合电子商务部门流程梳理以及系统建立。

　　2. 配合电子商务部门经理的工作。

　　3. 采用邮件推广、发帖推广、博客推广、软文推广、论坛推广、QQ 群推广等方式进行网站推广或者产品网络推广。

　　4. 负责产品电子商务相关数据的搜集和维护。

　　5. 负责并每天出具电子商务报告。

　　6. 负责期货信息的搜索和更新以及交易的实施。

　　7. 在各个知名商业网站发布供应信息。

　　8. 网店经营和管理。

　　9. 网站后台管理与维护。

　　10. 客服洽谈、跟单与订单处理。

　　11. 找客户资料和电话营销。

　　12. 找大学生开网店代理公司产品，扩大公司产品市场。

　　13. 对代理商进行指导和管理。

　　思考题：作为一名优秀的电子商务专员，能够解决哪些问题？

👍 情景模拟训练

电子商务是指运用计算机技术、网络通信技术、自动控制技术、数据库技术和多媒体技术等，借助国际互联网进行联系，有效地组织商务贸易活动，从而实现整个交易过程的电子化。其过程既包括网上广告、订货、付款、客户服务，也包括货物的投递、销售以及市场调查分析、财务核算等。简而言之，电子商务就是利用互联网提供的站点提供产品买卖和服务的一系列商业行为。在这个词汇中，电子是技术平台，是一种手段，而商务则是核心和目的，一切的手段最终都是为目的而服务的。电子商务员就是利用计算机技术、网络技术等现代信息技术从事商务活动或相关工作的人员。

要想成为一名电子商务员，必须参加全国电子商务师职业资格鉴定，本职业共设四个等级，分别为：电子商务员（相当于国家职业资格四级）、助理电子商务师（相当于国家职业资格三级）、电子商务师（相当于国家职业资格二级）、高级电子商务师（相当于国家职业资格一级）。

作为一名中等职业学校的学生，具备以下条件之一者，可以申请为电子商务员：

在本职业见习工作 1 年以上，经本职业正规培训达规定标准学时数，并取得毕（结）业证书者；取得经劳动保障行政部门审核认定的、以中级技能为培养目标的中等以上职业学校本职业（专业）毕业证书者。

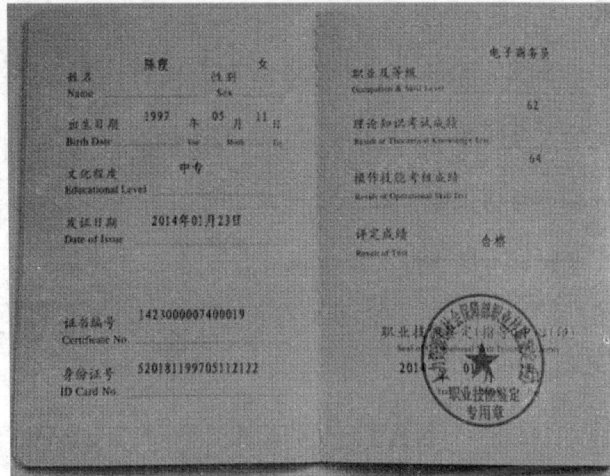

　　思考题：作为中等职业学校毕业生的王强能够申报电子商务员的资格认证，为保证合格通过需做哪些准备工作？

👍 思维拓展训练

亚马逊
amazon.cn

　　电子商务网站亚马逊 Amazon 自 1995 年创立以来，其成就一直在互联网独树一帜，创造了互联网神话。自 1998 年收购 IMDb.com 开始，到 2004 年收购了中国的卓越网，再到 2009 年以 9.28 亿美元的天价收购 Zappos，亚马逊在商业收购方面表现得非常活跃。

　　然而与之快速的收购速度相比，亚马逊在中国的发展异常缓慢，卓越亚马逊几乎一直是个"沉默的看客"。

　　为什么卓越亚马逊如此缓慢？

　　一位卓越亚马逊前高管如此解释：在亚马逊全球战略中，北美位列第一，其次是欧洲，再次才是亚洲，而在亚洲，第一是日本，其次才是印度和中国。也就是说，任何一个新战略的推广，一定是从北美开始，成熟之后推广至欧洲，在欧洲试验成功之后推广至亚洲的日本，最后才轮到中国。这个规律从来没打破过，这从另外一个角度解释了开放平台战略迟到的原因。

　　卓越亚马逊扩张缓慢的另一个原因，来自它品类切入的先天不足以及后期在品类扩张战略上动作不够迅速。

卓越亚马逊难以"本土化"的根本问题出在组织架构的设置上。卓越亚马逊的中国团队分为五个板块——运营（仓储物流）、采销、IT、财务和人力资源，而每个板块的负责人都是直接向他们垂直的美国老板汇报，相互之间缺少协同。

思考题： 在中国，卓越亚马逊为什么没有淘宝、京东商城发展得迅速？

任务 2　天猫开店

任务目标

通过本任务了解天猫网上商城购物的交易过程，能进行天猫网站的用户注册及用户的信息修改，掌握淘宝天猫开店的全过程。

项目任务书

任务名称	天猫开店	任务编号		时间要求	
要求	1. 在淘宝天猫网上商城进行购物体验，熟悉天猫的交易过程 2. 以日用品为例在淘宝天猫进行网上开店模拟 3. 提高团队合作能力、总体策划能力，熟悉淘宝天猫				
重点培养的能力	资料查找能力、资料分析综合能力、团队合作能力、写作能力、沟通能力				
涉及知识	天猫的发展历程，天猫的特点，在淘宝天猫开店的全过程				
教学地点	教室、机房	参考资料			
教学设备	投影设备、投影幕布、能上网的电脑				

训练内容

1. 听教师讲解案例及相关知识（时间约　　分钟）
2. 制订工作计划，了解团队要做什么，要达到什么样的目的（时间约　　分钟）；组长进行分工安排，每个人在自己的项目任务书中的相应栏进行记录（时间为　　分钟），组员开始行动
3. 天猫购物体验：资料查找（时间约　　分钟），分析讨论（时间约　　分钟）；得出结论；撰写分析报告（填写任务产出表）（时间约　　分钟）
4. 天猫网站模拟开店：资料查找（时间约　　分钟），分析讨论（时间约　　分钟）；得出结论；撰写分析报告（填写任务产出表）（时间约　　分钟）

训练要求

在完成任务的过程中能自主学习并掌握天猫开店的有关知识；能够在规定的时间内完成相关的资料查找、整理、分析任务；能够在规定的时间内，撰写出分析报告；团队制订出合理的工作方案，工作有成效（能够进行很好的时间管理，在规定时间内完成任务），团队合作较好

成果要求及评价标准

成果要求：需提交下列书面文件。
　　1. 本项目组成员的分工情况
　　2. 本项目组提交淘宝天猫开店的方法和流程图及指出淘宝天猫开店的注意事项
评价标准：
　　1. 正确提交淘宝天猫开店的方法和流程，能够指出天猫开店关键点及注意事项，分析报告质量优
　　2. 能提交淘宝天猫开店的方法和流程，能够指出主要的天猫开店关键点，分析报告质量良
　　3. 分析报告合理但依据不充分的，有少量错误分析，报告质量合格
　　4. 开店流程不正确，方案选择不合理，分析不正确，分析报告质量差
符合上述标准1，成绩为优秀，可得90~100分；符合标准2，成绩为良好，可得70~80分；符合标准3，成绩为及格，可得60~70分；符合标准4，成绩为不及格，得分60分以下；介于这几种标准之间的，可酌情增减分

续表

任务产出一	成员姓名与分工	成 员	学 号	分 工
		组 长		
		成员1		
		成员2		
		成员3		
		成员4		
		成员5		
		成员6		
任务产出二	通过淘宝天猫开店模拟，分析天猫开店的优势			

项目组评价				
教师评价		总分		

引导案例 (情景导入)

小王是一所中专学校的毕业班学生，临近毕业，他进入贵州茅台酒股份有限公司营销部实习。茅台酒原产于贵州省仁怀市茅台镇，同英国苏格兰威士忌和法国柯涅克白兰地并称为"世界三大名酒"。它的生产可以追溯到距今 2000 余年前的汉代。到清代中期，茅台酒的生产已具有一定的规模，年产量可达 170 吨，1915 年巴拿马万国博览会上，茅台酒（华茅）被评为金奖产品，自此扬名世界。目前除满足国内需求外，还远销到许多国家。为了适应电子商务快速发展的形势，公司拟在淘宝天猫商城开店出售公司的相关产品。小王作为营销部的一员，需对天猫开店做准备工作。

思考题： 小王需做哪些准备工作？

知识链接

一、天猫的基本概况

1. 天猫简介

"天猫"（英文为 Tmall，亦称淘宝商城、天猫商城）原名淘宝商城，是一个综合性购物网站。2012 年 1 月 11 日上午，淘宝商城正式宣布更名为"天猫"。2012 年 3 月 29 日"天猫"发布全新 Logo 形象。猫是性感而有品位的，天猫网购，代表的就是时尚、性感、潮流和品质；猫天生挑剔，挑剔品质、挑剔品牌、挑剔环境，这就是天猫网购要全力打造的品质之城。天猫是马云为淘宝网全新打造的 B2C（Business-to-Consumer，商业零售），其整合数千家品牌商、生产商，为商家和消费者之间提供一站式解决方案。

自 2008 年 4 月 10 日建立淘宝商城以来，众多品牌包括 Kappa、Levi's、Esprit、Jackjones、乐扣乐扣、苏泊尔、联想、惠普、迪士尼、优衣库等在天猫开设了官方旗舰店，受到了消费者的热烈欢迎。迄今为止，天猫已经拥有 4 亿多买家，5 万多家商户，7 万多个品牌。

2. 交易文化

淘宝网倡导诚信、活泼、高效的网络交易文化，每位在淘宝网进行交易的人，不但交易更迅速，而且也能交到更多的朋友。

3. 提供的商品

淘宝的商品数目在近几年内有了明显的增加，从汽车、电脑到服饰、家居用品、珠宝饰品、化妆品、运动户外用品、手机数码、家用电器、家居建材、食品保健、母婴用品，还包括文化娱乐等，分类齐全。如图 1-2 所示。

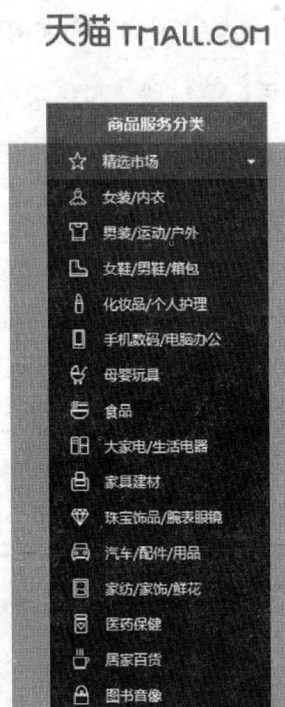

图 1-2 天猫商城商品服务分类页面

4. 服务优势

淘宝商城比普通店铺更有吸引力的是它的服务，它不仅是大卖家和大品牌的集合，同时也提供比普通店铺更加周到的服务，如图 1-3 所示。

（1）七天无理由退换货。

（2）正品保障。

（3）信用评价。

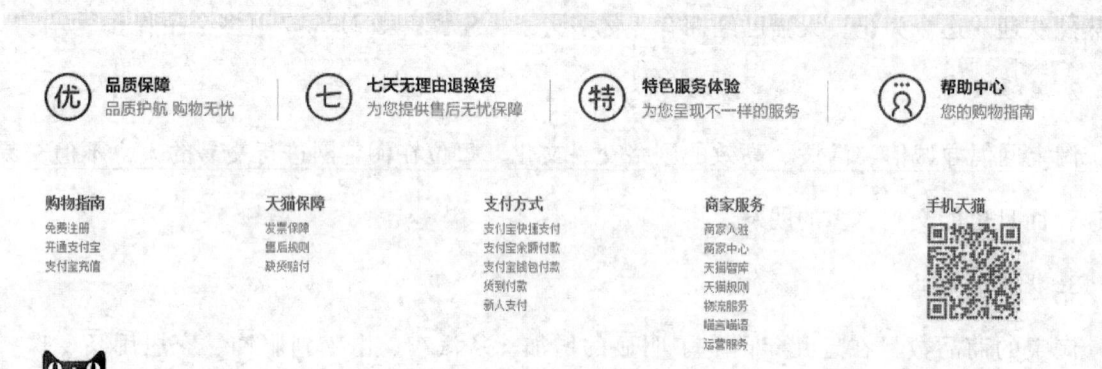

图 1-3　天猫商城的服务页面

5. 特色服务

与易趣不同的是，会员在交易过程中能够感觉到轻松活泼的家庭式文化氛围。其中一个就是会员即时沟通工具——"淘宝旺旺"。会员注册之后淘宝网和淘宝旺旺的会员名将通用，如果用户进入某一店铺，正好店主也在线的话，会出现"和我联系"（掌柜在线）或"给我留言"（掌柜不在线）的图标，可与店主及时地发送、接收信息。"淘宝旺旺"具备了查看交易历史、了解对方信用情况等个人信息、头像、多方聊天等一般及时聊天工具所具备的功能。如图 1-4 所示。

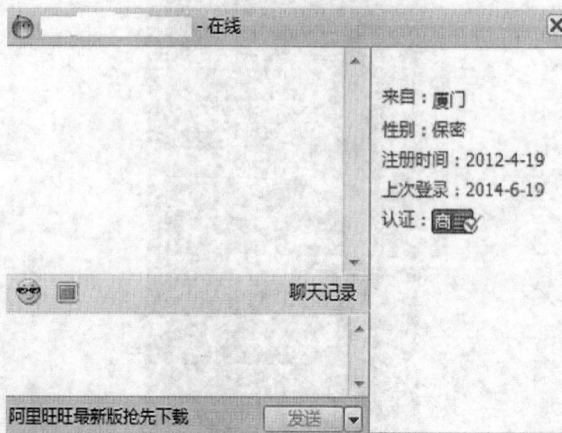

图 1-4　"淘宝旺旺"

6.功能

天猫具有普通店铺和旺铺都不具有的功能：

（1）信用评价无负值，从0开始，最高为5，全面评价交易行为。

（2）店铺页面自定义装修，部分页面装修功能领先于普通店铺和旺铺。

（3）产品展示功能采用Flash技术，全方位展示你的产品。

（4）全部采用商城认证，保证交易的信用。

二、天猫（淘宝商城）的入驻要求

1.招商对象

入驻天猫的商家必须是在中国大陆注册的企业，包括法人（公司）和合伙（合伙企业），持有企业营业执照。同时申请入驻天猫的品牌必须在中国申请注册了文字商标，持有国家商标总局颁发的商标注册证或商标注册申请受理通知书（部分类目的进口商品除外）。

2.收费标准

（1）保证金。商家在天猫经营必须交纳保证金，保证金主要用于保证商家按照天猫的规则进行经营，并且在商家有违规行为时根据《淘宝商城服务协议》及相关规则规定用于向天猫及消费者支付违约金。新签商家在申请入驻获得批准时一次性缴纳保证金。保证金根据店铺性质不同，金额如下：品牌旗舰店、专卖店:带有TM商标的10万元，全部为R商标的5万元；专营店：带有TM商标的15万元，全部为R商标的10万元；保证金不足额时，商家需要在15日内补足余额，逾期未补足的天猫将对商家店铺进行监管，直至补足。

（2）技术服务费。商家在天猫经营必须交纳年费。年费金额以一级类目为参照，分为3万元或6万元两档。

（3）实时划扣技术服务费（简称"佣金"）。商家在天猫经营需要按照销售额（不包含运费）的一定百分比（简称"费率"）交纳技术服务费。

3.加入天猫资质

（1）品牌/厂商，须提供：

企业资质：申请企业需持有中国大陆企业营业执照、税务登记证。

品牌资质：申请企业需持有中国商标权证书或者商标受理通知书。

服务资质：申请企业需遵守"天猫"7 天无理由退换货、提供正规销售发票、积分活动等服务标准。

（2）代理商，须提供：

企业资质：申请企业需持有中国大陆企业营业执照、税务登记证。

品牌资质：正规品牌授权书（如果同时代理多个品牌在一家店铺销售可以提供正规的进货渠道证明）。

服务资质：申请企业需遵守"天猫"7 天无理由退换货、提供正规销售发票、积分活动等服务标准。

三、天猫商城发展策略与建议

开展 B2C 模式不是简单地开放自己的平台那么简单，天猫商城要想走好 B2C 模式之路，还有很多的硬功夫要下。

1. 挑选优质商家

优质商家的作用是不言而喻的。B2C 平台能否满足消费者的需求、商品质量是否合格、能否提供优质的服务等都要依靠优质的商家来完成。因此优质商家对于平台是至关重要的。天猫商城在运作初期，为了吸引商家，降低了入驻要求，导致商城中商家泥沙俱下，商品参差不齐，商家推广成本高，价格 PK 激烈。天猫商城应加强对品牌商和大代理商的招商，吸引更多的优质商家，同时应该不断地对现有商家进行监管考核，提高商家的素质水平。天猫品牌街页面如图 1-5 所示。

图 1-5　天猫品牌街页面

2. 商品展示

淘宝商场模仿亚马逊的 SPU 模式，采取"产品编码"（TSC）进行产品同质化管理，但是在细节上还远远不能满足消费者的购物体验，对同质化产品的处理也无有效的机制管理，消费者在天猫商城的选择有些无从下手，经常出现天猫商城同质化的商品实际上为多款不同的产品。而京东商场在招商的时候通过同一品牌只招一个卖家的方式避免了商品同质化。如何平衡两者之间的关系，天猫商城还需要不断地探索。天猫畅销书频道界面如图 1-6 所示。

图 1-6　天猫畅销书频道界面

3. 开放平台

亚马逊为联营商家提供包括物流、建站系统、营销、云、OPEN API 等一系列第三方服务，任商家灵活选择搭配，使商家可以利用亚马逊的强大资源为用户提供最优质的服务；天猫商城认识到开放平台的重要性，提出大淘宝战略，发布"淘宝合作伙伴计划"，召集各方面的电子商务外包供货商，在 IT、管道、服务、营销、仓储物流等电子商务生态链的各个环节，为淘宝卖家、中小企业提供个性化产品和个性化服务，共同推进电子商务生态圈发展。但是在目前由于实力有限，很难有实际行动，未来的路还很远。

四、淘宝商城开店流程

入驻淘宝商城的必须是企业商家，流程分为五大部分：淘宝会员注册、支付宝相关操作、商家在线报名、资料审核和开业大吉。

1. 淘宝会员注册（见图1-7）

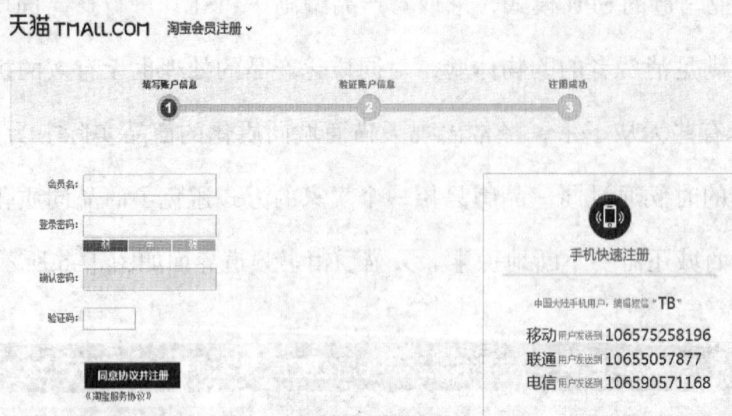

图1-7　淘宝会员注册界面

2. 支付宝相关操作

（1）登录支付宝首页选择新用户注册，选择企业用户注册，然后填写相关信息，包括邮箱、密码、公司名称、真实姓名、证件（营业执照）、证件号码等，然后去邮箱激活支付宝账户。如图1-8所示。

图1-8　支付宝注册界面

（2）激活后进入"我的支付宝"，进行商家实名认证，选择申请支付宝实名认证。实名认证需要填写公司信息，包括公司名称、组织机构代码、营业执照号、经营范围、公司地址等，并上传营业执照副本扫描件。填写银行开户信息，必须用以公司名称开户的银行卡进行认证。填写申请人信息，申请人不是法人的需要上传企业委托书扫描件，填写身份证号码和手机号码。确认信息，完成认证。如图1-9所示。

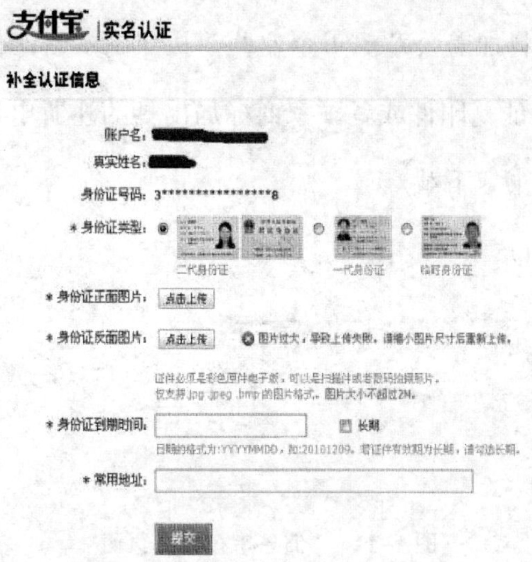

图 1-9 支付宝实名认证界面

（3）添加关联账户。如图 1-10 所示。

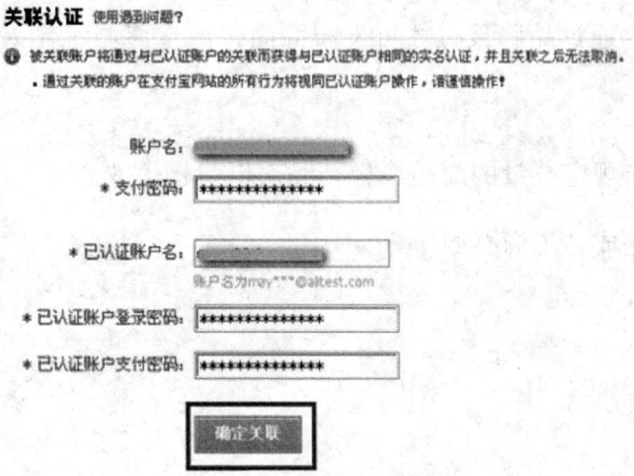

图 1-10 添加关联账户界面

3. 商家在线报名

（1）登录会员名，选择新店入驻，了解卖家须知并考试，学习《2012 年淘宝商城规则》完成考试。

（2）检测支付宝账户是否与淘宝会员名绑定，如果绑定拨打客服电话 0571-88157858，进行解绑。

（3）签约：填写公司信息、店铺负责人信息、紧急联系人和店铺性质，完成签约。

（4）继续签署支付宝代扣协议：店铺开通后佣金由系统代扣。了解协议内容，输入支付宝账户和支付密码。

（5）添加品牌：商标申请号、品牌名称、品牌英文名称、Logo 和品牌故事等。

（6）邮寄材料：所有资料加盖公章。①企业营业执照副本复印件。②企业税务登记证复印件。③企业自有的商标注册证复印件或者国家商标局出具的注册申请受理通知书复印件。④商户向支付宝公司出具的授权书（下载）。

4. 资料审核（见图 1-11）

图 1-11 "信息审核中"页面

5. 开业大吉

（1）登录淘宝账户，缴纳保证金和技术服务费。

（2）缴纳成功后，要通过品牌授权才可发布商品，淘宝商城工作人员一般在 3 个工作日内完成授权。

（3）授权后需要发布规定数量的商品，否则此次申请将失效。

（4）店铺上线后，完成"工商亮照"。

（5）开店申请通过。

应用案例

2013 年天猫"双十一"数据分析

2013 年 11 月 12 日凌晨，阿里公布了"双十一"的交易数据：支付宝全天成交金额为 350 亿元，比 2012 年的 191 亿元增长了 83%。"双十一"全天，支付宝达成的交易为 1.7 亿笔。

阿里方面此前曾担心，300 亿元以上的成交额所对应的快递包裹数量，可能超出国内物流系统的承载能力。不过，"双十一"开始后的交易额上升速度明显超过 2012 年，因而总交易额超过 300 亿元也几乎没有悬念。最终，阿里"双十一"全天的支付宝交易额为 350 亿元。这一交易额是 2012 年美国"网购星期一"121 亿美元交易额的近三倍。2013 年

10 月，我国日均社会消费品零售额为 693 亿元，阿里的 350 亿元超过了该数字的 50%。

阿里集团董事局主席马云在发布会现场谈到交易额时表示，"双十一"的关键不是交易额数字，而是应该思考这一数字如何把商业地产的高价打下去。对于以平台思路做电商的淘宝网和天猫来说，这两者相当于网络上的商业地产。马云此言也显示出其希望用线上零售撼动线下零售主导地位的意图。

2013 年"双十一"总订单数量为 1.67 亿个，平均每个订单的价格为 209.7 元。"双十一"当天商家累积发送物流订单数量为 5697 万个，预计 24 小时内能够到达的订单数量为 1820 万件。另外，2013 年"双十一"还向港澳台同胞以及海外友人开放，共发生交易额 2.05 亿元，这些地区的总访问次数为 86590999 次，成交量排名前十的地区分别是中国香港、美国、中国台湾、澳大利亚、新加坡、中国澳门、日本、加拿大、韩国、英国。

"双十一"热销商品 Top 10 公布和全国省份购买力 Top 10 如图 1-12 所示。

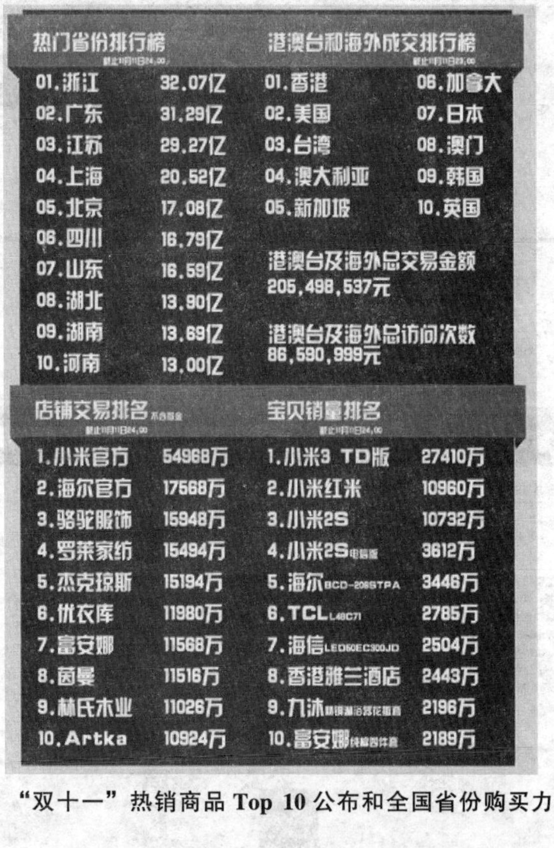

图 1-12 "双十一"热销商品 Top 10 公布和全国省份购买力 Top 10

思考题：淘宝天猫为什么能在行业中占据领先地位？

21 世纪世界上只有两种生意，就是拥有网站的企业和将被收盘的生意，未来要么电子商务，要么无商可务。

——比尔·盖茨

任务示范

以贵阳"老干妈"风味食品入驻天猫商城为例，列出在天猫开店的具体过程及流程。

进入天猫招商页面，点击"立即入驻天猫"（http://zhaoshang.tmall.com/）。如图 1-13 所示。

图 1-13　"天猫"招商页面

（1）阅读"入驻须知"。"入驻须知"页面如图 1-14 所示。

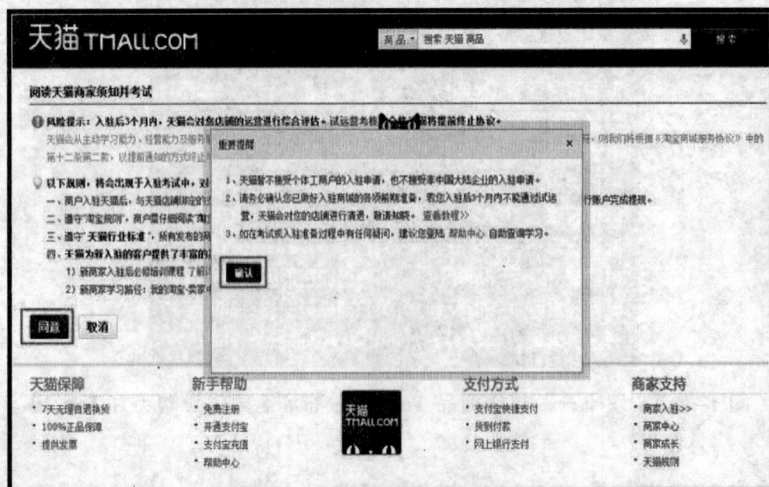

图 1-14　天猫"入驻须知"页面

（2）检测支付宝账户。录入支付宝账号，点击"开始检测"。如图 1-15 所示。

图 1-15　检测支付宝账户页面

（3）阅读规则、考试。如图 1-16 所示。

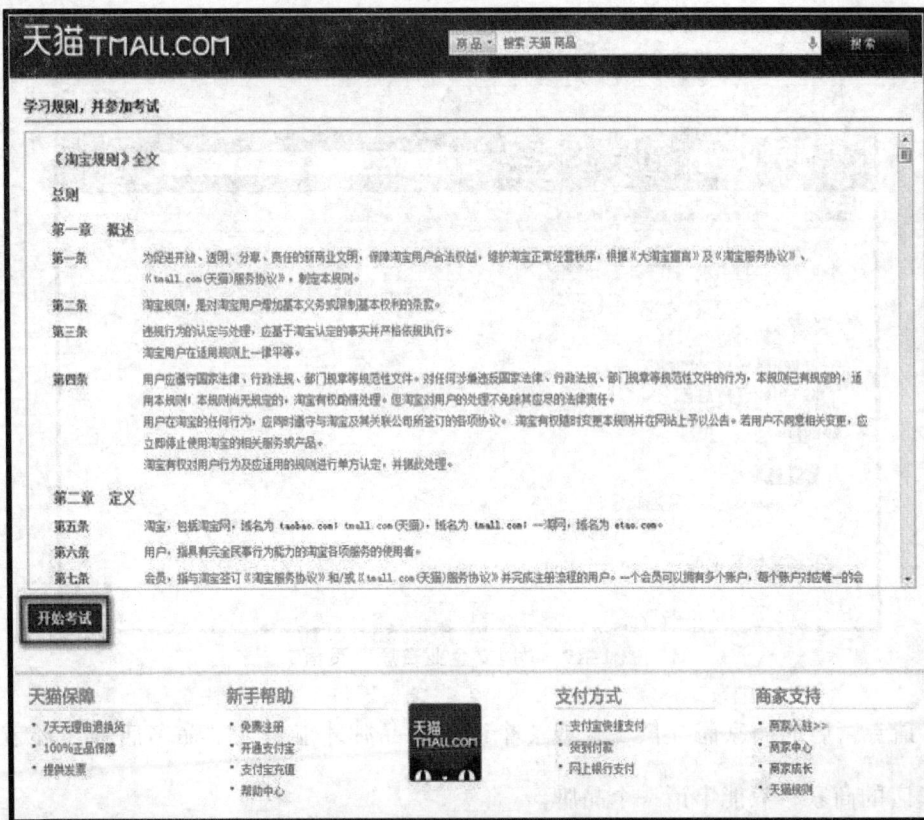

图 1-16　"淘宝规则"页面

（4）通过考试后，点击"这里"进入填写申请信息页面。如图 1-17 所示。

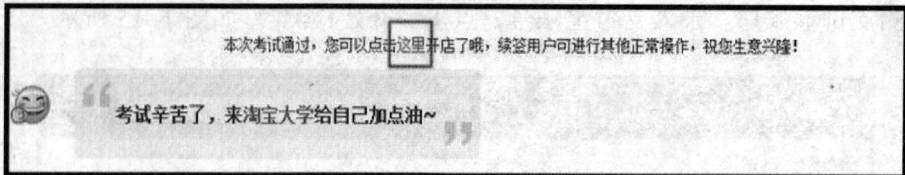

图 1-17 "考试通过"页面

（5）填写申请相关信息。如图 1-18 所示。

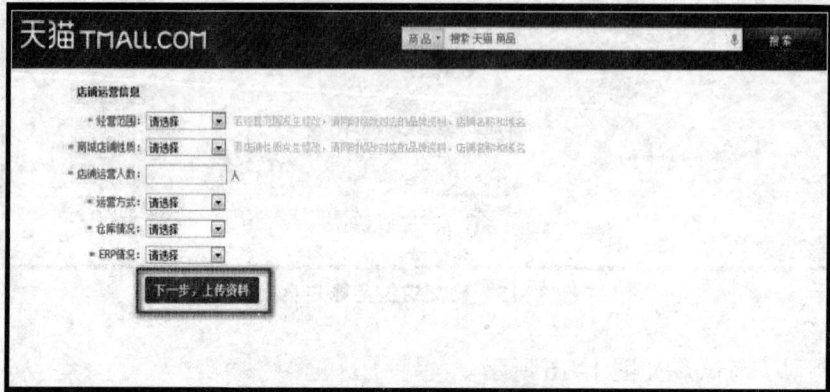

图 1-18 填写店铺信息页面

（6）点击"下一步，上传资料"，提交企业资质。如图 1-19 所示。

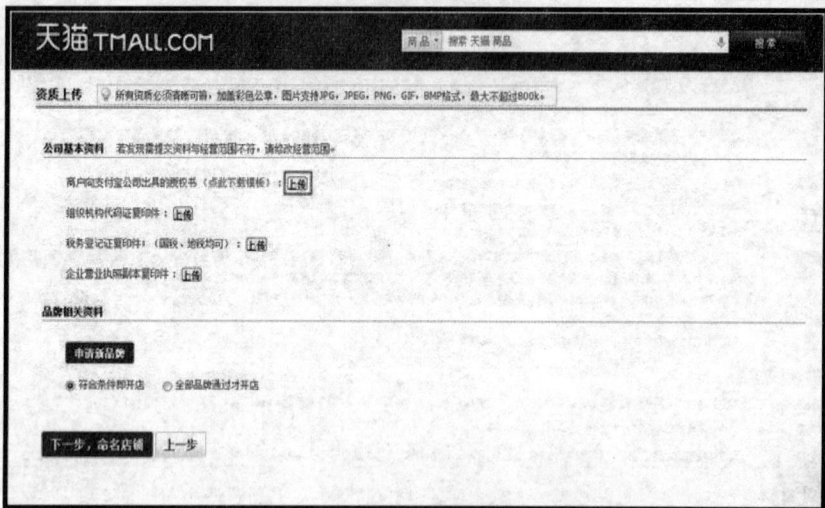

图 1-19 "提交企业资质"页面

（7）申请专营店的商家需提供 2 个或 2 个以上的品牌才能进入"命名店铺"环节。申请旗舰店和专卖店的商家，只能申请一个品牌。

（8）命名店铺。企业和品牌资质提交完毕后，点击"下一步，命名店铺"，进入店铺名称和域名确认页面，确定天猫的店铺名称和域名。如图 1-20 所示。

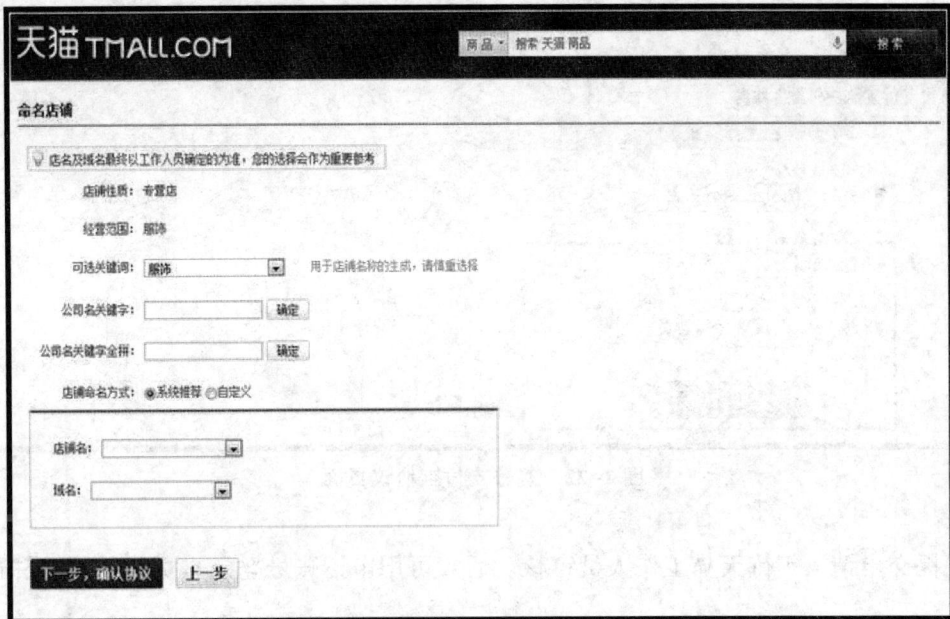

图 1-20 "命名店铺"页面

（9）店铺名称和域名确认完毕后，点击"下一步，确认协议"。如图 1-21 所示。

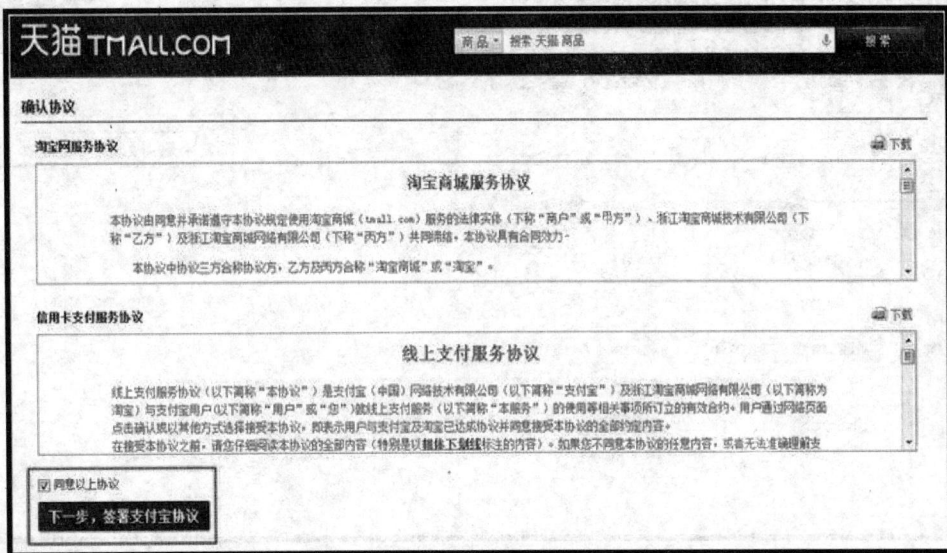

图 1-21 "确认协议"页面

（10）确认协议后，点击"下一步，签署支付宝协议"。如图 1-22 所示。

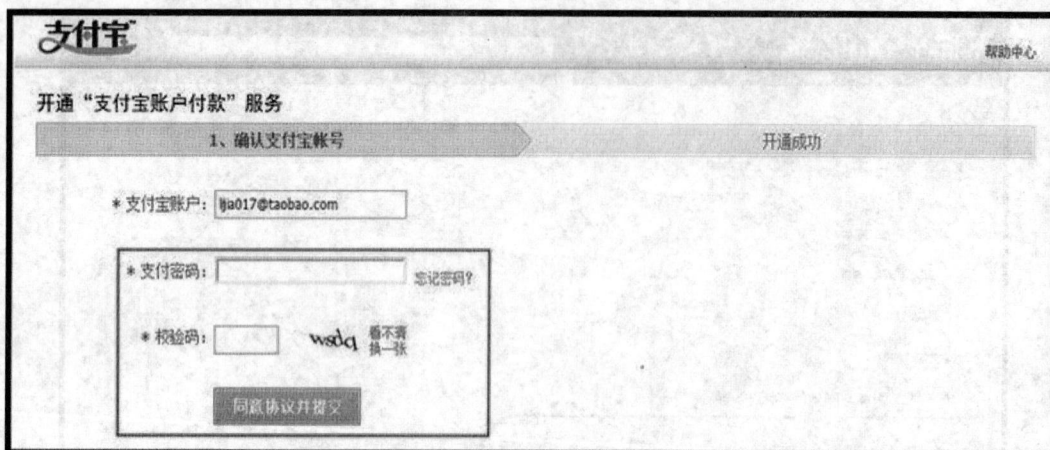

图1-22 签署支付宝协议页面

（11）提交申请，等待天猫工作人员审核。后续可用申请账号登录本页面关注入驻进展。天猫工作人员未操作审核时，商家可点击"修改入驻资料 修改店铺负责人信息"对相关资质或店铺信息进行修改。如图1-23所示。

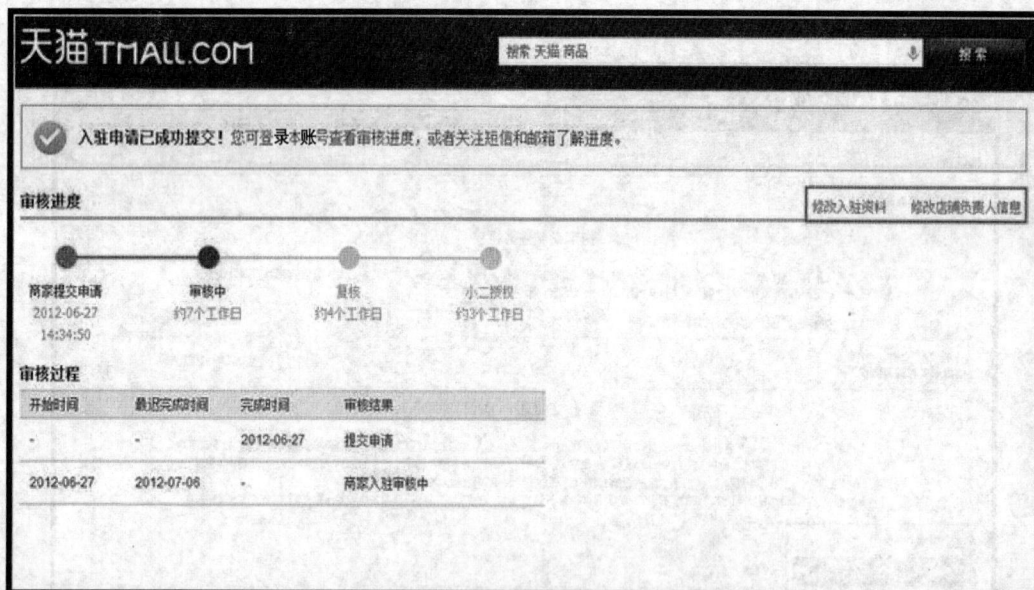

图1-23 入驻申请成功提交页面

（12）复核通过，等待天猫工作人员完成品牌和类目授权。如图1-24所示。

图 1-24 复核通过页面

（13）天猫工作人员完成品牌和类目授权，系统将以邮件和旺旺的方式，将天猫账户名及登录密码发送给商家。商家需登录天猫后台，根据提示完成后续工作。如图 1-25 所示。

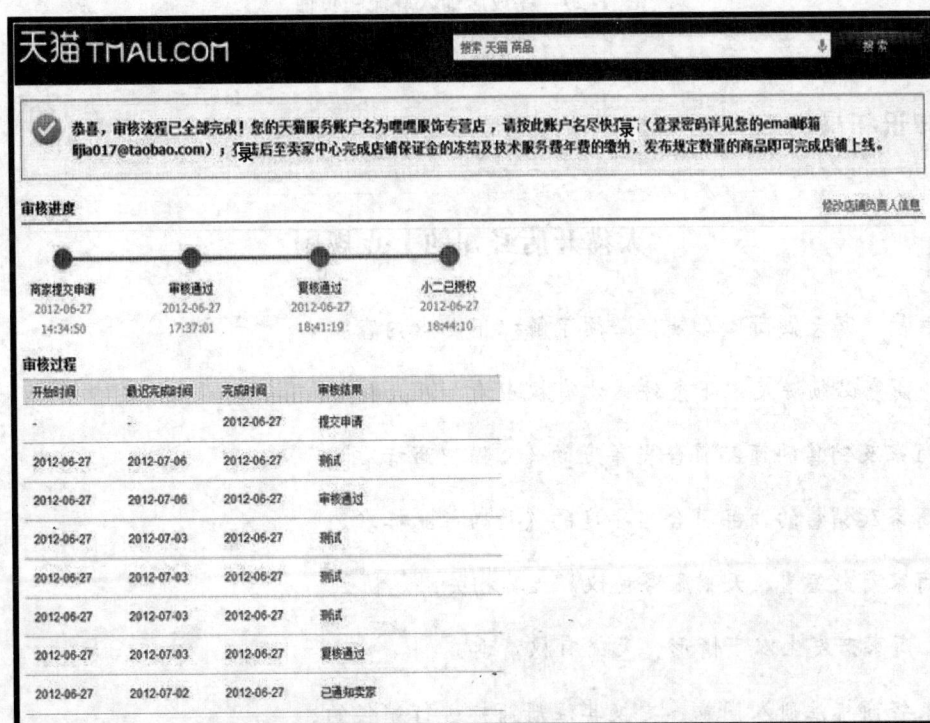

图 1-25 审核流程完成页面

（14）登录天猫卖家中心，完成保证金的冻结及技术服务年费的缴纳。根据提示，发布规定数量商品，查看不同经营范围店铺上线前需发布的商品数量。如图 1-26 所示。

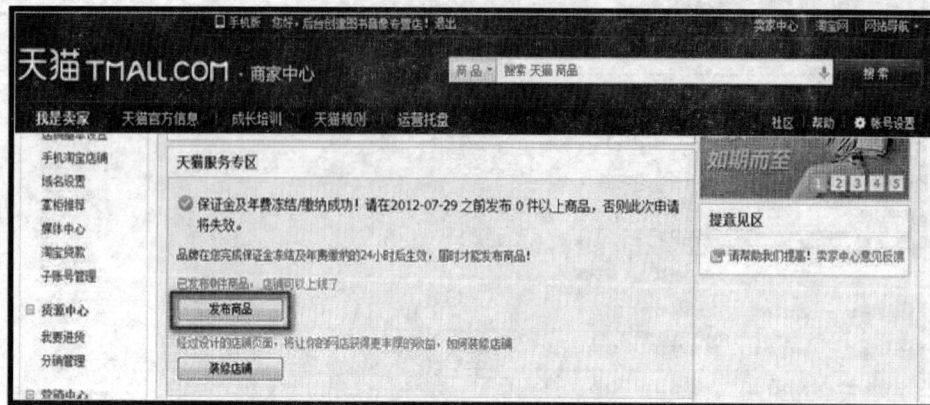

图 1-26　发布商品页面

（15）申请店铺上线，完成店铺入驻流程。如图 1-27 所示。

图 1-27　完成店铺入驻流程页面

知识拓展

天猫开店必知的七点规则

要运营一家天猫商城店铺，必须了解以下七点内容：

一、商家必须满足以下条件，才有权申请加入天猫 tmall.com：

1. 商家及销售的商品符合当年度的《天猫招商标准》；

2. 商家及销售的商品符合当年度的《天猫行业标准》；

3. 商家有效签署《天猫服务协议》及其相关附属协议。

二、商家若发生以下情形，天猫有权清退：

1. 未经商标注册人同意，更换其注册商标进行销售的；

---

2. 符合本规则总则中不当使用他人权利且情节严重的;

3. 向天猫提供伪造、编造的商家资质或资料的;

4. 未达到天猫的试运营考核或季度考核标准的;

5. 商家违反天猫招商标准的;

6. 严重违规扣分达48分的。

三、商家会员的会员名、店铺名的命名应该严格遵守天猫店铺的命名规则。

四、商家在天猫发布商品应该严格遵守《天猫行业标准》。

五、商家及商品参与淘宝网、一淘网等其他市场的活动,应同时遵守其他市场的管理规定。

六、商家应根据协议规定或规则规定缴纳或补足保证金,若保证金额不足,且经淘宝催缴后未在15天内缴纳或不足的,给予店铺监管,直至足额缴纳为止。

七、商家应严格遵守《天猫行业标准》。商家若违反《天猫行业标准》中关于产品发布的规定,天猫将对其违规商品给予下架并给予单个商品搜索降权三天的处理。

了解了以上七条,就可以着手进行天猫开店的相关准备工作。

职业能力训练

一、单选题

1. 一个淘宝会员能在淘宝开 (　　) 家店。

A. 三   B. 一

C. 两   D. 没限制

2. 下列 (　　) 项不是淘宝卖家必须做到的。

A. 宝贝页面的描述,应该与商品的实际情况相符

B. 遵守淘宝规则,遵守对买家的服务承诺

C. 每天都要重新发布商品

D. 出售的商品,在合理期间内不存在正常使用的质量问题

3. 了解淘宝规则的最佳途径是 （　　）。

A. 进入淘宝官方唯一规则发布平台　　　B. 到 Google 搜索

C. 到淘宝社区看帖　　　D. 向其他店家询问

4. 买卖双方在支付宝交易成功后的 （　　） 天内可以进行评价。

A. 30　　　B. 15

C. 9　　　D. 7

5. 下列不是信用评价和店铺评分区别的是 （　　）。

A. 买家、卖家互相之间都能给对方进行信用评价，但是卖家不能给买家打店铺评分

B. 针对信用评价，评价人可给好评、中评、差评，而店铺评分只能打分数

C. 淘宝上很多卖家会员名边上显示的"皇冠"、"钻石"，是指店铺评分的分数，不是指信用评价的积分

D. 信用评价中的"好评"会使得被评价人累积 1 分信用积分，而店铺评分不累积信用积分

6. 买卖双方在评价中允许出现的情形是 （　　）。

A. 买家在评论内容中称赞卖家发货速度快

B. 同行竞争者恶意给予中评、差评

C. 买家利用中评、差评恶意向卖家索要额外财物

D. 买卖双方在评论内容中发布污言秽语

7. 评价人若给予好评，则被评价人信用积分会增加 （　　） 分。

A. 2　　　B. 4

C. 1　　　D. 3

8. 满足下列 （　　） 种情况时，会员方可创建店铺。

A. 会员将其账户与通过实名认证的支付宝账户绑定，公示真实有效的姓名地址或营业执照等信息，但未通过开店考试后

B. 会员将其账户与通过实名认证的支付宝账户绑定，并通过开店考试后

C. 会员将其账户与通过实名认证的支付宝账户绑定，公示真实有效的姓名地址或营业执照等信息，并通过开店考试后

D. 会员公示真实有效的姓名地址或营业执照等信息，并通过开店考试后

9. 淘宝商城成立于 (　　) 年。

A. 2003　　　　　　　　　　B. 2005

C. 2008　　　　　　　　　　D. 2012

10. 商城有 (　　) 等违规行为会被扣5%的违约金。

A. 违反商城支付方式　　　　B. 违反商城积分规定

C. 付款未发货　　　　　　　D. 网上描述不符

11. 商城鞋帽箱包类进行7天无理由退换货需符合的条件是 (　　)。

A. 外包装、吊牌、配件完整　　B. 预定特殊尺码

C. 洗涤、穿过、人为破坏　　　D. 代购商品

12. 商城中可以发布的商品有 (　　)。

A. 全新外贸　　　　　　　　B. 正品行货

C. 拍卖商品　　　　　　　　D. 二手闲置商品

13. 商家在商城出售商品，若买家索要发票，商家是否需要开具：(　　)。

A. 否

B. 是，但是相应税收需要买家承担

C. 是，但是相应税收买卖双方各承担一半

D. 是

14. 以下可以在商城店铺中出现的信息是 (　　)。

A. 退货地址　　　　　　　　B. 个人手机，400、800电话

C. 集市店铺链接　　　　　　D. 银行账号

15. 以下说法解释了实物拍摄图片定义的是 (　　)。

A. 官方网站图片　　　　　　B. 其他品牌物品图片

C. 该商品本身的拍摄图片　　D. 杂志图片

16. 下列不可入驻商城的是 (　　)。

A. 品牌商或厂商　　　　　　B. 个体商户

C. 代理商

17. 商城违规积分周期为（　　）。

A. 1 个季度   B. 6 个月

C. 1 自然年

18. 商城产品发布后，在（　　）小时内可以进行修改。

A. 12   B. 24

C. 36

二、多选题

1. 淘宝天猫盈利模式包括（　　）。

A. 广告收入   B. 服务收费

C. 关键词竞价收费   D. 软件收费

2. 下列关于天猫商城的说法正确的是（　　）。

A. 天猫商城来源于淘宝商城

B. 天猫商城的商业模式是 B2C 模式

C. 天猫商城独立于淘宝网

D. 入驻天猫的商家必须是在中国大陆注册的企业

3. 加入淘宝天猫的企业必须缴纳（　　）。

A. 保证金   B. 佣金

C. 技术服务费年费   D. 商城租金

4. 淘宝商城的类别有（　　）。

A. 品牌旗舰店   B. 专卖店

C. 专营店   D. 拍卖店

5. 加入天猫商城的厂家必须提供（　　）。

A. 企业营业执照   B. 税务登记证

C. 中国商标权证书   D. 正规销售发票

三、填空题

1. （　　）年 1 月，淘宝商城正式宣布更名为"天猫"。

2. 天猫具有的普通店铺不具备的功能是（　　）、（　　）、（　　）、（　　）。

3. 天猫提供的服务包括（ ）、（ ）、（ ）。

4. 天猫开店的流程主要有（ ）、（ ）、（ ）、（ ）、（ ）。

5. 具备天猫开店资格的是（ ）。

6. 7天无理由退换货规则的"7天"是（ ）。

7. 商城积分有效期是（ ）。

8. 天猫商城正确的支付方式是（ ）。

观念应用训练

王强为了熟悉电子商务员的能力要求，进一步收集了电子商务员岗位职业素质要求及能力要求的相关资料，并总结如下：

一、岗位职业素质与通用技能

（1）团队精神。

（2）活泼热情的性格。

（3）认真负责的态度。

（4）踏实勤奋的作风。

（5）拥有良好的亲和力及沟通协调能力。

（6）具有优秀的综合分析能力及观察发现意识。

（7）对工作的热忱、敬业感。

（8）说服能力。

（9）较强的业务执行能力及谈判能力。

（10）具备良好的心理素质，工作态度积极乐观，有开拓进取精神。

（11）专心。主要指人员在完成任务的过程中要专心，不可一心二用。经验表明，高度集中精神不但能够提高效率，还能发现更多不足的地方，业绩最棒的往往是团队中做事精力最集中的那些成员。

（12）细心。主要指在工作时候要细心，不可以忽略一些细节。某些缺陷如果不细心很难发现，例如一些界面的样式、文字等。

(13) 耐心。很多工作有时候显得非常枯燥，需要很大的耐心才可以做好。如果比较浮躁，就不会做到"专心"和"细心"，这将让很多不足的问题从你眼前逃过。

(14) 责任心。责任心是做好工作必备的素质之一，如果工作中没有尽到责任，甚至敷衍了事，很可能引起非常严重的后果。

(15) 自信心。自信心是现在很多工作者都缺少的一项素质，尤其在面对比较困难的工作的时候，往往认为自己做不到。

二、职业能力

熟悉网络平台推广，售前售后服务的电子商务流程。

具备电子商务模式（B2B、B2C、C2C等）的实际操作能力。

熟悉网络平台推广，售前售后服务的电子商务流程。

新客户开发能力。

熟悉Office常用办公软件的使用。

熟练掌握IT技术，网络协议OSI、TCP/IP、E-mail、TELNET、FTP等服务方式。

熟悉包括信息流网络、知识流网络、资金流网络、物流网络、契约网络等在内的电子商务运作平台。

精通包括ERP系统管理、SCM供应链管理、CRM客户关系管理等在内的电子商务管理。

了解电子商务系统的安全、金融电子化的安全等相关知识。

关注《中华人民共和国电子签名法》、《互联网信息服务管理办法》、《计算机软件保护条例》等相关法律法规。

思考题：你具备了其中的哪些素质？打算如何提高与改进？

👍 情景模拟训练

想要成为一名合格的电子商务员就必须具备较高的职业道德，电子商务员的职业道德规范主要包括以下四方面。

1. 忠于职守、坚持原则

各行各业的工作人员，都要忠于职守，热爱本职工作。这是职业道德的一条主要规范。作为电子商务员，忠于职守就是要忠于电子商务员这个特定的工作岗位，自觉履行电子商务员的各项职责，认真辅助领导做好各项工作。电子商务员要有强烈的事业心和责任感，坚持原则，注重社会主义精神文明建设，反对不良思想和作风。

2. 兢兢业业、吃苦耐劳

电子商务员的工作性质决定了从业人员不仅要在理论上有一定的造诣，还要具有实干精神。能够脚踏实地、埋头苦干、任劳任怨；能够围绕电子商务开展各项活动，招之即来，来之能干。在具体而紧张的工作中，能够不计个人得失，有着吃苦耐劳甚至委曲求全的精神。

3. 谦虚谨慎、办事公道

电子商务员要谦虚谨慎、办事公道，对领导、群众都要一视同仁，秉公办事，平等相待。切忌因人而异，亲疏有别，更不能趋附权势。只有谦虚谨慎、公道正派的电子商务员，才能做到胸襟宽阔，在工作中充满朝气和活力。

4. 遵纪守法、廉洁奉公

遵纪守法、廉洁奉公是电子商务员职业活动能够正常进行的重要保证。遵纪守法指的是电子商务员要遵守职业纪律和与职业活动相关的法律、法规，遵守商业道德。廉洁奉公是高尚道德情操在职业活动中的重要体现，是电子商务员应有的思想道德品质和行为准则。它要求电子商务员在职业活动中坚持原则，不利用职务之便或假借领导名义谋取私利，不搞你给我一点好处，我回报你一点实惠的所谓等价交换。要以国家、人民和本单位整体利益为重，自觉奉献，不为名利所动，以自己的实际行动抵制和反对不正之风。

思考题：电子商务员为什么必须具备这些职业道德规范？

![思维拓展训练]

小型天猫商城的人员配置及工作内容

一、组织框架

前期必需岗位：①客服1名。②美工（编辑宝贝）1名。③运营1名。④物流与仓库。⑤淘宝店长（运营）。前期各个岗位可以互兼，尽量减少人员开销。

以上为基本框架，初期1人可负责多个岗位。

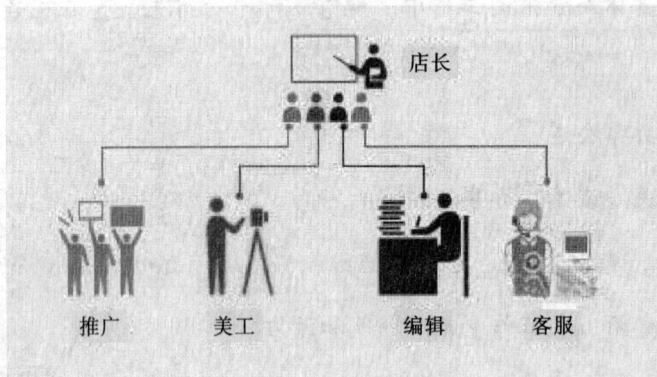

二、工作内容

（一）淘宝店长（1名）

（1）负责网店整体规划、营销、推广、客户关系管理等。

（2）负责网店日常改版策划、上架、推广、销售、售后服务等经营与管理工作。

（3）负责网店日常维护，保证网店的正常运行，优化店铺及商品排行。

（4）负责执行与配合公司相关营销活动，策划店铺促销活动方案。

（5）负责收集市场和行业信息，提供有效应对方案。

（6）制订销售计划，每月销售数量和销售额。

（7）客户关系维护，处理相关客户投诉及纠纷问题。

（8）协调好与工厂方面及各部门的关系，确保电子商务部的有序运营。

（二）客服人员（前期1~2名）——客服与售后工作职责

（1）通过在线聊天工具，负责在淘宝上和顾客沟通，解答顾客对产品和购买服务的疑问。

（2）客户关系维护工作，在线沟通解答顾客咨询，引导用户在商城上顺利的购买，促成交易。

（3）负责客户疑难订单的追踪和查件，处理评价、投诉等。

（4）定期进行客户回访，做好售后服务工作，深刻地理解"售后才是销售真正的开始"的理念。

（三）物流发货

（1）负责店铺备货和物资的验收、入库、码放、保管、盘点、对账等工作。

（2）按发货单正确执行商品包装工作，准时、准确完成包装任务。

（3）在网店后台准确输入发货单号，更改发货状态，对问题能及时处理。

（4）协调好与工厂方面的货源问题，确保货源充足，及时安全地完成发货。

（四）美工（编辑宝贝）

（1）负责淘宝网店整体的美工设计、海报制作、宝贝图片的制作与修改以及宝贝上传，宝贝上传最好做成数据包模式。

（2）负责图片的后期处理、店面整体形象设计更新、商品描述美化、店铺产品图片处理、促销活动页面支持等。

（3）协调好与运营部门的工作内容，确保页面的及时更新等。

（五）推广人员

（1）负责不定期策划淘宝商城营销活动（10元付邮、20元付邮、免费试用、淘金币、聚划算、天天特价、限时抢购等）。

（2）负责公司淘宝交易平台推广工作。

（3）策划并制定网络店铺及产品推广方案［包括淘宝推广、SEO（搜索引擎优化）、论坛推广、博客营销、旺旺推广等］等营销工作。

（4）研究竞争对手的推广方案，向店长提出推广建议。

（5）对数据进行分析和挖掘，向店长汇报推广效果。

（6）负责对店铺与标题关键字策略优化、橱窗推荐、搜索引擎营销、淘宝直通车、淘宝客等推广工作。

思考题：结合自身的特点分析你可以胜任哪项工作？

项目二

网络支付

广义地讲，网络支付指的是客户、商家、网络银行（或第三方支付）之间使用安全电子手段，利用电子现金、银行卡、电子支票等支付工具通过互联网传送到银行或相应的处理机构，从而完成支付的整个过程。

网络支付随网购C2C平台的发展而崛起，C2C网购是网上支付发展初期的最大引擎。发展后期，除开拓新用户外，强化老用户的品牌识别度，增加其使用频率，提升深度使用者数量将成为支付企业主要发展策略。网络支付独特优势成为第三方支付后期发展的主要动力。

 项目导图

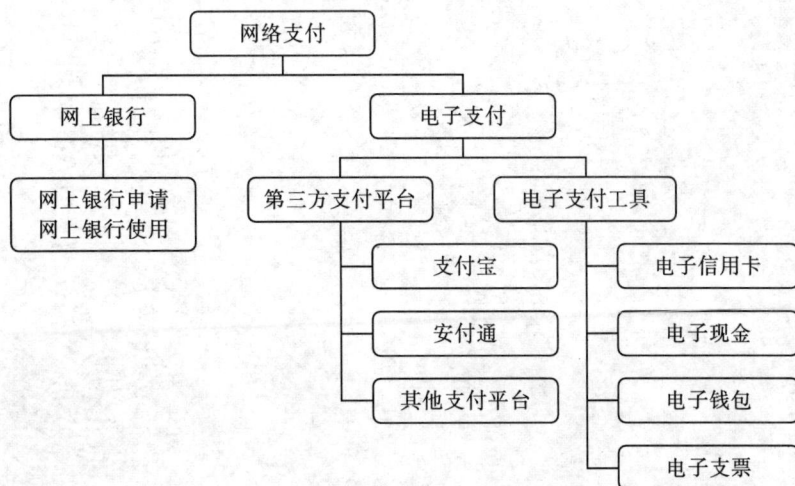

学习目标

知识目标

1. 掌握网上银行申请、个人网银申办；

2. 熟悉数字证书安装、数字口令卡使用；

3. 熟悉网上银行查询、汇款、转账；

4. 了解电子支付安全防范手段；

5. 了解第三方支付，熟悉支付宝注册、充值、支付。

技能目标

1. 掌握网上银行申请申办方法；

2. 掌握网上银行相关功能使用；

3. 具备第三方支付的使用能力；

4. 具备电子支付及第三方支付时的安全防范能力。

任务3　网上银行

任务目标

通过本次任务熟悉网上银行为客户提供的服务内容，掌握网上银行的使用技能。

项目任务书

任务名称	网上银行	任务编号		时间要求	
要求	1. 以自己手中的银行卡为基础，申请个人网上银行 2. 熟悉个人网上银行的主要功能，进行数字证书安装、缴费支付、个人用户转账、网上银行密码修改等操作 3. 提高总结分析能力，巩固专业知识，熟练使用网上银行				
重点培养的能力	资料查找能力、资料分析综合能力、团队合作能力、写作能力、沟通能力				
涉及知识	网上银行的相关概念、网上银行的服务功能、网上银行使用的安全保障、个人网上银行的操作				
教学地点	教室、机房	参考资料			
教学设备	投影设备、投影幕布、能上网的电脑				

训练内容
1. 听教师讲解案例及相关知识（时间约　　分钟）
2. 制订工作计划，了解团队要做什么，要达到什么样的目的（时间约　　分钟）；组长进行分工安排，每个人在自己的项目任务书相应栏进行记录（时间为　　分钟），组员开始行动
3. 资料查找分析，申请个人网上银行：申请个人网上银行（时间约　　分钟），分析讨论（时间约　　分钟）；撰写分析报告（填写任务产出表）（时间约　　分钟）
4. 资料查找分析、登录网上银行，熟悉网上银行功能（时间约　　分钟），分析讨论（时间约　　分钟）；得出结论；撰写分析报告（填写任务产出表）（时间约　　分钟）

训练要求
在完成任务的过程中能自主学习并掌握网上银行的有关知识；能够在规定的时间内完成相关的资料查找、整理、分析任务；能够在规定的时间内，撰写出分析报告；团队制订出合理的工作方案，工作有成效（能够进行很好的时间管理，在规定时间内完成任务），团队合作较好

成果要求及评价标准
成果要求：需提交下列书面文件。 　　1. 本项目组成员分工的情况 　　2. 本项目组提交个人网上银行申请办法，列出网上银行常用功能及操作方法 评价标准： 　　1. 提交正确个人网上银行申请流程，准确列出网上银行常用功能及操作方法，分析报告质量优 　　2. 能提交个人网上银行申请流程并列出主要网上银行功能，分析报告质量良 　　3. 分析报告合理但不完整的，有少量错误，分析报告质量合格 　　4. 网上银行申请流程不正确，没有列出网上银行常用功能，分析报告质量差 符合上述标准1，成绩为优秀，可得90~100分；符合标准2，成绩为良好，可得70~80分；符合标准3，成绩及格，可得60~70分；符合标准4，成绩为不及格，得分60分以下；介于这几种标准之间的，可酌情增减分

		成　员	学　号	分　工
任务产出一	成员姓名与分工	组　长		
		成员1		
		成员2		
		成员3		

续表

任务产出一	成员姓名与分工	成员	学 号	分 工
		成员 4		
		成员 5		
		成员 6		

任务产出二

1. 通过对网上银行的了解及操作，熟悉实现网上银行安全的手段和措施

银行	安全证书名称	其他安全措施
中国建设银行		
中国工商银行		
中国农业银行		
中国银行		
招商银行		

2. 比较常用的网上银行的特色

	中国银行	中国建设银行	中国农业银行	招商银行
网址				
银行卡名称				
主要服务种类				
收费标准				

项目组评价		总分	
教师评价			

引导案例（情景导入）

　　2013 年以来，中国工商银行持续完善电子银行服务体系，努力提升电子银行服务能力和服务品质。据统计，2013 年全年中国工商银行完成的电子银行交易额超过了 380 万亿元，比 2012 年增长近 15%，累计办理业务超过 470 亿笔。截至 2013 年末，中国工商银行个人网上银行客户数已达 1.6 亿，移动银行客户数超过 1.3 亿，50% 以上的客户已有一半的业务依靠电子渠道办理，近 30% 的客户其 80% 以上的业务不再到网点来办理。小王为了在网上购物，享受工商银行的各项网上服务功能，想要申请工商银行网上银行，他需要如何操作？

![知识链接图标] **知识链接**

一、网上银行概述

1. 网上银行简介

网上银行又称网络银行、在线银行，是指银行利用互联网技术，通过互联网向客户提供开户、销户、查询、对账、行内转账、跨行转账、信贷、网上证券、投资理财等传统服务项目，使客户可以足不出户就能够安全便捷地管理活期和定期存款、支票、信用卡及个人投资等。可以说，网上银行是在互联网上的虚拟银行柜台。网上银行又被称为"3A 银行"，因为它不受时间、空间限制，能够在任何时间（Anytime）、任何地点（Anywhere）以任何方式（Anyway）为客户提供金融服务。

2. 网上银行的特点

网上银行的特点如表 2-1 所示。

表 2-1　网上银行的特点

特　点	说　明
全面实现无纸化交易	票据和单据大部分被电子支票、电子汇票和电子收据所代替；纸币被电子货币所代替；纸质文件的邮寄变为通过网络传送
服务方便	网络银行的服务不受时间、地域的限制，即实现 3A 服务
经营成本低廉	网络银行可以在保证原有的业务量不降低的前提下，减少营业点的数量
简单易用	网上 E-mail 通信方式也非常灵活方便，便于客户与银行之间以及银行内部之间的沟通

3. 网上银行的分类

网上银行发展的模式有两种：一种是完全依赖于互联网的无形的电子银行，也叫"虚拟银行"。虚拟银行就是指没有实际的物理柜台作为支持的网上银行，这种网上银行一般只有一个办公地址，没有分支机构，也没有营业网点，采用国际互联网等高科技服务手段与客户建立密切的联系，提供全方位的金融服务。以美国安全第一网络银行为例，它成立于 1995 年 10 月，是在美国成立的第一家无营业网点的虚拟网上银行，它的营业厅就是网页画面，当时银行的员工只有 19 人，主要的工作就是对网络的维护和管理。如图 2-1 所示。

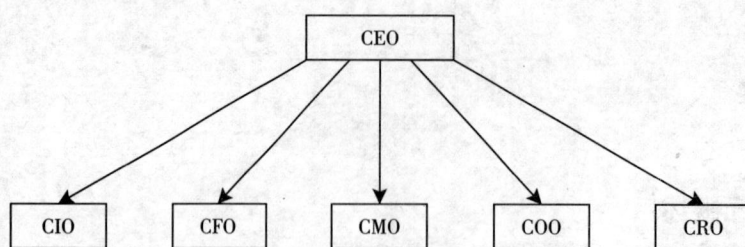

图 2-1　美国安全第一网络银行架构

另一种是在现有的传统银行的基础上，利用互联网开展传统的银行业务交易服务。即传统银行利用互联网作为新的服务手段为客户提供在线服务，实际上是传统银行服务在互联网上的延伸，这是目前网上银行存在的主要形式，也是绝大多数商业银行采取的网上银行发展模式。我国真正意义上的网上银行，也就是"支付宝"，国内现在的网上银行很多都属于第二种模式。

4. 网上银行与传统银行的区别

网上银行与传统银行的区别如图 2-2 所示。

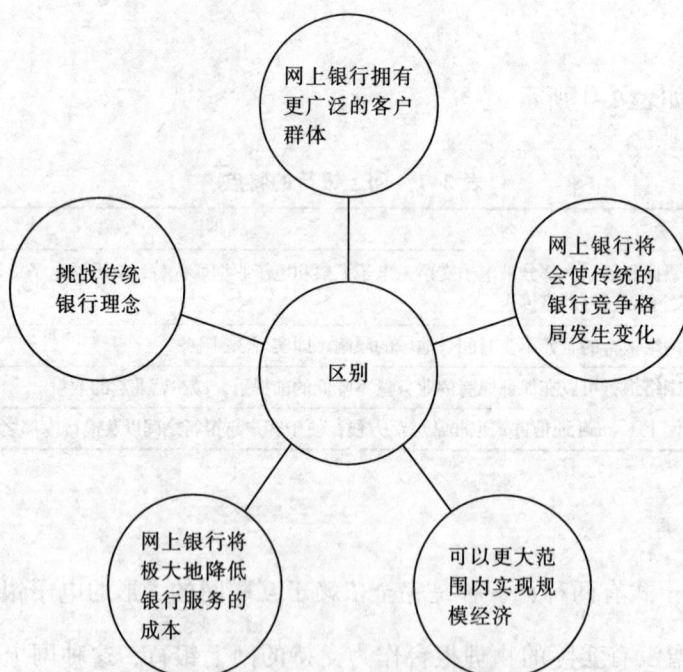

图 2-2　网上银行与传统银行的区别

二、网上银行办理步骤

（1）申请网上银行。

（2）在柜台填表签约，银行开通后领到该行发放的证书条码。

（3）安装用户证书。

（4）导出并保存证书。

（5）使用网上银行功能。

三、网上银行业务介绍

以中国工商银行网上银行为例进行业务介绍。中国工商银行网上银行的页面如图 2-3 所示。

图 2-3　中国工商银行网上银行页面

中国工商银行网上银行业务主要包括个人网上银行和企业网上银行。

1. 个人网上银行

业务简述：个人网上银行是指通过互联网，为中国工商银行个人客户提供账户查询、转账汇款、投资理财、在线支付等金融服务的网上银行渠道，品牌为"金融@家"。

适用对象：凡在中国工商银行开立本地工银财富卡、理财金账户、工银灵通卡、牡丹信用卡、活期存折等账户且信誉良好的个人客户，均可申请成为个人网上银行注册客户。

特色优势：安全可靠、功能强大、方便快捷、信息丰富。

2. 企业网上银行

业务简述：企业网上银行是指通过互联网或专线网络，为企业客户提供账户查询、转账结算、在线支付等金融服务的渠道，根据功能、介质和服务对象的不同可分为普及版、标准版和中小企业版。企业网上银行业务功能分为基本功能和特定功能。基本功能包括账户管理、网上汇款、在线支付等；特定功能包括贵宾室、网上支付结算代理、网上收款、网上信用证、网上票据和账户高级管理等。

适用对象：在中国工商银行开立账户、信誉良好的企业客户，包括企业、行政事业单位、社会团体等均可开通企业网上银行。

四、网上银行面临的风险

1. 技术安全风险

网上银行是通过互联网与计算机来实现其功能的，因此计算机的安全问题首当其冲。计算机在运行过程中存在各种各样的风险。首先，计算机软硬件运行风险。其次，来自网络银行系统外部的正常客户或非法入侵者在与网络银行的业务交往中，可能将各种计算机病毒带入网络银行的计算机系统。最后，随着黑客攻击技术的提高，他们可能通过互联网侵入银行专用网络或银行电脑系统，窃取银行及客户的资料，盗用他人身份接管网上银行客户的储蓄和信用账户，甚至直接非法进行电子资金转账。

2. 信用风险

网络银行的发展受到信用风险的制约，即交易双方或其中一方不能完全履行其业务所带来的风险。

3. 法律风险

网上银行的风险来源于违反相关法律规定、规章制度，以及在网上交易中没有遵守有关权利义务的规定。

4. 观念风险

现阶段上网的人群从青年向中年甚至向老年发展，青年人比较容易接受新事物，学习能力也较强，而其他网民的观念及素质还跟不上网络技术的发展，对网上银行还要有一个接受的过程。

5. 人才匮乏风险

随着网络银行的兴起与发展，从业人员不仅要是金融专家还要通晓计算机相关知识，网络银行需要的是复合型人才。

五、个人网上银行的安全保障

（1）密码。如图 2-4 所示。

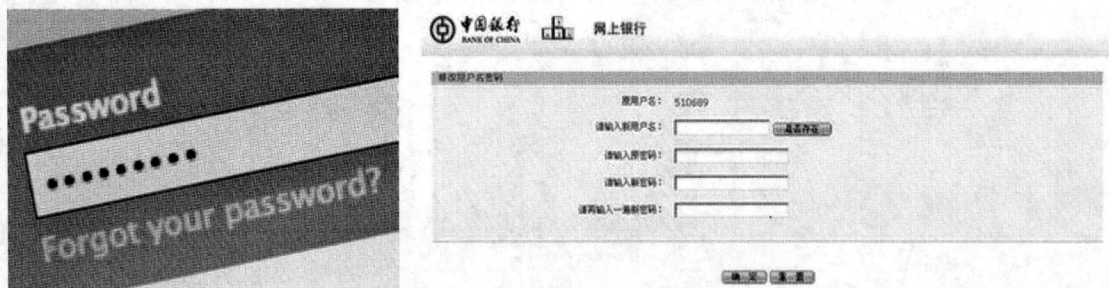

图 2-4　个人网上银行密码页面

（2）文件数字证书。如图 2-5 所示。

图 2-5　支付宝控件及安全证书

（3）动态口令卡。如图 2-6 所示。

图 2-6　中国农业银行动态口令卡

（4）动态手机口令。如图 2-7 所示。

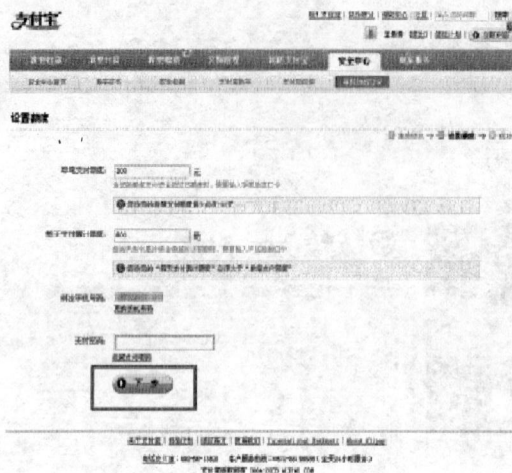

图 2-7　动态手机口令

（5）移动数字证书。如图 2-8 所示。

图 2-8　免驱动移动数字证书

应用案例

2013年上海中国工商银行电子银行交易额达到50万亿元

2013 年，中国工商银行上海市分行完成的电子银行交易额达到了 50 万亿元，比 2012 年增长了 17%，累计办理业务 32.60 亿笔。目前，中国工商银行电子渠道完成的业务量在全部业务量中的占比已达到 88%，这意味着每 100 笔业务中就有 88 笔是通过电子渠道办理，不仅节约了大量资源，更有效地提升了全社会金融效率。

针对手机通信和移动互联网快速发展所产生的巨大金融服务需求，近年来中国工商银行大力推广移动金融服务，推动电子银行业务在新兴移动载体和高科技平台上的延伸和推广。该行在国内同业中率先整合推出了"工银移动银行"金融服务，全面涵盖了消费者日常使用的各类移动金融产品。截至2013年末短信银行累计服务客户已超过3000万元，累计业务量超过9000万笔，微信银行业务量超过700万笔。

电子银行是一种现代、绿色的金融服务方式，不仅大大提高了银行服务效率，为客户节约了时间和成本，还减少了银行柜面办理业务产生的大量纸质凭证等资源消耗，推动了金融服务向无纸化、绿色环保方向发展。中国工商银行将继续发挥自身在电子银行方面的先发优势，加快产品和服务模式的创新，持续提升客户体验，为客户提供更加安全、便捷、高效的现代金融服务。

思考题：电子银行为何得到了迅速发展？

名人名言

互联网是新的商机，每一次新的机会到来，都会造就一批富翁。而每一批富翁的造就是：

当别人不明白的时候，他明白他在做什么；

当别人不理解的时候，他理解他在做什么；

当别人明白了，他富有了；

当别人理解了，他成功了。

——李嘉诚

任务示范

中国建设银行网上银行向他人账户转账

（1）进入中国建设银行官网。如图2-9所示。

图 2-9 中国建设银行官网页面

（2）登录个人网上银行登录页面，填写相关信息。如图 2-10 所示。

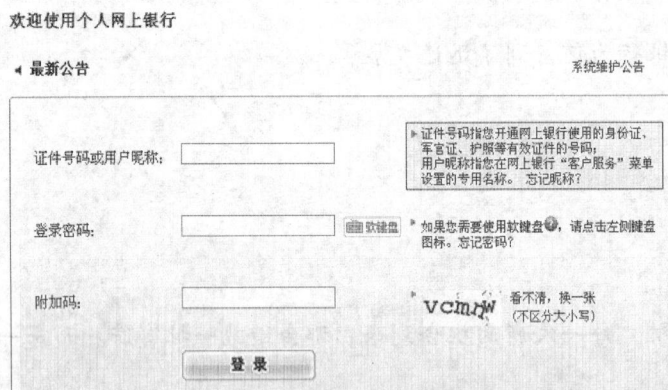

图 2-10 个人网上银行登录页面

（3）进入个人网上银行操作主页面。如图 2-11 所示。

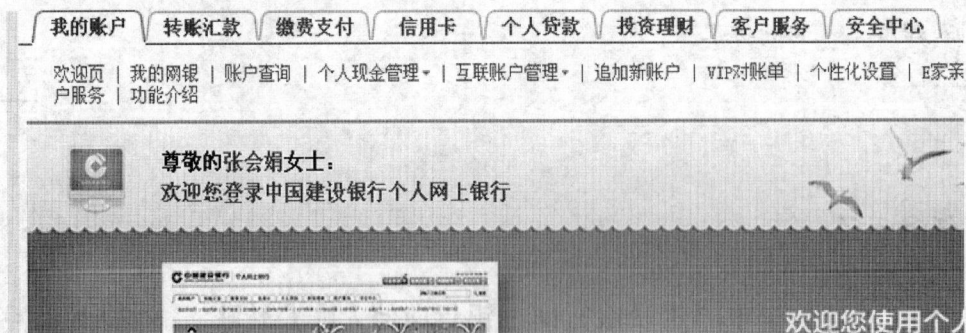

图 2-11 个人网上银行操作页面

（4）选择转账汇款，活期转账汇款，填写付款账户、收款账户等相关信息。如图 2-12 所示。

图 2-12 填写付款账户、收款账户信息页面

（5）确认转账信息。如图 2-13 所示。

图 2-13 确认转账信息页面

（6）中国建设银行网银安全组件下载及安装。如图 2-14 所示。

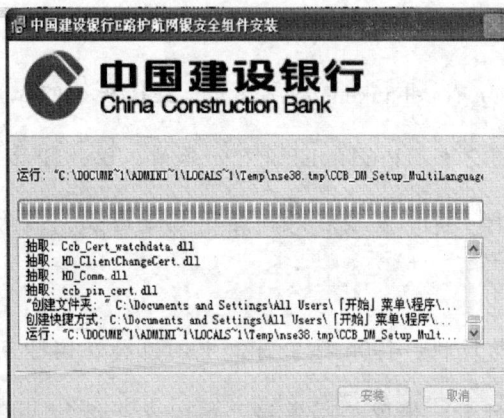

图 2-14 网银安全组件下载页面

（7）完成。

知识拓展

网上银行的发展

1985 年，英国出现了第一个全自动化银行，苏格兰拉斯哥银行的 TSB 分行。

1989 年 10 月，英国米兰银行开创了电话银行业务，出现了世界上第一家电话银行。

1995 年 10 月，全球第一家真正意义上的网上银行，美国安全第一网络银行（Security First Network Bank）诞生。这家银行没有建筑物，没有地址，只有网址和网上银行站点，一幅幅网页画面构成了银行交易的营业接口，所有的交易都通过互联网进行。

美国的情况：对银行的一项调查（PIS Global）显示，到 1999 年底，能提供网上银行服务的银行占 27%，计划提供网上银行服务的银行占 69%（已从 2000 年问题中解脱出来），而只有 4% 的银行没有这样的计划。我们从美国家庭用户的数量（Gartner Group）来看一下网上银行业务的增长情况：1998 年，使用网上银行服务的家庭用户为 700 万，1999 年为 1100 万，而 2000 年预计会达到 1400 万。在线银行账户主要集中在美国银行、富国银行、第一联合银行、花旗银行等，其中，美国银行为 170 万个，富国银行为 130 万个，第一联合银行为 100 万个，花旗银行为 80 万个。结果，美国安全第一网络银行位居榜首，富国银行位列第二，Net.Bank 位居第三。

欧洲的情况：1999 年 6 月，IBM 公司就网上银行服务的质量和功能进行了一项调查研究，结果发现：在前 10 名之中，欧洲的金融机构占了 7 家。其中瑞典 3 家（Forenings Sparbanken 居第二位，Merita Nordbanken 居第三位，SEB 居第四位）、瑞士 2 家（UBS 居第五位，CS 居第九位）、英国 2 家（Prudential's Egg 居第八位，HSBC 居第十位）。可以看出，斯堪的纳维亚地区网上银行业务的发展在欧洲处于领先地位，因为在该地区互联网和手机的市场普及率很高。

国内网上银行的发展与现状：1996 年 2 月，中国银行在国际互联网上建立了主页，首先在互联网上发布信息。目前，中国工商银行、中国农业银行、中国建设银行、中信实业银行、中国民生银行、招商银行、太平洋保险公司、中国人寿保险公司等金融机构都已经在国际互联网上设立了网站。

中国银行：1997 年底，中国银行开始与"世纪互联"及"瑞得在线"两家 ISP 进行网上交易的合作。1998 年 3 月，中国银行正式开通了该行首家国内虚拟银行，办理了国内第一笔网上支付业务，实现了客户在线购买上网机时的功能。从 1999 年 6 月起，中国银行正式推出了"企业在线理财"、"个人在线理财"和"支付网"等网上银行的系列化产品。"企业在线理财"主要为企业，特别是集团企业客户提供资金管理服务；"个人在线理财"主要为个人、家庭提供理财服务；"支付网"主要为持卡人、商家提供 B2C 网上安全支付的手段，它是以长城的电子借记卡为平台，通过安全电子交易（SET）协议和安全认证中心（CA）以及支付网关，在充分保障客户资金安全的同时实现网上支付的功能。客户只要拥有一张长城借记卡，再从网上下载中国银行提供的电子钱包软件，就可在网上实现购物结算。

👍 职业能力训练

一、单选题

1. 中国第一家上网的银行是（　　）。

A. 招商银行　　　　　　　　　B. 中国银行

C. 中国工商银行　　　　　　　D. 中国建设银行

2. 认证中心的核心职能是（　　）。

A. 验证信息　　　　　　　　　B. 公布黑名单

C. 签发和管理数字证书　　　　D. 撤销用户的证书

3. 在线支付中的现金模式具有的优点是（　　）。

A. 它使用了已有的网络底层结构

B. 它是最容易实施的支付模式

C. 资金可以立即到账，无须后台处理过程

D. 加密技术可以保护个人支票账号的安全

4. 网上交易的安全性是由（　　）来保证的。

A. 厂家 　　　　　　　　　　　　B. 认证中心

C. 银行 　　　　　　　　　　　　D. 信用卡中心

5. 在网上购物时，使用的密码与银行支付卡上设置的密码（　　）。

A. 完全相同 　　　　　　　　　　B. 完全不同

C. 不能确定 　　　　　　　　　　D. 可能相同

6. 个人网银登录密码当日连续输入（　　）次错误会被锁定，连续累计输入（　　）次会被永久锁定。

A. 3，5 　　　　　　　　　　　　B. 3，10

C. 5，10 　　　　　　　　　　　　D. 3，不限次数

7. 一个网银客户可以有（　　）个账户。

A. 5 　　　　　　　　　　　　　　B. 10

C. 15 　　　　　　　　　　　　　　D. 没有限制

8. 在网银上的账户查询中查不到（　　）。

A. 账户余额 　　　　　　　　　　B. 账户状态

C. 账户开户机构号 　　　　　　　D. 账户开户机构名称

9. 客户可以注册个人网银、账户签约的范围是（　　）。

A. 开户所在省 　　　　　　　　　B. 开户所在市、县

C. 全国任意网点 　　　　　　　　D. 全国任一开通网银柜面业务的联网网点

10. 用于网上支付的电子证书最多可申请（　　）。

A. 8 张 　　　　　　　　　　　　B. 10 张

C. 9 张 　　　　　　　　　　　　D. 不限

11. 一般网上银行不提供的服务是（　　）。

A. 为在线交易双方发放电子证书 　　B. 为在线交易的买卖双方办理交割手续

C. 办理同行转账业务 　　　　　　　D. 提供即时金融信息服务

12.（　　）在支付全过程的两个层次中，既参与支付服务系统的活动，也参与支付资金清算系统。

A. 商业银行 　　　　　　　　　 B. 客户

C. 中央银行 　　　　　　　　　 D. 人民银行

13. 世界上第一家全交易型网络银行是（　　）。

A. 英格兰银行 　　　　　　　　 B. 花旗银行

C. 美国安全第一网络银行 　　　 D. 招商银行

14. 第一家网上银行于 1995 年 10 月在（　　）诞生。

A. 英国 　　　　　　　　　　　 B. 中国

C. 美国 　　　　　　　　　　　 D. 日本

15. 网上购物中，银行卡电子传输系统采用的是（　　）。

A. 城域网 　　　　　　　　　　 B. 互联网

C. 专用网 　　　　　　　　　　 D. 局域网

二、多选题

1. 网上个人银行"专业版"与"大众版"的区别是（　　）。

A. 业务内容不同 　　　　　　　 B. 安全机制不同

C. 使用方法不同 　　　　　　　 D. 限额不同

2. 网上银行的基本特点包括（　　）。

A. 全面实现无纸化交易 　　　　 B. 服务方便、快捷、高效、可靠

C. 经营成本低廉 　　　　　　　 D. 简单易用

3. 网上购物可以选择的付款方式有（　　）。

A. 邮局汇款 　　　　　　　　　 B. 银行电汇

C. 在线支付 　　　　　　　　　 D. 货到付款

4. 网上银行与传统银行相比其安全问题主要体现在（　　）。

A. 银行网站安全 　　　　　　　 B. 信用性安全

C. 信息在银行与商家之间的传递 　D. 信息在银行与消费者之间的传递

5. 个人网上银行在线客服的服务方式包括（   ）。

A. 智能搜索   B. 在线咨询

C. 邮件回复   D. 留言

6. 关于网上消费者进行用户注册的说法正确的是（   ）。

A. 消费者每次去网上商店购物都必须进行用户注册

B. 系统对用户的输入格式一般都没有要求

C. 必须对商店的用户注册单证上所列出的项目进行填写

D. 要填写必要的用户相关信息

7. 网上支付的目的在于（   ）。

A. 减少银行成本   B. 加快处理速度

C. 方便客户   D. 扩展业务

8. 影响网上银行发展的主要问题可概括为（   ）。

A. 政策不支持   B. 观念问题

C. 网络安全及拥挤问题   D. 网上交易的法律问题

9. 网上银行发展的原因是（   ）。

A. 成本降低   B. 客户认同

C. 必然趋势   D. 安全技术得到保证

10. 网上银行又称（   ）。

A. 网络银行   B. 在线银行

C. 商业银行   D. 中央银行

三、填空题

1. 网上银行的优势有（   ）、（   ）、（   ）、（   ）。

2. 网上银行密码区分大小写吗？（填是/否）（   ）。

3. 客户在个人网银上可以修改取款的交易密码吗？（填是/否）（   ）。

4. 网络银行的核心问题是（   ）。

5. 个人网银签约、注销的范围是（   ）。

6. 开通个人网银是否可以代办？（填是/否）（   ）。

7. 信用卡的基本功能主要表现在（　　）、（　　）、（　　）三种功能。

8. 目前国内外一些银行在网上实现的服务大体可分为三类，即（　　）、（　　）、（　　）。

👍 观念应用训练

　　小张是某中职学校电子商务专业的学生，一入学就想了解本专业的就业前景，借以指导自己的学习计划，试阅读下列资料，回答问题。

　　电子商务专业能够培养德、智、体、美等全面发展的，能够适应互联网经济发展需要的，掌握电子商务专业必备的基础理论知识和专业知识，具有从事电子商务专业实际工作的基本技能和初步能力，能在与电子商务有关的机构、网站、企业从事电子商务实际工作，具有"高人文素质、高科技水平、高实践能力、高创新精神"的技术应用性专门人才。

　　我国电子商务发展的序幕已经拉开，一旦时机成熟，将呈现大规模、全方位、加速度发展的态势。一般意义上说，企业发展电子商务最急需的资源是人才。电子商务人才市场需求将体现以下特征：①需求量大。②需要受过专门电子商务教育的人才。③需要高素质人才。④要求有较高品德素养的人才。

　　电子商务对人才的需求状况是，对纯技术人才需求相对少，而对应用复合型人才需求大。目前在我国，电子商务人才培养基本只是技术支持层的技术人才，而广大的应用人才培养较少。所以，本专业着眼于应用操作人才培养，着眼于电子商务的具体操作应用，培养既掌握信息使用技术，又能结合商务理论与实务，通过电子商务方式进行商务活动的应用性、技术型人才。

　　思考题：电子商务专业毕业生能够从事哪些工作？

👍 情景模拟训练

电子商务的发展历程

电子商务并不是一个新概念，在几十年前计算机主机系统出现时就诞生了。但是，直到互联网的出现给了电子商务以新的活力，基于互联网的电子商务已经引起了全世界的注意。

电子商务始于网络计算。网络计算是电子商务的基础。没有网络计算，就没有电子商务。其发展形式多种多样，从最初的电话、电报到电子邮件以及其后的EDI，都可以说是电子商务的某种发展形式。

电子商务的发展有其必然性和可能性。一方面，随着处理和交换信息量的剧增，该过程变得越来越复杂，这不仅增加了重复劳动量和额外开支，而且也增加了出错机会，在这种情况下需要一种更加便利和先进的方式来快速交流和处理商业往来业务；另一方面，计算机技术的发展及其广泛应用和先进通信技术的不断完善及使用导致了EDI和互联网的出现和发展，全球社会迈入了信息自动化处理的新时代，这又使得电子商务的发展成为可能。

20世纪70年代，美国银行家协会提出的无纸金融信息传递的行业标准，以及美国运输数据协调委员会发表的第一个EDI标准，开始了美国信息的电子交换。

随着美国政府的参与和各行业的加入，美国全国性的EDI委员会于20世纪80年代初出版了第一套全国性的EDI标准。随着这一系列的EDI标准的推出，人们开始通过网络进行诸如产品交换、订购等活动，EDI也得到广泛地使用和认可。

直到20世纪90年代，随着基于WWW的互联网技术的飞速发展，这些想法逐步成熟，互联网网络开始真正应用于商业交易，这时电子商务才日益蓬勃起来，并成为90年代初期美国、加拿大等发达国家的一种崭新的企业经营方式。因此我们可以说电子商务在今天成为继电子出版和电子邮件之后出现在互联网上的又一焦点的主要原因就是互联网技术的成熟、个人电脑互联性的增强和能力的提高。

思考题：在电子商务发展历程中，哪些技术起了关键作用？

👍 **思维拓展训练**

手机银行

移动银行（Mobile Banking Service）也称手机银行，是利用移动通信网络及终端办理相关银行业务的简称。作为一种结合了货币电子化与移动通信的崭新服务，移动银行业务不仅可以使人们在任何时间、任何地点处理多种金融业务，而且极大地丰富了银行服务的内涵，使银行能以便利、高效而又较为安全的方式为客户提供传统和创新的服务。

手机银行并非电话银行。电话银行是基于语音的银行服务，而手机银行是基于短信的银行服务。通过电话银行进行的业务都可以通过手机银行实现，手机银行还可以完成电话银行无法实现的二次交易。比如，银行可以代用户缴付电话、水、电等费用，但在划转前一般要经过用户确认。由于手机银行采用短信息方式，用户随时开机都可以收到银行发送的信息，从而可在任何时间与地点对划转进行确认。

手机银行与 WAP 网上银行相比，优点也比较突出。首先，手机银行有庞大的潜在用户群；其次，手机银行须同时经过 SIM 卡和账户双重密码确认之后方可操作，安全性较好。而 WAP 是一个开放的网络，很难保证在信息传递过程中不受攻击；另外，手机银行实时性较好，折返时间几乎可以忽略不计，而 WAP 进行相同的业务需要一直在线，还将取决于网络拥挤程度与信号强度等许多不确定因素。

国内开通手机银行业务的银行有中国邮政储蓄银行、中国工商银行、招商银行、中国银行、中国建设银行、交通银行、广东发展银行、深圳发展银行、中信银行、中国农业银行等，其业务大致可分为三类：①查缴费业务，包括账户查询、余额查询、账户的明细查询、转账、银行代收的水电费和电话费等；②购物业务，指客户将手机信息与银行系统绑定后，通过手机银行平台购买商品；③理财业务，包括炒股、炒汇等。

思考题：手机银行可以办理哪些业务？有何优点？

任务 4　电子支付

任务目标

学习常用电子支付工具的特征，熟悉第三方网络支付平台的优势，掌握支付宝的使用。

项目任务书

任务名称	电子支付	任务编号		时间要求	
要求					
重点培养的能力	资料查找能力、资料分析综合能力、团队合作能力、写作能力、沟通能力				
涉及知识	电子支付概念，电子支付工具种类，第三方支付平台特点，支付宝的使用				
教学地点	教室、机房	参考资料			
教学设备	投影设备、投影幕布、能上网的电脑				

要求栏内容：
1. 进行支付宝账户注册，支付宝实名认证
2. 使用支付宝进行网上支付，了解支付宝充值方法
3. 提高团队协作能力、掌握支付宝的使用技能

训练内容

1. 听教师讲解案例及相关知识（时间约　　分钟）
2. 制订工作计划，了解团队要做什么，要达到什么样的目的（时间约　　分钟）；组长进行分工安排，每个人在自己的项目任务书相应栏进行记录（时间为　　分钟），组员开始行动
3. 注册支付宝账户：资料查找（时间约　　分钟），分析讨论（时间约　　分钟）；得出结论；撰写分析报告（填写任务产出表）（时间约　　分钟）
4. 网上购物，用支付宝进行网上支付：资料查找（时间约　　分钟），分析讨论（时间约　　分钟）；得出结论；撰写分析报告（填写任务产出表）（时间约　　分钟）

训练要求

在完成任务的过程中能自主学习电子支付、支付宝使用有关知识；能够在规定的时间内完成相关的资料查找、整理、分析任务；能够在规定的时间内，撰写出分析报告；团队制订了工作方案，工作有成效（能够进行很好的时间管理），团队合作较好

成果要求及评价标准

成果要求：需提交下列书面文件。
　　1. 本项目组成员分工的情况
　　2. 本项目组提交支付宝的申请流程，列出支付宝进行网上支付的操作方法
评价标准：
　　1. 提交正确支付宝的申请流程，准确列出支付宝进行网上支付操作方法，分析报告质量优
　　2. 能提交支付宝的申请流程并列出支付宝进行网上支付方法，分析报告质量良
　　3. 分析报告合理但不完整的，有少量错误，分析报告质量合格
　　4. 申请流程不正确，操作步骤有错误，分析报告质量差
符合上述标准 1，成绩为优秀，可得 90~100 分；符合标准 2，成绩为良好，可得 70~80 分；符合标准 3，成绩为及格，可得 60~70 分；符合标准 4，成绩为不及格，得分 60 分以下；介于这几种标准之间的，可酌情增减分

任务产出一	成员姓名与分工	成　员	学　号	分　工
		组　长		
		成员 1		
		成员 2		
		成员 3		

续表

任务产出一	成员姓名与分工	成 员	学 号	分 工
		成员 4		
		成员 5		
		成员 6		

任务产出二	列表分析说明第三方支付平台的特点			
	序号	第三方支付平台	所属企业	特点
	1			
	2			
	3			
	4			
	5			
	6			

项目组评价		总分	
教师评价			

引导案例（情景导入）

电子钱包是小额支付的智能储值卡，需要持卡人预先在卡中存入一定金额，交易时直接从储值账户中扣除交易金额。电子钱包是不记名、不挂失的，无须联机验证持卡人的身份，通常采取脱机交易的方式。它与银行卡都是非现金交易工具，但银行卡需要在线授权和密码认证、打印交易凭证、持卡人签字确认交易等操作，交易成本高，适用于较大额度的支付。而电子钱包主要用于银行卡交易以外的小额支付领域。小王首次从亲戚那里听说电子钱包后，想通过电子钱包实现网上支付。

思考题：小王怎样才能通过电子钱包实现网络支付？

知识链接

一、电子支付

电子支付是指电子交易的当事人，包括消费者、厂商和金融机构，使用安全电子手段通过网络进行的货币支付或资金流转。

电子支付与传统支付的区别如表 2-2 所示。

表 2-2　电子支付与传统支付的区别

电子支付	传统支付
采用现代技术通过数字流转来完成支付信息传输，支付手段均是数字信息	通过现金流转、票据的转让以及银行的转账等实体形式的变化实现
是基于开放的系统平台（即互联网）之中的	在较为封闭的环境中进行
使用最先进的通信手段，因此对软硬件要求很高	对于技术要求不如电子支付高，且多为局域网络，无须联入互联网
可以完全突破时间空间的限制，可以满足 24/7 的工作模式	效率较低

二、电子支付工具

1. 电子信用卡

中国银行长城卡、招商银行一网通、中国建设银行龙卡，网络传输账号和口令、数字认证 CA，留下交易痕迹。电子信用卡就是允许通过网络传递卡号和密码，实现远程授权付款交易。

交易过程如下：

（1）用户在发卡机构指定金融机构设立账号，开设信用卡账号，并申请网上支付功能。

（2）用户与同意接收电子信用卡的商家洽谈，使用电子信用卡付款。

（3）用户通过网络输入卡号和密码，将应付的款项转入商家指定的信用卡账号。

（4）商家收到信用卡发行机构发送来的收款确认后，按约定发货给消费者。

2. 电子现金

用加密信息代表现金符号，类似现金无痕迹。

（1）过程。①用户在 E-Cash 银行设立账号，用预存入现金购买现金证书。②使用计算机从 E-Cash 银行取出电子现金放在本地计算机。③用户与同意接收电子现金的商家洽谈，使用电子现金付款。

（2）特点。①匿名性。②适合小交易。③身份验证由 E-Cash 自己完成。E-Cash 通过加密和数字签名防伪。

3. 电子钱包（E-wallet）

电子钱包是一个可以由持卡人用来进行安全电子交易和储存交易记录的软件，类似于随身携带的钱包，装入电子现金、电子零钱、安全零钱、电子信用卡、在线货币、数字货币等。

电子钱包具有如下功能：

（1）电子安全证书的管理。包括电子安全证书的申请、存储、删除。

（2）安全电子交易。进行 SET 交易时辨认用户身份并发送交易信息。

（3）交易记录的保存。保存每一笔交易记录以备日后查询。

4. 电子支票

电子支票是一种借鉴纸质支票转移支付的优点，利用数字传递将钱款从一个账户转移到另一个账户的电子付款形式。这种电子支票的支付是在与商户及银行相连的网络上以密码方式传递的，多数使用公用关键字加密签名或个人身份证号码（PIN）代替手写签名。如图 2-15 所示。

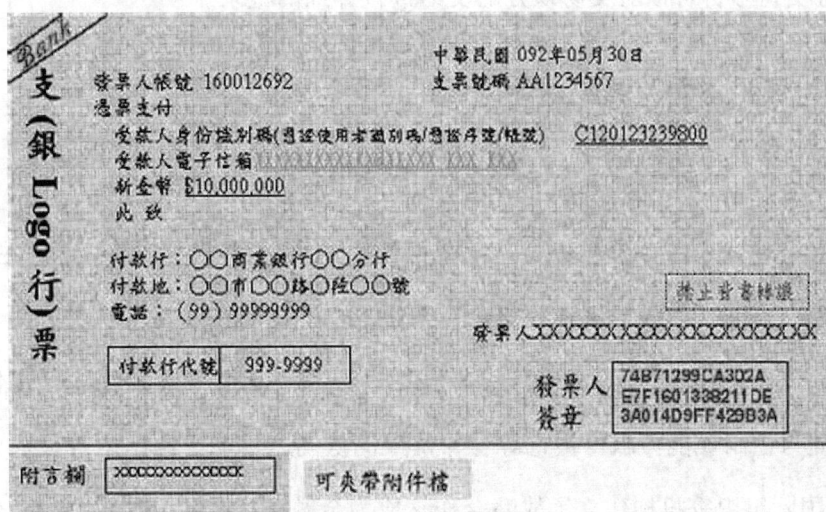

图 2-15　电子支票示例

三、第三方支付平台概述

电子商务中的商家与消费者之间的交易不是面对面进行的，而且物流与资金流在时间和空间上也是分离的，这种没有信用保证的信息不对称导致了商家与消费者之间的博弈：商家不愿先发货，怕货发出后不能收回货款。消费者不愿先支付，担心支付后拿不到商品或商品质量得不到保证。博弈的最终结果是双方都不愿意先冒险，网上购物无法进行。第三方支付平台正是在商家与消费者之间建立了一个公共的、可以信任的中介。

四、第三方支付平台的优势

（1）第三方支付服务系统有助于打破银行卡壁垒。其采用了与众多银行合作的方式，同时提供多种银行卡的网关接口，从而极大地方便了网上交易的进行，对于商家来说，不用安装各个银行的认证软件，在一定程度上简化了费用和操作。

（2）第三方支付平台作为中介方，可以促成商家和银行的合作。

（3）第三方支付平台能够提供增值服务，帮助商家网站解决实时交易查询和交易系统分析，提供方便及时的退款和止付服务。

（4）第三方支付平台可以对交易双方的交易进行详细的记录。

五、各种电子商务第三方支付平台

1. 支付宝

支付宝是由全球领先的 B2B 网站——阿里巴巴公司创办，于 2003 年 10 月在淘宝网推出。支付宝致力于为中国电子商务提供各种安全、方便、个性化的在线支付解决方案。目前除淘宝和阿里巴巴外，支持使用支付宝的商家已经超过 20 万家。支付宝以其在电子支付领域先进的技术、风险管理与控制等能力赢得银行等合作伙伴的认同。目前已和国内各大商业银行以及中国邮政、VISA 国际组织等机构建立了战略合作，成为金融机构在网上支付领域极为信任的合作伙伴。支付宝是互联网发展过程中的一个创举，也是电子商务发展的一个里程碑。

2. 安付通

安付通是由易趣联合贝宝 PayPal，向买卖双方提供的一种促进网上安全交易的支付手段。作为值得信赖的交易第三方，安付通会监控整个交易流程。安付通目前集成了 14 家商业银行的网上银行以及贝宝等在线支付渠道，买家可以极为便捷地通过网上银行实时支付安付通货款。易趣推出"交易安全金、卖家保障金、身份证认证、安付通、网络警察"五重安全防线，力图从制度上、技术上提供安全保障。如图 2-16 所示。

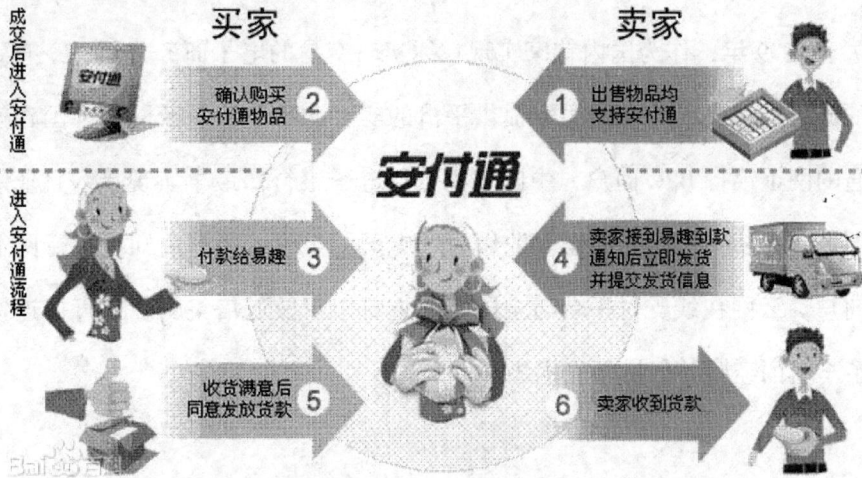

图 2-16 安付通交易流程

3. 首信易支付

首信易支付是首都电子商城的网上支付平台，创建于 1999 年 3 月。它是国内首家"中立第三方网上支付平台"，开创了"跨银行、跨地域、多种银行卡、实时"交易模式、"二次结算"模式以及"信任机制"。首信易支付目前支持国内 23 家银行卡及 4 种国际信用卡在线支付，拥有国内外 800 余家企事业单位、政府机关、社会团体的庞大客户群。在公共支付、教育支付、会议支付等服务领域的发展尤为突出，以及银行合作和银行卡交易数量等方面，均大举超越竞争对手，已成为支付产业的"资深支付专家"。向教育、科研、政府部门提供支付服务使其回归到"首都电子商务工程"的初衷上来。如图 2-17 所示。

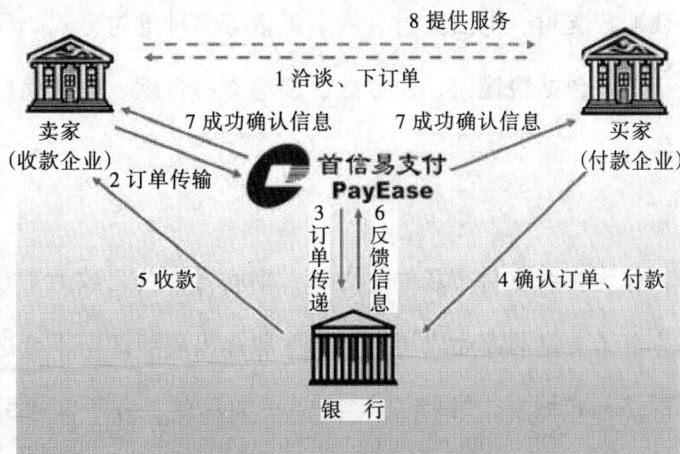

图 2-17 首信易支付流程

4. 云网

云网成立于 1999 年,作为国内首家实现在线实时交易的电子商务公司,一直致力于在线实时支付系统的研发与推进,为在线买家提供平滑的实时购物体验。云网是中国建设银行第一家正式授权开通的网上银行 B2C 商户,中国工商银行电子银行部最早实现接入且业绩最好的电子商务合作伙伴,还是招商银行、中国农业银行、中国民生银行等国内知名银行网上支付交易量最大的合作商户。云网在线支付平台与全国多家主流银行及通信集团独立直接连接,在网上支付领域积累了丰富的经验并保持领先优势。

5. 贝宝

贝宝是由上海网付易信息技术有限公司与世界领先的网络支付公司——PayPal 公司通力合作为中国市场度身定做的网络支付服务。贝宝利用 PayPal 公司在电子商务支付领域先进的技术、风险管理与控制以及客户服务等方面的能力,通过开发适合中国电子商务市场与环境的产品,为电子商务的交易平台和交易者提供安全、便捷和快速的交易支付支持。

6. 快钱

快钱公司是独立第三方支付企业,最早推出基于 E-mail 和手机号码的综合电子支付服务,拥有千万注册用户。快钱致力于为各类企业及个人提供安全、便捷和保密的电子收付款平台及服务。作为快钱的基础服务,快钱账户提供了充值、收款、付款、提现、对账、交易明细查询等功能。以"快钱"为品牌的支付产品包括人民币网关、外卡网关和神州行网关等众多产品,支持互联网、手机和固话等多种终端,满足各类企业和个人的不同支付需求。其中人民币网关支持银行卡支付、快钱账户支付、电话支付、线下汇款等多种支付方式。同时,快钱还为商家提供众多实用的交易工具,包括快钱钮、快钱链、多笔交易付款、电子优惠券等,协助商家广泛深入地开展电子商务。

7. 网汇通

2005 年成立以来,作为在线支付市场的生力军,集联天下公司致力于互联网新经济和传统行业相结合的研究,为电子支付的商业应用,开创性地推出崭新的电子金融服务产品——网汇通。由于中国邮政的网络遍布城乡,"网汇通"产品更加具备服务于普通民众的特性。集联天下公司兼蓄国内外先进资源、建造的大型计算机处理系统,会遵照消费者的指令,将资金安全、可靠、实时地送达。如图 2-18 所示。

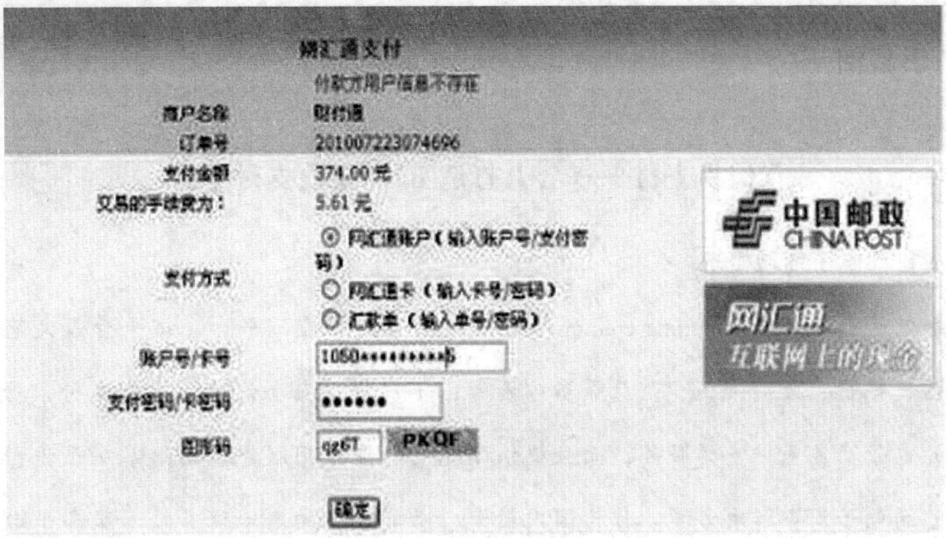

图 2-18 网汇通页面

8. 财付通

财付通网站作为功能强大的支付平台，作为在线支付工具，在 B2C、C2C 在线交易中，起到了信用中介的作用，同时为 CP、SP 提供了在线支付通道以及统一的计费平台，解除了个人用户和广大商家的安全顾虑，保证了在线交易的资金和商品安全。

9. 易宝

易宝（YeePay）是独立的第三方支付平台，由北京通融通信息技术有限公司开发并运营。易宝从前台网站到后台数据库，从大型硬件设备到各种软件，易宝支付平台基于 IBM 先进的技术环境，充分保障安全而高效地运转。同时得到了各大商业银行的全力支持，无论是电话支付、在线支付还是短信支付。利用其 IT 技术方面的强大优势，深入分析交易的每一个环节，去设计与创造推进交易发生的多元化支付机制，消除交易环节中的支付障碍，促进交易大量而顺利地发生。通过易宝支付，银行可以与更多的消费者和广大商家在不同的支付终端相遇，为更多的需求提供有针对性的金融服务。

应用案例

首信易支付——全力打造 B2C 在线支付平台

一、首都电子商城概况

首都电子商城（www.beijing.com.cn）是一个电子商务虚拟平台，该平台最大范围地整合了电信、银行、政府部门、企业等多方资源，不仅提供安全认证、在线支付、物流配送等完善的电子商务基础支撑服务，而且提供卓越的行业应用服务、网络基础设施、咨询服务等完整的电子商务解决方案。作为国内最大、功能最全的电子商务技术服务平台，首都电子商城从根本上改善了电子商务基础设施（e-Infrastructure）和电子商务生态系统（e-Ecosystem）。迄今为止，入驻商城或使用商城服务功能的中外企业、网站已达到 3500 多家，依托商城开展 B2C、B2B、G2B 等各种电子商务业务。一批最优秀的 IT 跨国公司（HP、Microsoft、IBM、BEA）都在首都电子商城里建立了各具特色的电子商务解决方案应用示范中心、研发推广中心、新创企业孵化中心，商城据此自主开发了多种适用于 ASP 应用的功能强大的公用 B2B 电子商务平台和企业/行业专用 B2B 电子商务平台，并很好地应用于中粮网、广东核电集团、宅急送总公司、中国国际航空公司等多个信息化和电子商务项目。

二、"首信易支付"概况

首都信息公司的业务核心包括北京数字认证中心、首信宽带信息化社区解决方案、社区热线呼叫系统、首信易支付、网上纳税系统、网上收费系统等。

其中，首信易支付无疑是公司最优秀的业务之一。首信易支付是首都电子商城的电子商务支付平台。作为国内最早、规模最大的 B2C 支付平台，其自 1999 年 3 月正式运营以来，积累了丰富的运营经验，面对网上支付业务越来越激烈的市场竞争，始终以领先的技术、鲜明的优势和完善的服务巩固着行业领导者的地位。作为国内电子商务发展的有力推动者，首信易支付最早提出并实践了完整的网上支付解决方案，帮助众多 B2C 网站很好地解决了网上支付问题。首信易支付面向的客户范围非常广，几乎囊括了所有电子商务的参与者，为他们的业务开展提供了一个安全、便捷、开放的支付平台。

思考题：首信易支付可以提供哪些服务？

名人名言

人生最遗憾的莫过于轻易地放弃了不该放弃的东西，或者是固执地坚持不该坚持的。有勇气来改变可以改变的事情，有胸怀来接受不可改变的事情，有智慧来辨别二者的不同。

——李开复

任务示范

2006 年 12 月，朱女士银行账户上的近 11 万元在几天之内化为乌有，先后两次报案几经投诉之后，最终换得的仅仅是银行出具的一纸"网上银行不存在系统安全问题"的回复。然而，还有比朱女士更窝火的遭遇。2006 年 8 月，一位支付宝用户的密码被盗，她的信用卡在一夜之间被人在网上连刷了 4 次，损失数千元。这位用户很快便拨打了银行热线，冻结了信用卡。信用卡中心在查卡后，告知钱还在支付宝中，未被取走。但几天之后，她还是眼睁睁地看着资金被人通过支付宝提了现。实际上，这绝非个案。2006 年，单是上海市公安机关接到的关于银行卡的犯罪报案就达 925 起，涉及金额 1365 万元。而在北京、广东、江苏等经济发达地区，同类受害者数量达到上万人。网上支付带给人们以便利，在逐渐"飞进寻常百姓家"的同时，它的种种隐患同样暴露得十分彻底。

本案例是关于支付安全的，主要是密码安全。网银账户被盗，用户的理由不外乎"我的钱放在银行，银行就有责任保证它的安全"，而银行方面则认为："银行系统不存在问题，问题出在客户端。"谁都很无辜，但谁都不肯为消失的钱"埋单"。这样一来，会有更多的人因为担心网上安全问题而不敢使用网上银行卡进行支付，最终受到最大影响的将是中国电子商务的发展。安全隐患不仅存在网上，实体中也是个大问题。所以出现安全隐患问题时，不应该是互相推卸责任，而是找出原因解决问题。现在木马病毒盛行，窃取账号的技术越来越高明。从

Google 调研全球数以十亿计的网站中抽取的 450 个网页的分析测试中发现，至少有 45 万个页面中含有恶意脚本。在安全防范方面：银行要尽力改进系统，有效防止木马病毒的入侵；个人也要对密码的保密性进行设置，如设置一个带"数字+符号+字母"的密码。

知识拓展

余额宝

余额宝是由第三方支付平台支付宝为个人用户打造的一项余额增值服务，通过余额宝，能随时消费支付和转出，无任何手续费。用户在支付宝网站内就可以直接购买基金等理财产品，获得相对较高的收益，同时余额宝内的资金还能随时用于网上购物、支付宝转账等支付功能。转入余额宝的资金在第二个工作日由基金公司进行份额确认，对已确认的份额会开始计算收益。

2013 年 6 月，"会赚钱的支付宝"推出市场。"10 万元存入'余额宝'，年收益近 4000 元，而 10 万元资金一年的活期存款收益不过 350 元"的论调让它十分具有诱惑力，自 2013 年 6 月 17 日，余额宝正式上线以来，至 2013 年 11 月，资金规模突破了千亿元。

"余额宝"不限投资金额及投资期限，1 元起买，主打"懒人理财"。同时，余额宝还为天弘基金带来大量用户。据悉，余额宝上线不到半个月时间累计用户数就已超过 250 万，使天弘基金成为国内用户数最多的货币基金。而余额宝用户人均投资额度在 2500 元左右。

这款业务的特色是，用户在登录支付宝系统时会发现有两个账户，只要把支付宝内的余额转入"余额宝"，就可以获得一定的收益，同时用户还可以随时用余额宝内的钱进行网购。

类似余额宝产品层出不穷，继余额宝之后，以挖掘银行活期储蓄存款为目标的"类余额宝"产品"现金宝"、"活期宝"等也取得了较大规模的增量。

支付宝于 2014 年元宵节推出"元宵理财"保险产品，期限为 1 年，预期收益率为 7%，承诺保本保底。这是继余额宝之后，支付宝推出的第二款理财产品，仅支持余额宝用户参与预约、购买。

与余额宝实时赎回不同，"元宵理财"为一年期理财产品，数量有限，每个用户限购2000份，每份1000元。这款产品于2月14日10:00开售。"元宵理财"的年化收益率为7%，高于余额宝7日年化收益率。

职业能力训练

一、单选题

1. 目前，电子支付存在的最关键问题是（　　）。

A. 技术问题　　　　　　　　　　　B. 安全问题

C. 成本问题　　　　　　　　　　　D. 观念问题

2. 电子支付是指电子交易的当事人，使用安全电子支付手段，通过（　　）进行的货币支付或资金流转。

A. 网络　　　　　　　　　　　　　B. 发卡银行

C. 开户银行　　　　　　　　　　　D. 中介银行

3. 电子支票在使用过程中，需要通过（　　）来鉴定电子支票的真伪。

A. 密押　　　　　　　　　　　　　B. 验证中心

C. 商家　　　　　　　　　　　　　D. 收单银行

4. 在进行网上交易时，信用卡的账号、用户名、证件号码等被他人知晓，这是破坏了信息的（　　）。

A. 完整性　　　　　　　　　　　　B. 身份的可确定性

C. 有效性　　　　　　　　　　　　D. 保密性

5. 数字证书又称（　　），是用电子手段来证实用户身份的方法。

A. 数字摘要　　　　　　　　　　　B. 数字凭证

C. 数字签名　　　　　　　　　　　D. 数字合同

6. 电子支付与传统的支付方式相比具有（　　）的特征。

A. 电子支付的工作环境是基于一个开放的系统平台

B. 电子支付对软硬件的要求比较一般，而传统的方式要求较高

C. 电子支付具有方便快捷、高效、经济的优势

D. 电子支付时采用先进的技术通过数字流来完成信息传输

7. 在电子钱包中，可以装入（　　）。

A. 各种电子货币　　　　　　　　　B. 电子零钱

C. 电子信用卡　　　　　　　　　　D. 电子借记卡

8. 有关电子钱包（E-wallet）说法错误的是（　　）。

A. 一个在 SET 交易中运行在银行卡持卡人端的软件

B. 不能帮助持卡人管理用于 SET 购买的银行卡账户并存储购买信息

C. 持卡人的银行卡信息和与卡对应的证书都存放在电子钱包里

D. 电子钱包是与浏览器一起工作的应用程序

9. 目前应用最为广泛的电子支付方式是（　　）。

A. 银行卡　　　　　　　　　　　　B. 电子货币

C. 电子支票　　　　　　　　　　　D. 电子本票

10. 电子货币是（　　）。

A. 商品货币　　　　　　　　　　　B. 信用货币

C. 纸币　　　　　　　　　　　　　D. 贵金属货币

11. 世界上最早的银行信用卡是由（　　）于 1952 年发行的。

A. 美国富兰克林国民银行　　　　　B. 中国工商银行

C. 美国花旗银行　　　　　　　　　D. 英国渣打银行

12. 出于安全性考虑，网上支付密码最好是（　　）。

A. 用字母和数字混合组成　　　　　B. 用银行提供的原始密码

C. 用常用的英文单词　　　　　　　D. 用生日的数字组成

13. 电子现金的优点是（　　）。

A. 实用　　　　　　　　　　　　　B. 成本高

C. 风险大　　　　　　　　　　　　D. 无纸化

14. 和传统的支付手段相比，目前国内网上支付的显著特点是（　　）。

A. 对设备要求更高　　　　　　　　B. 更加安全

C. 覆盖范围更广   D. 为更多商家所接受

15. 2008 年北京奥运中电子商务得到广泛使用的计划称为 （　　）。

A. 人文奥运   B. 绿色奥运

C. 数字奥运   D. 和平奥运

二、多选题

1. 在互联网上，典型的电子支付方式包括 （　　）。

A. 电子货币支付方式   B. 电子支票支付方式

C. 银行卡支付方式   D. 牡丹卡

2. 安全认证主要包括 （　　）。

A. 时间认证   B. 支付手段认证

C. 身份认证   D. 信息认证

3. 要大规模推广电子支付，必须重点解决和防止 （　　） 等安全问题。

A. 黑客入侵   B. 内部作案

C. 密码泄露   D. 计算机病毒

4. 传统支票具有 （　　） 的特点。

A. 支付便捷   B. 处理成本较高

C. 处理速度较慢   D. 易于伪造

5. 目前国内在线支付主要有 （　　） 三种类型的机构参与。

A. 银行   B. 银联

C. 第三方专业机构   D. 国际金融机构

6. 各种新型的受理渠道，使电子支付工具能通过各种渠道如 （　　） 被受理。

A. 网络   B. 手机

C. 电话   D. 短信

7. 网上支付工具很多，下列属于网上支付工具的是 （　　）。

A. 智能卡   B. 借记卡

C. 电子现金卡   D. 信用卡

8. 下列属于安全电子交易信用卡支付中使用的安全技术是（　　）。

A. 公钥系统　　　　　　　　　　　B. 数字信封

C. 双重签名　　　　　　　　　　　D. 认证

9. 信用卡的利润来自（　　）。

A. 年费　　　　　　　　　　　　　B. 客户使用循环授信带来的利息收入

C. 商户手续费　　　　　　　　　　D. 存款利息收入

10. YeePay 电子支付业务提供基于（　　）方面的支付。

A. 互联网　　　　　　　　　　　　B. 手机

C. 电话　　　　　　　　　　　　　D. ATM

11. 以下项目中给支付宝增加安全保护的是（　　）。

A. 数字证书　　　　　　　　　　　B. 手机动态口令

C. 支付宝信使　　　　　　　　　　D. U 盾

三、填空题

1. 信用卡按发卡机构的性质不同，可分为（　　）和（　　）。

2. 我国最大的第三方支付平台是（　　）。

3. 常用电子支付工具有（　　）、（　　）、（　　）、（　　）等。

4. 第三方支付平台的优势有（　　）、（　　）、（　　）、（　　）。

5. 第三方支付平台正是在（　　）与（　　）之间建立了一个公共的、可以信任的中介。

6. 电子支付指电子交易的当事人，包括（　　）、（　　）和（　　），使用安全电子手段通过网络进行的货币支付或资金流转。

7. （　　）是由（　　）联合贝宝 PayPal，向买卖双方提供的一种促进网上安全交易的支付手段。

8. 电子钱包是一个可以由持卡人用来进行安全电子交易和储存交易记录的（　　）。

9. 电子现金的特点是（　　）、（　　）、（　　）。

10. 电子支票是一种借鉴纸质支票转移支付的优点，利用（　　）将钱款从一个账户转移到另一个账户的电子付款形式。

观念应用训练

传统企业从事电子商务的"十诫"

从事电子商务的传统企业已经形成了明显的两极分化，倾向于"南极"的企业认为电子商务就是能够"一夜暴富"并且"稳赚不赔"的捡钱行业。而且从事电子商务，就等于给企业上市从事了保险。电子商务不需要大成本，但肯定能大产出，原因是中国在网上交易的企业和个人已经超过了几亿。

倾向于"北极"的企业认为电子商务过于神秘和危险，从事电子商务虽然可以发财但却必须极度小心谨慎。所以必须要先赚钱再投入，一定要在产品已经完全盈利后，才能花钱推广品牌或者网站。换言之，要用消费者的钱来包装和推广品牌，而不是用企业自己的钱。不管是"南极派"还是"北极帮"，绝大多数传统企业都犯着几乎一模一样的错误。以下是总结出来的传统企业从事电子商务的"十诫"：

第一诫：不要妄自尊大。

第二诫：不要盲目模仿其他网站的经营模式，必须要明确自身经济实力的支撑力度和产品优势。

第三诫：不要忽视职业经理人的感受，更不要随意给员工画饼。

第四诫：不要太过于理想主义，电子商务不是露天的金矿，谁来都能捧走一座金山。

第五诫：不要让原来的亲信作为电子商务平台的高管。

第六诫：不要天天想着先有收入，再进行市场推广。

第七诫：不要因为想当然，就把营销收入目标定得比天还高。

第八诫：不要妄想着通过几次团购，就能迅速提高产品的销量或者品牌知名度。

第九诫：运营企业的独立电子商务平台，最竞争的不在于你的产品质量、产品价格、服务水平、物流速度，而在于你有多少费用，将这个平台推广出去。

第十诫：不要妄想着靠免费的论坛帖、博客文章就能把网站推出去，把产品卖出去。

思考题：如果你是电商业务企业的一员如何做到以上"十诫"？

👍 **情景模拟训练**

网上支付交易出现的安全隐患

作为一名电子商务专员如何保障网上交易安全呢？需要了解网上支付容易出现的安全隐患和基本的防护手段，请学习下列知识并回答问题。

1. 用户的身份冒充

攻击者通过非法手段盗用合法用户的身份信息，仿冒合法用户的身份与他人进行交易，从而获得非法利益。攻击者还以非法手段窃得对数据的使用权，删除、修改、插入或重发某些重要信息，以取得有益于攻击者的响应；恶意添加、修改数据，以干扰用户的正常使用。

2. 泄露或丢失

信息在存储介质中丢失或泄露，通过建立隐蔽隧道等方式窃取敏感信息。攻击者有可能对网络上的信息进行截获后篡改其内容，如修改消息次序、时间，注入伪造消息等，从而使信息失去真实性和完整性。网上支付电费大多都是通过网络银行进行交易的，攻击者利用对合法用户的攻击盗用合法用户的用户名及密码进行操作，这样对合法用户造成了巨大的损失。

3. 缺少严格的网络安全管理制度

网络安全最重要的还是要思想上高度重视，网站或局域网内部的安全需要用完备的安全制度来保障。建立和实施严密的计算机网络安全制度与策略是真正实现网络安全的基础。

4. 非授权访问

未经许可就使用网络或计算机资源被看作非授权访问，如有意避开系统访问控制机制，对网络设备及资源进行非正常使用，或擅自扩大权限，越权访问信息等。

思考题：安全问题为什么会成为网上支付的突出问题，你在网上支付时有哪些防护手段？

思维拓展训练

国家级移动支付平台建成 "标准化时代" 到来

移动金融安全可信公共服务平台（MTPS）已于 2013 年底建成并通过了验收评审，中国建设银行、中信银行、光大银行、中国银联、中国移动等 7 家机构的企业 TSM 已系统级接入试运行。

"将为商业银行、移动通信运营商等参与方搭建互联互通的桥梁和纽带，避免社会资源浪费和重复建设"。对此服务平台，中国人民银行副行长李东荣表示，公共服务平台的建设目标定位在基于 "联网通用、安全可信" 的金融行业标准，在此顶层架构下建立多个企业 TSM 并存的移动金融健康生态环境。

目前，国内三大运营商已各自建立了自己的移动支付可信服务平台（Trusted Service Manager，TSM），提供不同行业的支付应用（如金融、公交等）；中国银联与部分商业银行也建设了 TSM，向合作的运营商提供金融支付应用。

移动支付业务作为一种安全、快捷的新兴支付方式，其良好的发展前景获得了产业各方的认可。目前，国际、国内基于移动支付的近场支付（NFC）创新取得了积极进展，美国、法国、日本、韩国、新加坡等国家陆续开展了移动支付的近场应用。

在国内，由于移动支付技术方案的多样性、安全载体和通信网络的开放性、业务流程的复杂性，不同 TSM 之间的互联互通存在障碍。随着 MTPS 的建成，移动支付 "联网通用" 已并不遥远。

思考题：国家级移动支付平台有何优势？

项目三

网店后台管理

网店要正常营运，需要对商品分类、品牌管理、商品管理、支付方法管理、配送区域和配送方法设置、商品搜索和分类查询、商品评论、购物车、订单管理、在线支付、订单统计、销售统计等网上商店常用的功能进行管理。而有些功能如网店进货、网店装修、网店客服需要商店后台管理才能够实现。

 项目导图

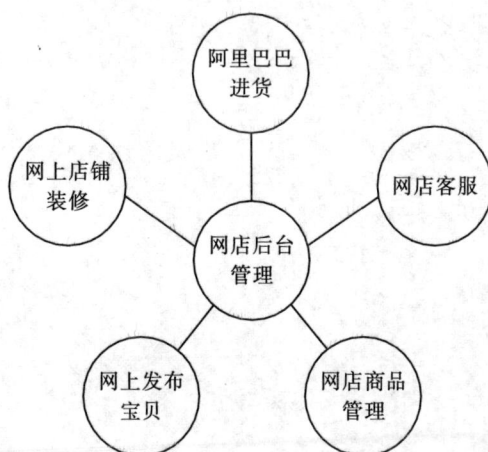

学习目标

知识目标

1. 学会选择网络供应商，熟悉网络采购的基本流程；

2. 掌握选择店铺的基本风格，店面设计，上传发布店铺信息；

3. 学会热销商品、促销商品、推荐商品的添加方法，学会宝贝发布策略，对宝贝进行分类、描述、设置店铺公告、设置好友、推荐店铺；

4. 了解客服工作流程，掌握沟通工具的使用，能够帮助卖家选择商品。

技能目标

1. 掌握网络采购平台的选择方法，采购信息发布、网络采购平台上供应信息获取的方法；

2. 掌握网上开店页面设计选择、店铺装修技能；

3. 掌握宝贝发布方法与技巧，掌握店铺商品管理技巧及运用；

4. 掌握沟通工具的使用方法，掌握沟通的方法和技巧，掌握商品描述、信息上传方法和技巧。

任务5 阿里巴巴进货

任务目标

通过本任务了解网络采购的优势，熟悉采购信息的发布，掌握如何在阿里巴巴上采购和发布商品。

项目任务书

任务名称	阿里巴巴进货	任务编号		时间要求	
要求					
重点培养的能力	资料查找能力、资料分析能力、团队合作能力、写作能力、沟通能力				
涉及知识	网络采购概念、网络采购流程和方法，采购信息的发布				
教学地点	教室、机房	参考资料			
教学设备	投影设备、投影幕布、能上网的电脑				

要求栏内容：
1. 在阿里巴巴上搜索啤酒，对供应信息进行对比，选定供应商
2. 根据自己的需求，发布一条采购啤酒的信息
3. 提高团队合作能力、巩固专业知识，提高网络采购专业技能

训练内容

1. 听教师讲解案例及相关知识（时间约　　分钟）
2. 制订工作计划，了解团队要做什么，要达到什么样的目的（时间约　　分钟）；组长进行分工安排，每个人在自己的项目任务书相应栏进行记录（时间为　　分钟），组员开始行动
3. 在阿里巴巴上搜索产品（时间约　　分钟），分析讨论（时间约　　分钟）；得出结论；撰写分析报告（填写任务产出表）（时间约　　分钟）
4. 在阿里巴巴上发布采购信息（时间约　　分钟），分析讨论（时间约　　分钟）；得出结论；撰写分析报告（填写任务产出表）（时间约　　分钟）

训练要求

在完成任务的过程中能自主学习并掌握阿里巴巴进货、网络采购相关知识；能够在规定的时间内完成相关的资料查找、整理、分析任务；能够在规定的时间内，撰写出分析报告；团队制订了工作方案，工作有成效（能够进行很好的时间管理），团队合作较好

成果要求及评价标准

成果要求：需提交下列书面文件。
    1. 本项目组成员的分工情况
    2. 本项目组提交网络产品供应比较分析及供应商选择情况，列出网上发布采购信息文字介绍
评价标准：
    1. 提交正确产品供应信息比较分析，供应商选择合理，采购信息准确、完整、合理，分析报告质量优
    2. 能够提交产品供应信息、采购信息，分析报告质量良
    3. 分析报告合理但不完整的，细节有错误，分析报告质量合格
    4. 产品供应信息混乱，供应商选择不合理，采购信息不准确，分析报告质量差
符合上述标准1，成绩为优秀，可得90~100分；符合标准2，成绩为良好，可得70~80分；符合标准3，成绩及格，可得60~70分；符合标准4，成绩为不及格，得分60分以下；介于这几种标准之间的，可酌情增减分

任务产出一	成员姓名与分工	成 员	学 号	分 工
		组 长		
		成员1		
		成员2		

续表

任务产出一	成员姓名与分工	成 员	学 号	分 工
		成员3		
		成员4		
		成员5		
		成员6		
任务产出二	与同学分组讨论网络采购防骗术的绝招，提交总结报告			
项目组评价			总分	
教师评价				

引导案例（情景导入）

学生小张想利用课余时间在淘宝网上开个服装小店，在查找货源时了解到服装网络进货有以下优势：

（1）对于多数服装店主而言经常跑外地市场去进货不仅花时间、路费，而且还要浪费大量的体力和精力。

（2）款式新，经营服装款式紧跟潮流很重要。网上没有空间距离，很快就可以掌握流行前线如深圳等地的最新款式。

（3）灵活多变，网上进货选择余地大，可以随时进货。而且对起批量要求较低，即使只进5~10件衣服也可以享受批发价。

（4）节省费用，网上进货可以省去大量的路费和住宿费，虽然会有货物的运输费，但是比起人亲自去的路费要少多了。

（5）价格便宜，由于网站进货往往是从服装生产基地（如广东省）等地进货，相当于绕过了本地的中间商或代理商。因此价格往往比去本地服装批发市场要便宜，例如西安的康复路、重庆的朝天门、武汉的汉正街很多批发商其实都是从广东省进货。

思考题：小张在网络上如何选择合适的货源？

知识链接

一、网上采购介绍

1. 网上采购的含义

网上采购属于 B2B 的模式，它是指制造和零售企业的采购流程自动化。利用网上采购，采购人员的注意力从战术层面转移到战略层面，通过分析采购模式、监控存货与补货延误，更好地制定生产周期和销售计划。

网上采购与传统采购最主要的区别是网上采购系统的运用。

2. 网上采购类型

（1）行业采购平台集中采购。世界百货零售巨人沃尔玛、家乐福、麦德隆共同搭建的纵深行业联盟采购平台。福特公司、通用汽车公司退出相互竞争，与戴姆勒—克莱斯勒公司一起，建立了统一的互联网平台，进行采购和营销。

（2）独立采购。独立采购是指企业独立设计开发网上采购系统，并利用该系统完成企业自己的采购任务。

（3）外包采购。外包采购是指结合企业外部的专业与人力有效地完成采购目标。

目前国内提供这种采购服务的企业中，亚商在线是首家网上商务采购服务商。

AsiaEC 亚商
满足所有办公需求

二、网络采购的优势

网络采购既是电子商务的重要形式，也是采购发展的必然趋势。目前，网络采购越来越受到国际和国内的关注，也在我国得到重视和大力推广。相对传统采购来看，网络采购作为一种先进的采购方式，其优势主要体现在以下几个方面：

（1）价格透明。

（2）效率高。

（3）竞争性强。

（4）节约成本。

三、阿里巴巴简介

阿里巴巴是中国领先的 B2B 电子商务公司，为来自中国和全球的买家、卖家搭建高效、可信赖的贸易平台。

四、阿里巴巴网上采购方式及流程

在阿里巴巴网站，采购商的采购包括搜索供应信息和供应商信息、货比三家、发送询盘、网上洽谈、订货等流程。对于采购商来说，阿里巴巴上有两种主要的采购方式：找商机（即寻找供应信息）和发信息（即发布采购信息），如图 3-1 所示。

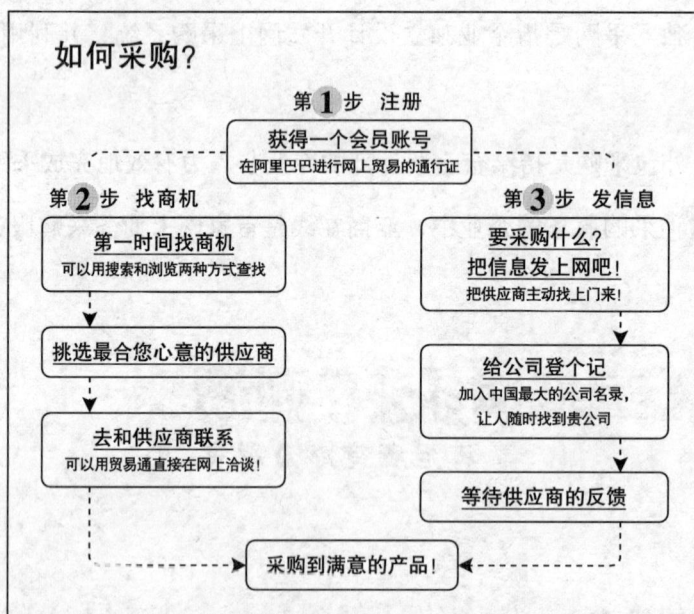

图 3-1　阿里巴巴上的采购方式

1. 搜索供应信息

（1）打开阿里巴巴首页（china.alibaba.com），切换选择您所需要的信息类型，您可以选择："产品"、"公司"、"买家"、"资讯"等。然后在搜索栏处输入需要搜索的产品关键字（如工艺品），如图 3-2 框中所示。

图 3-2 阿里巴巴中文站首页

（2）点击搜索栏右侧的搜索按钮，即可以浏览网站上所有包含工艺品关键字的产品供应信息。如图 3-3 所示。

图 3-3 搜索结果页面

（3）通过类目、省份、经营模式等方面来缩小供应商的查找范围。

（4）在选定好供应商之后，在每一条供应信息下都有"站内留言"的按钮，点击之后会出现询价页面，在询价单中填入自己所采购工艺品的信息，点击发送询价单，供应商将会收到此询价单。如图 3-4 所示。

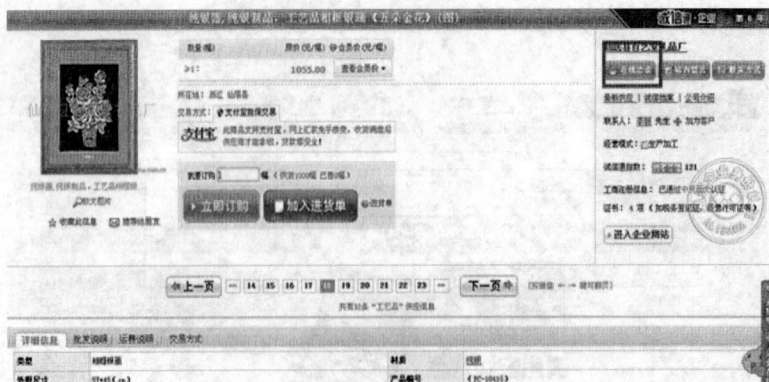

图 3-4 供应信息详细页面

在搜索供应信息过程中，搜索结果页面将会出现成百上千的供应信息。如果觉得搜索结果内容太杂，建议根据产品所属的行业类目来精确锁定目标，找到自己所需要的供应商。采购商除了可以通过类目寻找合适的供应商，还可以通过缩小搜索范围寻找符合条件的供应商。

2. 货比三家

具体操作步骤如下：

（1）在上述步骤中的产品信息搜索结果页面，单击需要对比的产品信息前的小方框，如图 3-5 框中所示。

图 3-5 选择多个产品信息页面

（2）单击图 3-6 框中所示的"对比产品"按键，对比所选中的产品供应信息，可以查看同样产品的性能、参数、供应公司的实力对比等。

图 3-6　商品详细信息对比页面

（3）采购商每次最多可以选择 10 条供应信息进行对比，而且可以从各项条件对比筛选合适的供应商。

3. 批量询价

具体操作步骤如下：

（1）在上述步骤中的产品信息搜索结果页面，单击需要批量询价的产品信息前的小方框，如图 3-5 所示。

（2）在弹出的如图 3-7 所示的快捷菜单中单击"批量询价"按钮，出现批量询价单页面。

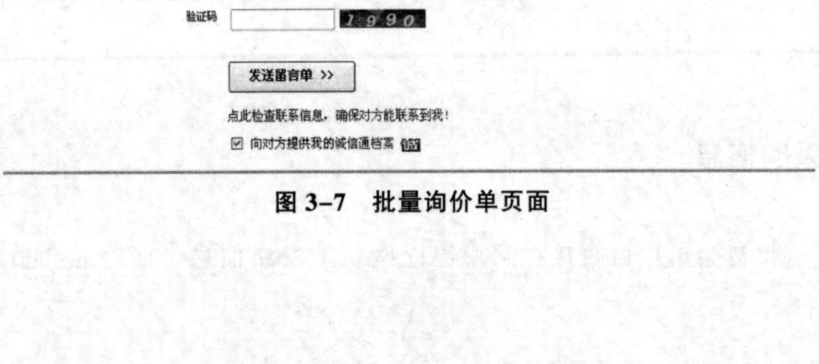

图 3-7　批量询价单页面

（3）在批量询价单页面，按照采购需求尽量详细填写，如订单总量、期望价格等，以便卖家有针对性的回复。

（4）填写完成后，输入验证码，单击"发送留言单"按钮即可完成批量询价，注意所选的需询价供应信息不能超过 5 条，候选供应信息条数如果超出则无法进行批量询价。

4. 网上洽谈

阿里巴巴的"阿里旺旺"，是专门为商人朋友度身定做的一款网上免费使用商务沟通工具，它是专注于商务应用的即时通信软件，可以作为商人们网上洽谈的方式之一，可以实时接受客户的询价或报价信息。

5. 订货

有些时候采购商在阿里巴巴网站上通过浏览搜索到固定价格的产品供应信息，在了解清楚产品、企业、交易的信息后，就可以直接向对方购买。此时，点击进入商品详细页面，单击"立即订购"按钮，如图 3-8 所示。

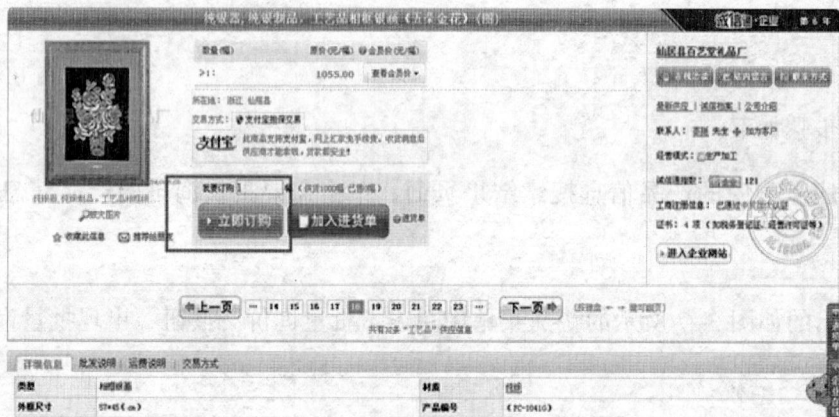

图 3-8 商品明细页面的"立即订购"按钮

买下后，应立即联系卖家尽快补充运费等交易条件，确定最后交易金额。

用户如果确认货品单价和购买数量，一旦提交，即表示了同意购买。因此，必须谨慎操作，否则将被视为违约。交易通过支付宝付款，货款和运费均可通过支付宝支付，保证交易过程更安全和便捷。

五、发布采购信息

诚信通会员（收费会员）可直接在阿里巴巴网站上发布信息，而普通会员（免费会员）必须通过邮箱验证或手机验证方可进行发布。发布采购信息的具体操作步骤如下：

（1）登录阿里巴巴网站，进入"我的阿里助手"。

（2）单击左侧导航栏中的"供求信息"选项下的"发布供求信息"按钮，系统出现"发布供应信息"窗口，在该窗口中，选择所需要的信息类别（如"产品信息"），单击"发布产品求购信息"按钮进入产品基本信息填写页面，如图3-9所示。

图3-9　发布采购信息页面

（3）选择类目。

（4）填写信息详情。

（5）提交成功，等待审核。

应用案例

网络进货的黄金法则

一、多看看，不要轻易下单，很多网站多看看就会看出问题

要选择的是长期合作伙伴，就需要多核查，这时多花点时间会节省你以后很多时间的。

（1）网站经营多久了，骗子网站一般都是新开的，骗一个换一个。

（2）有无固定电话，有无固定经营场所。

（3）货品图片是否为实物拍摄。

（4）看看网站是否有备案。正常经营网站在最下方有备案信息，点击查看可以看到这个网站经营多久了。没有备案的要谨慎，因为出了问题是查不到网站相关人员信息的。

二、多问问，骗子卖家经常不在线，或者是很没有耐心的

骗子卖家很多因为不是真的销售人员，你问起产品相关的问题，一问三不知，经常就是一句话，"你放心好了，东西绝对好，不好可以退。"还有经常说的"我多少万多少万的生意怎么样的"，你不要觉得你是小买家不好意思问，顾客不分大小，真正做批发的，都有自己的专业销售队伍（客服），一般都会很耐心的，真的大老板怎么会来给你当客服？

三、货源的拓展空间，或者说是发展空间

真实的供货商分网络代销平台、网络批发平台、厂家批发平台。

四、选择支付宝交易商家，支付宝作为第三方交易平台，解决了网络进货诚信问题

只要有商家说，我们生意做得很大，从来不用支付宝。你要谨慎了，宁舍弃，不贪婪。因为这种条件许诺一般都很优厚，但是说到用支付宝，就不愿意。真正做网络批发的，是需要用支付宝的，你的东西真的好，不用担心顾客不打款的。

思考题：网络进货还应该注意哪些问题？

名人名言

所谓人才，就是你交给他一件事情，他做成了；你再交给他一件事情，他又做成了。

——史玉柱

任务示范

麦当劳的专业物流公司选择——夏晖物流公司

麦当劳餐厅（McDonald's Corporation）是大型的连锁快餐集团，在世界上大约拥有 3 万家分店，主要售卖汉堡包、薯条、炸鸡、汽水、冰品、沙拉、水果。麦当劳餐厅遍布在全世界六大洲百余个国家。

麦当劳经多方选择后，最终确定了夏晖物流公司作为其专业的物流公司。夏晖物流公司于 1974 年成立于美国芝加哥，是一家拥有世界领先的多温度食品分发技术的物流公司。其业务遍及全球，为全球麦当劳餐厅提供优质的分发服务，主要面对的是注重品质的高端客户，在供应链管理和冷链物流方面拥有领先的地位。

麦当劳之所以选择夏晖公司作为其物流公司是因为其具有以下优势：

（1）夏晖公司可以提供一种网络化的支持，这种网络能够覆盖整个国家或者整个地区，不同环节之间有高效的无缝对接。

（2）除了运输之外，还提供其他服务，如信息处理、存货控制、贴标签、生产和质量控制等诸多方面。夏晖公司提供一条龙式物流服务。

（3）夏晖公司还为麦当劳上游的供应商提供咨询服务，达到信息共享。

（4）可以满足麦当劳冷链物流的要求。通过合理的配送，能够：①保证准时送达率。②保证麦当劳的任何一个餐厅不断货。③保持每一件货物的质量处在最佳状态。

麦当劳选择了夏晖物流公司后物流合理化近距离的原则极大地减少了麦当劳的库存，满足了在制品库存最小原则。并且两家企业互相扶持，形成了坚不可摧的伙伴型关系。通过采用供应链采购，简捷采购事务，提高服务效率，提高了企业的外部竞争力。

![知识拓展]

网络采购技巧——买卖速配

商品采购本身是一件很复杂、很艰难的工作，因为采购对象、供应商规模、采购项目、采购要求都不尽相同。而网络采购虽然具有价格透明、效率高、竞争性强、节约成本等优势，但同时也因为信息量太大，使采购商的操作变得繁杂。所以，网络采购人员需要灵活运用采购技巧与策略，使采购工作更加高效、便捷。为此，阿里巴巴网站为用户提供了买卖速配功能。

1. 买卖速配的功能

阿里巴巴网站为用户提供的买卖速配功能，就是将采购商的求购信息第一时间发送给在线的相应供应商，让有意向的供应商主动联系采购商。

采购商在发布求购信息时，为了提高速配供应商的精确度，可以使用"类目自动匹配"功能来提高类目选择的准确性。

2. 买卖速配操作流程

采购商进行买卖速配的具体操作可参照知识链接中阿里巴巴网上采购方式及流程，如图3-10所示。

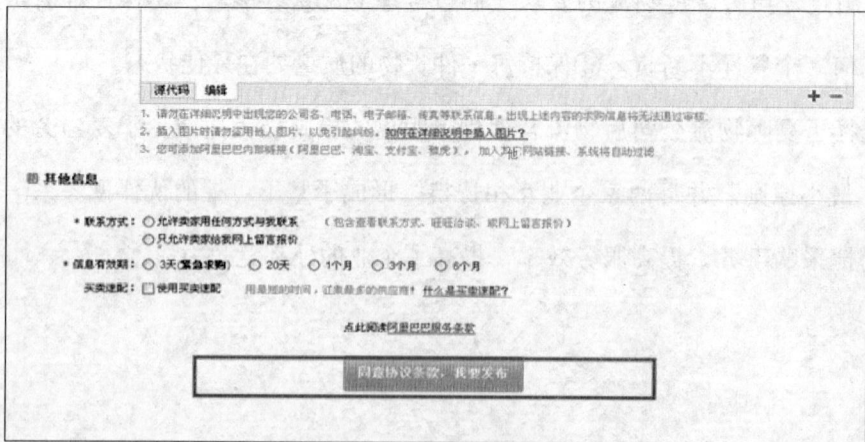

图3-10　发布求购信息页面

供应商收到贸易通提醒后，会主动与您联系，如图3-11所示。

图 3-11　买卖速配中给卖家发的提醒

采购方在应用买卖速配功能过程中，需要注意以下几点：

（1）在填写求购产品信息表单时要合理填写产品名称，不要填写含描述性说明的产品名。

（2）需要准确选择产品类目。

（3）采购商可以在阿里巴巴网站使用的高峰时间（如周一至周五的 9：00~10：00 和 15：00~16：00）使用买卖速配功能，以获得更大的供应商选择范围。

👍 职业能力训练

一、单选题

1. 正确处理好（　　）之间的关系，可以降低服务成本。

A. 质量与销售服务　　　　　　　　　　B. 质量与供应

C. 质量与成本　　　　　　　　　　　　D. 质量与采购规格

2. 为防止采购暗箱操作，（　　）不能分散管理。

A. 结算付款　　　　　　　　　　　　　B. 市场采购权

C. 价格控制权　　　　　　　　　　　　D. 验收权

3. 采购大批量商品，提出过高的质量要求，会导致（　　）之间关系方面的问题。

A. 质量与供应　　　　　　　　　　　　B. 质量与成本

C. 质量与销售服务　　　　　　　　　　D. 质量与采购规格

4. 电子交易平台解决方案的优点是为买方和卖方提供了一个（　　）的电子商务社区。

A. 快速寻找机会、快速匹配业务和快速交易

B. 寻找机会、匹配业务和交易

C. 寻找机会、匹配业务和快速付款

D. 快速发布机会、快速洽谈业务和快速付款

5. 企业网上采购的主要目标,是对于那些（   ）或影响业务关键的产品和服务订单,实现处理和完成过程自动化。

A. 成本高、数量大　　　　　　　　B. 成本低、数量大

C. 成本低、数量小　　　　　　　　D. 成本高、数量小

6. 网络采购是指通过（   ）的全过程。

A. 互联网发布采购信息、接受供应商线下投标报价、网上开标以及公布采购结果

B. 互联网发布采购信息、接受供应商网上投标报价、网上开标以及公布采购结果

C. 内部网发布采购信息、接受供应商线下投标报价、网上开标以及公布采购结果

D. 内部网发布采购信息、接受供应商网上投标报价、网上开标以及公布采购结果

7. 为防止采购暗箱操作,（   ）要做到统一管理。

A. 结算付款　　　　　　　　　　　B. 市场采购权

C. 价格控制权　　　　　　　　　　D. 验收权

8. 同一商品的供应商数目一般可以保持（   ）。

A. 1~2 个　　　　　　　　　　　　B. 2~3 个

C. 3~5 个　　　　　　　　　　　　D. 5 个以上

9. （   ）越低,表明供应商品质越高。

A. 批退率　　　　　　　　　　　　B. 准时交货率

C. 准时退款率　　　　　　　　　　D. 价格

10. 关于供应商评价方式描述不正确的是（   ）。

A. 批退率越高,品质越差　　　　　B. 合同率越高,品质越好

C. 准时交货率越高,供应商评分越高　　D. 逾期率越高,供应商评分越高

11. 网络采购相对于传统的采购方式,最主要的区别就是（   ）。

A. 网络采购把采购项目的信息公告、发标、投标报价、定标等过程放在计算机网络上来进行,采购相关的数据和信息实现了电子化方式

B. 网络采购大大减少了采购需要的书面文档材料，减少了对电话传真等传统通信工具的依赖，提高了采购效率，降低了采购成本

C. 网络采购能够更加规范采购程序的操作和监督，大大减少采购过程中的人为干扰因素

D. 网上采购实现了处理和完成过程自动化，无订单采购和无票据自动结算是网上采购的主要特点

12. 利用网络开放性的特点，使采购项目形成了最有效的竞争，有效地保证了采购的（　　）。

A. 低成本　　　　　　　　　　　　B. 低价格

C. 质量　　　　　　　　　　　　　D. 服务水平

13. 网络采购作为一种先进的采购方式，其优势是明显的，以下关于网络采购的优势描述错误的是（　　）。

A. 对于那些成本低、数量大或影响业务的关键产品和服务订单实现处理和完成过程自动化

B. 可以实现电子化评标，为评标工作提供方便

C. 由于需要对各种电子信息进行分析、整理和汇总，可以促进企业采购的信息化建设

D. 能够更加规范采购程序的操作和监督，大大减少采购过程中的人为干扰因素

14. 网上采购的一般流程含以下几个步骤，请选择正确的流程顺序。（　　）

①订单以电子方式传递给相应的管理程序，被自动审核。

②公司员工或申请部门通过一个界面，例如 IE 浏览器，来填写订购要求。

③订购的商品或服务接下来将登记到可支付账户的财务核算系统，并且被传递到申请人手中。

④订单被批准后，以电子方式通告给供应商，并且将被执行完成。

⑤必要时订单被提交企业的主管官员审批。

A. ①⑤④②③　　　　　　　　　　B. ①④⑤③②

C. ①②③④⑤　　　　　　　　　　D. ②①⑤④③

二、多选题

1. 下列属网络采购优势的是（　　）。

A. 降低采购成本　　　　　　　　　B. 促进采购信息化建设

C. 减少人为干扰　　　　　　　　　D. 有效保证采购质量

2. 可以采用（　）来评价供应商的能力。

A. 供应商提供的样品

B. 供应商的信誉对比类似产品的历史情况

C. 供应商的书面陈述与说明

D. 供应商是否取得有关质量认证机构的质量体系认证

3. 网络采购过程中，采购和付款业务循环包括（　）流程。

A. 处理订单　　　　　　　　　　B. 验收商品

C. 抵销债务　　　　　　　　　　D. 处理和记录价款的支付

4. 网络采购是指（　）。

A. 通过互联网发布采购信息　　　B. 接受供应商网上投标报价

C. 网上开标　　　　　　　　　　D. 公布采购结果

5. 了解供应商能力的方法有（　）。

A. 根据供应商样本评价　　　　　B. 根据供应商信誉评价

C. 根据供应商位置评价　　　　　D. 根据质量体系认证评价

三、填空题

1. 发布求购信息是指（　）。

2. 2006 年 2 月中国电子商务协会授予杭州（　）公司为"电子商务试点企业"。

3. 网络采购的价值链包括（　）、（　）、（　）、（　）。

4. 网络采购的类型有（　）、（　）、（　）。

5. 阿里巴巴是（　）的贸易平台。

👍 观念应用训练

小吴想要成为一家网上商店的网络采购员，需要学习网络采购员应该掌握的知识，通过查阅资料后，小吴知道了一名合格的采购员应具备以下技能：

（1）怎样辨别供应商的真实性。

（2）怎样降低采购成本。

（3）了解采购周期要多久（如果是国外采购的话，要对物流、海运方面的知识进行了解）。

（4）如何和供应商进行商谈。如价格、质量、交期、付款方式等。

（5）采购中可能会存在的风险。如付款后客户不给货且不退款、大货样品质量不符、交期不及时等。

总之，采购员要做到：

（1）操守廉洁。

（2）掌握市场。

（3）积极认真。

（4）创新求进。

（5）适应性强。

（6）团结合作。

思考题：网络采购员比传统采购员应多具备哪些技能？

情景模拟训练

小吴为适应电子商务的发展，学习了网络采购员的工作流程，了解到淘宝网网络采购员的一般工作流程如下：

淘宝卖家会把向团购网站的推送信息写在任务需求里，网络采购员只需要把这段话复制下来，点击任一团购网站的商务合作平台，并将这些文字复制进去，在点击提交前截图留证后，就可以凭这张图得到1元钱。采购员的工作内容更加简单，只要会复制、粘贴，就可以顺利完成任务，1分钟甚至半分钟就可以完成1个任务。但是采购任务有上限：如果一个任务吸引了成千上万的网络采购员咋办？一般来说淘宝店主已经事先设定了200元的上限，网络采购员在提交完成的稿件后要经过他们审核，审核通过后才能拿到钱，一旦完成200元的推广，他们发布的任务也就结束了。

网上采购具备如下人力优势：①节省人力。②省钱省时。③清晰明了。

思考题：网络采购员还可以采用哪些工作流程？

思维拓展训练

阿里采购直达数据：每个美国人欠中国 5 个 iPhone5

2013 年全球经济危机呈现新的变化，在中国跨境贸易风险和不确定性因素进一步加大的同时，也带来了新的机遇。

阿里巴巴国际贸易平台数据显示，经济危机后，全球采购总需求并未减少，而是向小批量、多频次方向转变。以欧美为代表的传统发达国家市场，买家数量增长明显，最近三年，网站的美国买家数量从 200 万增长到 700 万，英国买家的数量从 36 万增长至 160 万。

为了适应全球贸易趋势的新格局，2010 年，阿里巴巴尝试性地推出采购直达这项"轻骑兵"服务。由阿里巴巴整合中国各产业集群地的优质供应商，然后根据海外买家的个性采购需求来快速匹配。

在这份采购直达的榜单上，记者看到了几组十分有趣的数字。如 alibaba.com 最新年度采购榜 Top10 显示"借钱也要消费"的美国人出手最大方。2013 年美国对中国的负债总额约为 1.223 万亿美元，相当于平均每人欠中国约 5 个 iPhone5，或者 10 个 iPad mini。

另外，俄罗斯也上榜了。最近几年，俄罗斯的采购需求飞速增长，85% 的俄罗斯人更喜爱进口产品，拿着国产手机，都不好意思跟人打电话。据说，总统普京所用的手机，就是中国某品牌旗舰机。

据统计，2013 年 7 月，阿里巴巴国际交易市场采购直达平台每日可以接到近 10000 笔、超 3000 万美元的跨境贸易订单需求，连续两年保持了 7~10 倍的买家增长规模。

思考题：什么是阿里巴巴采购直达，2013 年取得了哪些成绩？

任务6　网上店铺装修

任务目标

通过本任务掌握网上店铺的装修方法，使店铺能够给访问者留下深刻的印象；熟悉店铺页面的各项功能。

项目任务书

任务名称	网上店铺装修	任务编号		时间要求	
要求	1. 在淘宝网上给自己开的网店取名 2. 设计一个店标 3. 设定店铺的风格 4. 设计宝贝分类标签 5. 给自己的店铺写一段文字介绍				
重点培养的能力	资料查找能力、资料分析能力、团队合作能力、写作能力、沟通能力				
涉及知识	网上店装修的方法，装修的技巧，店铺页面的设计				
教学地点	教室、机房	参考资料			
教学设备	投影设备、投影幕布、能上网的电脑				

训练内容

1. 听教师讲解案例及相关知识（时间约　　　分钟）
2. 制订工作计划，了解团队要做什么，要达到什么样的目的（时间约　　　分钟）；组长进行分工安排，每个人在自己的项目任务书相应栏进行记录（时间为　　　分钟），组员开始行动
3. 店铺取名、设计店标、确定店铺风格（时间约　　　分钟），分析讨论（时间约　　　分钟）；得出结论；撰写分析报告（填写任务产出表）（时间约　　　分钟）
4. 宝贝分类标签设计、店铺文字介绍书写（时间约　　　分钟），分析讨论（时间约　　　分钟）；得出结论；撰写分析报告（填写任务产出表）（时间约　　　分钟）

训练要求

在完成任务的过程中能自主学习并掌握网店装修内容、网店装修技巧有关知识；能够在规定的时间内完成相关的资料查找、整理、分析任务；能够在规定的时间内，撰写出分析报告；团队制订了工作方案，工作有成效（能够进行很好的时间管理），团队合作较好

成果要求及评价标准

成果要求：需提交下列书面文件。
　　1. 本项目组成员的分工情况
　　2. 本项目组提交网店装修的主要内容及方法，写出装修心得体会
评价标准：
　　1. 提交正确网店装修的主要内容及方法，写出合理的装修心得体会，分析报告质量优
　　2. 能提交网店装修的主要内容及方法并写出装修心得体会，分析报告质量良
　　3. 分析报告合理但内容不完整，有少量错误，分析报告质量合格
　　4. 分析报告逻辑混乱，内容不准确，分析报告质量差
符合上述标准1，成绩为优秀，可得90~100分；符合标准2，成绩为良好，可得70~80分；符合标准3，成绩及格，可得60~70分；符合标准4，成绩为不及格，得分60分以下；介于这几种标准之间的，可酌情增减分

续表

任务产出一	成员姓名与分工	成员	学号	分工
		组长		
		成员1		
		成员2		
		成员3		
		成员4		
		成员5		
		成员6		
任务产出二	请浏览3个淘宝手机店的店铺，了解它们是如何进行装修的，分组讨论后对各店铺装修的特点和优劣进行比较分析			
项目组评价			总分	
教师评价				

引导案例（情景导入）

现在在网上开店的越来越多，网上的店面虽然是虚拟的，可是卖的东西却是实实在在的，网店拼的就是人气和点击量，因此，店面看起来必须很漂亮、很特别，方便买家找到想买的东西，还要让买家看过以后记住。而买家在选择好自己要买的东西后通常会对店铺进行对比，也就是货比三家，如果店铺装修得非常专业，买家能被店铺所吸引，会对网店有一个深刻的印象。但是，好的商品未必会有好的生意，还需要在装修上多下点功夫，这也就是我们常说的宝贝描述装修了。虽然自己是卖家，但也要站在买家的立场上来装修自己的店铺，所以网店要想成功就离不开网店装修。

思考题： 网上饰品店铺应着重对哪些方面进行装修？

知识链接

一、网店装修概念

就是在淘宝、有啊、拍拍等网店平台允许的结构范围内，尽量通过图片、程序模板等让店铺更加丰富美观。正所谓三分长相七分打扮，网店的页面就像是附着了店主灵魂的销售员，网店的美化如同实体店的装修一样，让买家从视觉上和心理上感觉到店主对店铺的用心，并且能够最大限度地提升店铺的形象，有利于网店品牌的形成，提高浏览量。

二、网店装修的主要内容

在免费开店之后，买家可以获得一个属于自己的空间。和传统店铺一样，为了能正常营业、吸引顾客，需要对店铺进行相应的"装修"，包括店名、店标设计、店铺公告、推荐宝贝、店铺风格等。下面以淘宝为例进行介绍。

（一）基本设置

登录淘宝，打开"我的淘宝—我是卖家—管理我的店铺"。在左侧"店铺管理"中点击"基本设置"，在打开的页面中可以修改店铺名、店铺类目、店铺介绍等项目。

1. 网上店铺装修——店名：起个好店名，让人容易发现、记住

电子商务飞速发展，淘宝、易趣、拍拍、有啊等吸引了越来越多的人选择网上开店，起个好店名就相当重要了。网店装修归纳为店铺营销的一个环节，而绝对不是单纯的店铺美化和图片设计，所以说取个好的网店名非常重要，尤其是刚刚开店的朋友。

（1）明确自己的店铺定位。明确店铺是卖什么？卖给谁？潜在消费对象在哪里？如何吸引他们？同行店铺现状？行业竞争？到淘宝店铺街上按信誉排名，可以看看现在跟你的同行的店名是什么，开始时多思考、多调研。

（2）借鉴学习前辈经验。百度、Google 上搜索一下关键词"起名"，可以发现很多经验之谈，这里介绍一个小经验，可以看看"淘宝起店名"这些细分的关键词条目。

（3）创意创新构思店名。相信多数网上开店还是经营服装、美容用品、数码、母婴用品、服饰等比较热卖的行业，这些行业都竞争激烈，店铺达到几十万甚至更多。在新加入时，掌握一定的起名规则很有必要，下面是构思店名常用的几个要领：

第一，网店起名尤其要注意"新、奇、特"，网上消费的多数是年轻的消费者，他们更喜欢时尚的、贴近现代生活的商品。

第二，店名要简洁易懂，2~6 个字内很容易被记住。

第三，念起来朗朗上口，不要有生僻字、不容易识别的字。

第四，如果店铺经营类别、产品比较明确，那就可以在店名中直接出现。好比李宁专卖、猫猫包袋、内衣大帝等，越简单明了越容易明白。如果店铺经营产品比较杂，综合性大，那就起一个比较抽象的，如上上屋、我型我爱、柠檬绿茶等。

第五，要么亲切自然具有亲和性，要么就另类酷得不得了，最忌讳不温不火、没有个性的。

第六，尽量不要与别人重名或者类似。淘宝上旺旺 ID 是唯一的，但是店名没有限制唯一性，于是很多店在开始没有名气时就会搞个山寨版本与名店类似甚至雷同的名字，这种做法有利有弊，在刚开始时还可以有一定"好处"，其实从长远来看绝对是下策，因为做得不好你永远都是在帮别人宣传，如果有朝一日真的胜过了对方，会发现既然人家是名店就已经工商注册了商标，你将要改名，损失的就不仅是一个名字那么简单了。

2. 网上店铺装修——店标

店标，普通店铺的"脸面"，好的店标可以吸引更多的客流。

（1）普通店铺位于首页左上方。如图 3-12 所示。

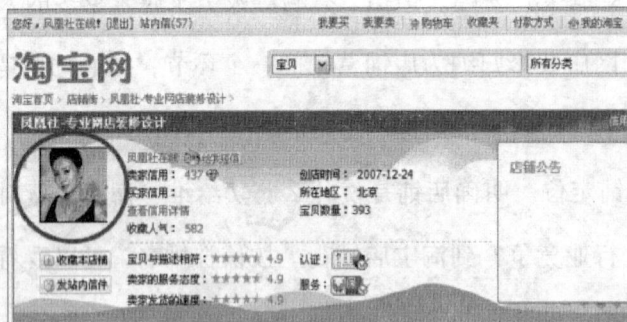

图 3-12　店标的位置

（2）在"店铺街"上你的招牌（这里很重要，好的店标往往能给你带来不少客流，如图 3-13 所示，可以看到在店铺街上众多店铺并列时，好的店标往往能吸引客户光顾）。

图 3-13　店铺街页面

店标图像格式为 JPG 或者 GIF，当然推荐 GIF 动画，可以切换多个画面表达更多信息。但尺寸限制在 80×80 像素，80K 以内，因此动画不宜太复杂，应简洁明快，醒目易记最好。

设置店标方法很简单，步骤如下：

第一步：登录淘宝后，普通店铺可以直接点击右侧的"管理我的店铺"。如图 3-14 所示。

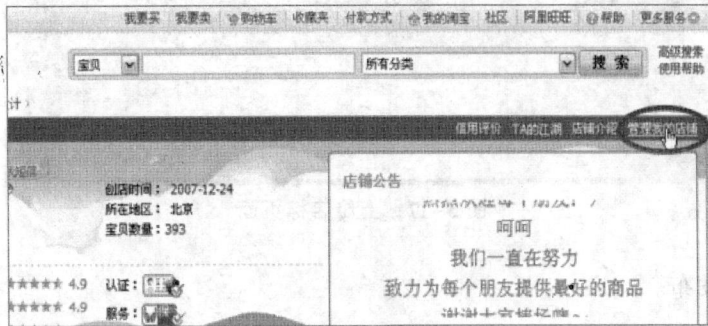

图 3-14　"管理我的店铺"页面

第二步：点击"基本设置"，选择"店铺基本设置"。如图 3-15 所示。

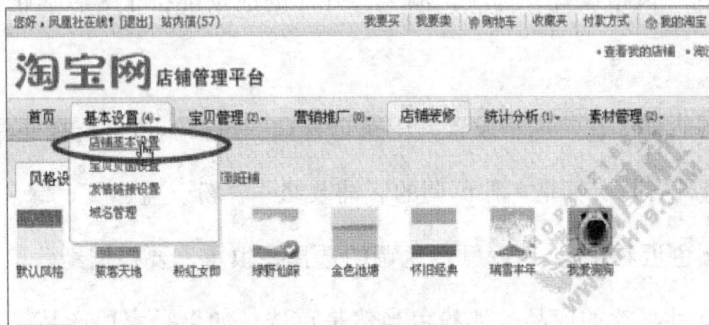

图 3-15　"店铺基本设置"页面

第三步：点击"更换店标"。如图 3-16 所示。

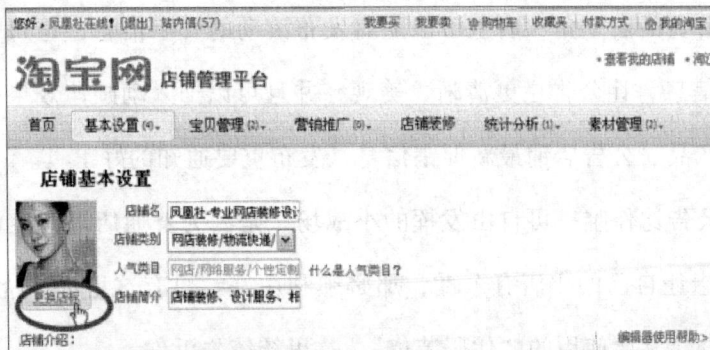

图 3-16　"更换店标"页面

第四步：上传 80K 以内 100×100 像素的店标。如图 3-17 所示。

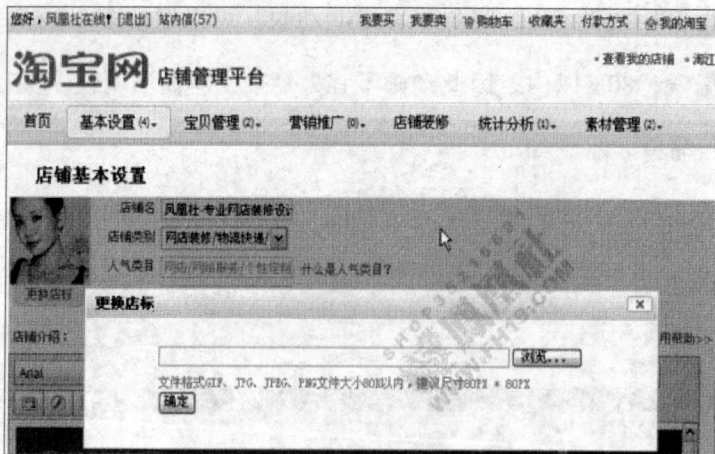

图 3-17　上传店标页面

第五步：保存发布。

3. 网上店铺装修——风格设置

风格设置方法非常简单，对于普通店用户，点击"管理我的店铺"，进入"店铺装修"栏目，马上就可以看到"风格设置"选项，淘宝为开店的朋友准备了 8 款店铺的风格，点击"应用"，就可以了。

点击"管理我的店铺"在"风格设置"中挑选喜欢的风格。风格选择要注意以下两点：

第一，8 款店铺风格其实就是 4 种色调的店铺装修——粉、蓝、黄、绿。

第二，"远看颜色近看花"，所以颜色色调的选择要慎重，要根据经营范围、目标消费群来选。如果经营的是女性喜欢的商品，那粉色当然是首选；如果是家居产品，那黄色调往往会给人温馨的感觉；科技数码的就可以试试蓝色。

4. 网上店铺装修——店铺公告

位于普通店铺首页的右上角，店主可以随时发布滚动的文字信息，也可以通过网页代码发布图文配合的公告信息，让公告栏更清晰、美观，并且可以加入动画让效果更醒目。这是宣传推广最新发布的新产品、公告店铺最新促销信息、发布重要通知的好工具。

把普通店铺的公告比作唯一可自由发挥的小战场，是因为普通店铺淘宝没给多少可以自由发挥的地方，如果想让自己的小店有个性，那必须利用好。只有这里你才能发布文字、图片、动画，了解旺铺装修经常要使用的"代码装修"，这里统统告诉你。

（1）点击"管理我的店铺"，在"店铺公告"上点击"编辑"按钮。如图 3-18 所示。

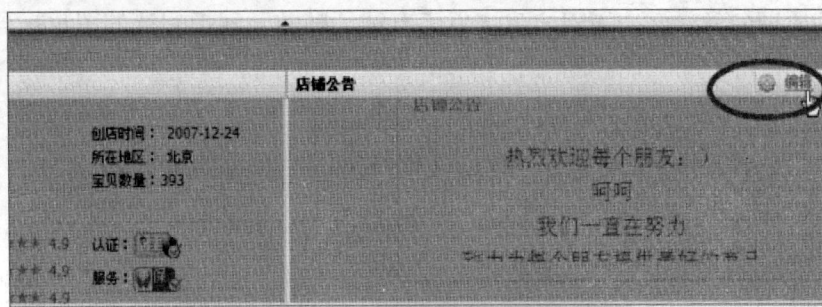

图 3-18　编辑"店铺公告"页面

（2）跳出"店铺公告设置"窗口，这里写入店铺公告文字、最新商品发布信息，发布后都是滚动文字的样式；可以像 Word 软件一样自由编辑，非常简单方便。如图 3-19 所示。

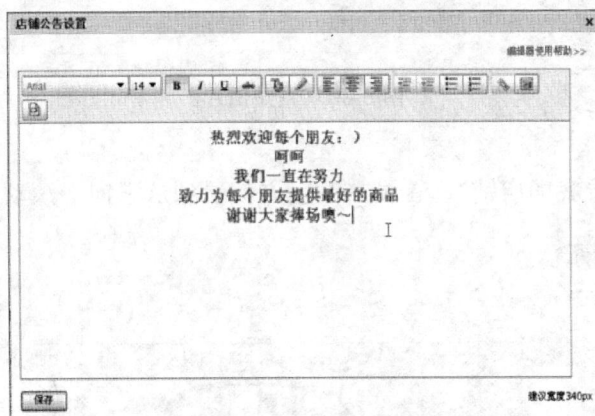

图 3-19　"店铺公告设置"页面

（3）还可以插入图片，方法很简单，随便打开一个网页，在你想调用的图片上点击鼠标右键，选择复制。如图 3-20 所示。

图 3-20　复制网页

（4）返回"店铺公告设置"窗口，再次点击右键"粘贴"就把挑选的图片拷贝到公告区了。如图 3-21 所示。

图 3-21　粘贴图片

（5）点击上方"查看我的店铺"，首页右侧上方就看到从下向上滚动的公告了，当然还有漂亮的图片。如图 3-22 所示。

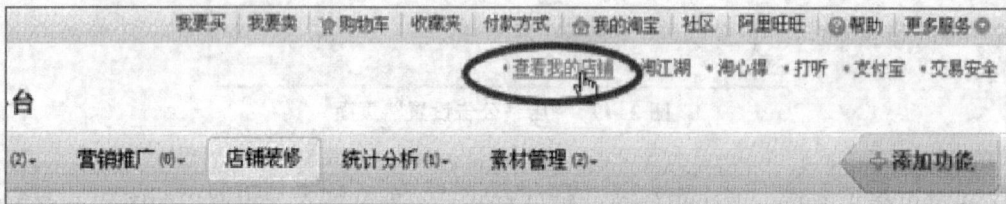

图 3-22　"查看我的店铺"页面

（二）淘宝旺铺的装修

淘宝旺铺是淘宝网开辟的一项增值服务和功能，是一种更加个性、豪华的店铺界面。可以帮助卖家更好地经营店铺、提高人气等，卖家可申请加入旺铺，大多数是需要付费的。

首页美化、布局在一个完整的旺铺布局中，通常包括店招、促销栏（公告、推荐）、产品分类导航、签名（更多地用在论坛或自己的产品描述里面）、产品描述、计数器、挂件、欢迎欢送图片、商家在线时间、联系方式等。

（1）从网站的总体来看，首页必须要有主色调，贯穿于整个网站。如做策划设计的，可能会比较偏个性的，所以网站主体色调可以选择黑色。

（2）导航条上面的底图是可以替换的，可以在图片上放公司的联系方式，这时需考虑两个方面：一个是实用性，客户可以一眼看到联系方式，便于联系。二是可以平衡左边的公司名称，如果右边留太多空白的话，整个版面从视觉上容易失衡。

（3）导航条下面的大幅广告图主要用做形象的展示，必须要好好地利用。可以在这里放上热卖的商品或者新款，也可以把公司最吸引客户的信息放在上面。

公司介绍让你在同行中脱颖而出，我们在公司介绍的时候可以运用"虚实"结合的方式，从客户角度出发，写一些客户想了解的信息。可以从下面几个方面去考虑：

（1）公司地理位置介绍。

（2）把公司的办公环境、团队成员、工厂生产场地、企业资质、加盟商店面等照片放上去，阿里巴巴在公司介绍中支持 7 张照片的上传，在旺铺能循环展示，图片能让客户更直观地了解公司。

（3）如果公司拥有自己的工厂，一定要重点强调一下，从客户的角度出发，工厂直销的产品在市场上往往有价格优势。

（4）如果公司对产品做了商标的注册，要重点强调自己的品牌。

（5）公司产品系列的介绍，让客户一目了然地了解公司的经营范围。

（6）商品价值＝解决客户问题的功能/客户购买的代价，分母部分不仅包含客户看到的价格成本，而且还包含了客户购买商品所付出的时间、体力、机会、风险、精力等无形的成本。

旺铺栏目设置技巧：

1. 公司动态栏目的设置

公司动态是阿里个人博客的一个目录，只要在博客"公司动态"目录下发表文章，就会显示在旺铺中。如果要让客户相信你，你就必须让客户彻底了解你，才能取得足够信任，所以在公司动态栏目要成为一个客户了解公司和公司经营者的通道。可以在这个栏目出现以下内容：

（1）公司推出新款产品的图片与介绍，让客户第一时间了解，抢占市场先机。

（2）以第一人称来书写公司创始人的创业历程，可以让客户更了解店主的情况。

（3）新政策的通告。

（4）公司的媒体报道，树立公司的品牌形象。

（5）公司获得的荣誉。如获得网商、政府类的荣誉，体现诚信（图片展示效果更好）。

113

2. 友情链接栏目的设置

友情链接所涵盖的内容太窄，可以改名为"热点链接"等范围比较广的标题。可以在这个栏目出现以下内容：

（1）公司的官方网站。

（2）公司的博客。

（3）对客户有帮助的链接：门店经营技巧、销售技巧（在博客里设置专栏或者在自己的网站中设置专栏）。

（4）公司所处地理位置的地图。

（5）知名诚信通企业（非同行）。

（6）客户或者加盟店的分布图。

以下是设计产品页面的几点体会：

（1）产品图片遵循清晰、美观、实物拍摄三大原则，图片是最能让客户直观地了解产品的表现方式，一张好的图片胜过千言万语。

（2）产品描述要够专业、详细、完整。

（3）突现产品的性价比。

应用案例

网店商铺的色调技巧

（1）蓝色是最为流行的色彩——传递和平、宁静、协调、信任和信心，现在的店标设计者能使用216种色彩是幸运的，这里面有很多的蓝色可供选择。能创作出优秀的标志对一个设计师来说是快乐的，对使用者和顾客更是一种视觉上的享受。把柔和色调和冷色调（如绿色）放在一处，会让人有抑郁的感觉，把蓝色和中性颜色（如灰色或米色）放在一处会认为是很好的问候色，但是要慎用橙色和蓝色，因为这两种颜色搭配会产生效应，给人不稳定感。

（2）米色是中性色，暗示着实用、保守和独立，它可能会让人感到无聊和平淡，但是作为图形背景色来说是朴实的，正如褐色与绿色、蓝色和粉色一样。米色作为背景色是很棒的，它有助于最大限度地读懂设计内容。

（3）黑色被认为是悲哀、严肃和压抑的颜色，但在积极方面它被认为是经历丰富和神秘的色彩，把黑色作为主色调，通常要非常谨慎——如果你准备设计儿童书店，黑色就是最坏的选择，但如果是摄影棚或画廊，黑色可能是最佳选择，毕竟对艺术家来说，黑色是最有魅力的色彩。

（4）褐色是另一种保守的颜色，表现稳定、朴素和舒适。和黑色一样，如果不能正确使用，将会令人非常讨厌。在有些场合，褐色还能表达健康的理念和家庭的户外活动。

（5）绿色要非常谨慎地使用，因为对大多数人来说，绿色能产生一种强烈的感情，有积极的也有消极的。在某些情况下，它是一种友好的色彩，表示忠心和聪明。绿色通常用在财政金融领域，描述生产领域、卫生保健领域，但在很多人内心深处，它常被比作嫉妒、卑鄙。

（6）在多数情况下，灰色有保守的意味，它代表实用、悲伤、安全和可靠性。它也许是一种令人厌烦的颜色，代表行事古板、无生命力。把它作为背景是难以置信的，除非你想把暗淡和保守的思想传达给你的顾客，你最好选择其他中性色做背景色，如浅褐色和白色。但是如果灰色适当地用一定冷色调和，如表现抑郁、沮丧是可以的。

（7）对大多数人来说，淡紫色是另一种能表达色彩情感的颜色，经常被运用在浪漫的故事里、思乡怀旧场合以及讲求优美的情况下，对于表现创造性、不平常性与难忘性方面，它也经常使用。无论我们是否喜欢粉红色、浅紫色，它都富于温柔和娇柔的含义，在使用时一定要依具体情况而定。

（8）紫色是一种神秘的色彩，象征皇权和灵性，对于非传统和创造性方面，它不仅是好的选择，而且是唯一选择。

（9）橙色是暖色调，寓意热心、动态和豪华。如果你要表现艳丽而引人注目，那么请使用橙色！作为一种突出色调时，它可能刺激你的顾客情感，因此最好节约地使用，把它放在外表突出工作位置就行了，并且一定记住要谨慎地使用橙色和蓝色搭配。

（10）红色是最热烈的颜色，表达热情和激情的意思。热与火、速度与热情、慷慨与激动、竞争与进攻都可用红色体现。它也许是刺激的、不安宁的颜色。但与褐色、蓝色、浅紫色一起使用，就不太妙了。红色所表达的气质像橙色、褐色、黄色一样，很容易表达出你的情感。

（11）阳光是黄色的（至少在我们内心是这样认为），因此黄色表达乐观、快乐、理想主义和充满想象力，把黄色作为背景能形成明暗差别的效果。

（12）从心理学上得知，白色有清洁、纯洁、朴素、直率和清白的意味，在设计中白色作为背景是最通用的，因为它最容易识别，作为一种"无色"背景，可以任意使用颜色。

思考题：根据你的喜好倾向于选择何种店铺色调，适合哪类产品，请说明原因。

名人名言

eBay 有 1.5 亿的用户，理想的来说，就是 1.5 亿人学会如何相信陌生人。

——**eBay 的创始人 Pierre Omidyar**

任务示范

大码牛仔裤网店装修技巧

牛仔裤实体店的竞争越来越激烈，大家纷纷把眼光投向了大码牛仔裤网店，其实牛仔裤开店，无论是实体店还是网点，装修都是很重要的。现在对大码牛仔裤网店进行装修的店主越来越多了，牛仔裤网店装修主要包括五个方面：

（1）初期的规划。

（2）方向定位。

（3）店铺内部结构。

（4）在合理的板块上注入你所想表达出来的内容。

（5）所有内容设计完毕后，要整体完善和补足。

牛仔裤网店装修都有哪些好处？开牛仔裤网店货源很重要，如款式、质量、服务等，但是网店装修也是非常重要的。

知识拓展

网店装修之选择图片存储空间

在淘宝上传 10 件商品后就可以免费开店了，网店店铺有几个基础风格设置可以选择，如果想让自己的店铺与众不同，就需要对店铺进行装修。其实装修不难，主要还是围绕着图片和设计两个方面，首先介绍一下最重要的图片存储空间的选择。

1. 网店图片的作用

大家在淘宝浏览商品时一定会发现很多宝贝介绍里的图片是"小红叉"（显示不出来）吧，这对买家来说实在是印象不好。在宝贝描述里多放几张商品的图片，如各个角度、细节图等，一定会为你带来足够的眼球和销售。记住一点：网络购物，用户感官上只能通过图片来判断商品，所以图片在销售过程中扮演着重要的作用，一定要在图片上多下功夫。

2. 图片空间选择注意事项

（1）请不要选择免费的图片存储服务商，因为它们可能随时停止对你的服务，并且这些免费的服务一般都不支持外链。也就是说，你在某网站相册里上传的图片，只能在此网站使用，在其他地方使用会出现"此图片来自××"的文字提示。

（2）稳定是最重要的，看到你的商品和店铺中总是出现小红叉没有人会有耐心。

（3）除稳定以外，访问一定要快。要选择有 CDN（网络加速）、多服务器、南北双线的图片存储服务商，这样会保证在任何地方访问都不会慢。

（4）管理要方便。图片上传必须支持多张同时上传，当图片很多时，一定要有便捷的方式管理这些图片。

（5）要选择知名品牌的专业服务商。

3. 图片存储空间推荐

现在图片存储服务商很多，针对服务比较好的几家给大家介绍一下，以便找到适合自己的图片存储服务商。

（1）淘宝的图片空间。

优点：淘宝的空间稳定、快，且有强大的技术力量。

缺点：图片上传后，没有办法修改原有的图片，这对于一些公用在每个宝贝页面中的图片（如买家须知等）要修改时将会有很大的问题，将不得不修改每个宝贝中的描述，因为图片地址已经改变了。这将给自己增加无谓的工作量。

（2）巴比豆专业淘宝存储空间。

优点：

①每台服务器控制注册数量，这样可以确保网速快和访问快。价格便宜，双线的每月30MB才2元（30MB基本满足了你100多件商品的图片存储需求）。

②高效的图片管理方式。可以通过简单的方式管理图片，会用 Windows 的基本很容易上手，无限制创建目录，这样可以更好地管理图片。

缺点：偶尔会出现无法上传、空间访问慢等问题。

职业能力训练

一、单选题

1. 淘宝的商品描述不得超过（ ）字节。

A. 10000　　　　　　B. 25000　　　　　　C. 20000

2. 商品名称最多可以容纳（ ）个汉字、（ ）字节。

A. 30，50　　　　　　B. 20，40　　　　　　C. 30，60

3. 在淘宝"我的收藏"里顾客不能收藏的内容是（ ）。

A. 店铺　　　　　　B. 宝贝　　　　　　C. 好友

4. 在淘宝上开设个人店铺，还需要发布（ ）件商品。

A. 2　　　　　　B. 10

C. 5　　　　　　D. 15

5. 如果买家拍下商品后没有及时付款，系统将在（ ）天以后自动关闭交易。

A. 7　　　　　　B. 5　　　　　　C. 3

6. 从"我的淘宝"的（　　）菜单进入，才能设置店铺介绍。

A. 淘管家　　　　　　　　　　B. 店铺基本设置　　　　　　　　C. 店铺装修

7. 普通店铺和旺铺的掌柜推荐分别最多可以推荐（　　）商品。

A. 4件，4件　　　　　　　　　　B. 8件，8件

C. 6件，16件　　　　　　　　　　D. 6件，6件

8. 淘宝的每一家店铺有（　　）个友情链接位。

A. 10　　　　　　　　　　B. 35　　　　　　　　　　C. 不限

9. 店招的文件最多不能超过（　　）K。

A. 80　　　　　　　　　　B. 100　　　　　　　　　　C. 120

10. 商品描述模板是指（　　）。

A. 按照自己的喜好选择漂亮的模板

B. 根据产品的实际情况选择，不同色块尽量不要超过 3 个

C. 越炫越好

11. 小明开始重新检查他发布的信息，以下（　　）是正确的。

A. 产品属性填不填无所谓　　　　　　B. 产品属性只填写带星号的就行

C. 产品属性随便填填就行　　　　　　D. 列出来的每项产品属性都应该认真填全

12. 修改评价的入口在（　　）。

A. 管理我的店铺　　　　　　　　B. 评价管理　　　　　　　　C. 钱掌柜

13. 交易结束后，一方做出了好评，如果有效评价期内另一方未做出好评，则（　　）。

A. 系统默认为中评　　　　　　　　B. 系统默认为好评

C. 系统将取消这次交易所有评价　　　　D. 系统不做出任何评价

14. 卖家确认退款输入的密码是（　　）。

A. 淘宝会员登录密码　　　　B. 支付宝支付密码　　　　C. 支付宝登录密码

15. 店铺基本设置的入口在（　　）。

A. 钱掌柜　　　　　　　　　　B. 淘宝卖家助手　　　　　　　　C. 管理我的店铺

二、多选题

1. 下列不属于店铺装修商家服务范围的是（　　）。

A. 为店铺起个有创意的名字，想些很雷的广告语

B. 帮你负责商品上架，设置商品分类

C. 陪你聊天解闷，排忧解难，练习修改中、差评对象

D. 装修使用的图片无法打开，帮助更换相册

2. 常用的店铺装修软件是（   ）。

A. Adobe Photoshop   B. Macromedia Fireworks

C. Macromedia Dreamweaver   D. 防火、防水、高科技板材

3. 从（   ）可以判断一个旺铺装修的好坏。

A. 符合用户的浏览习惯   B. 旺铺定位明确清晰

C. 风格统一吸引眼球   D. 颜色丰富，图片杂乱

4. 售前需要做的工作包括（   ）。

A. 拍摄   B. 上传商品

C. 采购   D. 线上客服

5. 适合交换友情链接的店铺有（   ）。

A. 客户群相近的店铺   B. 商品相同店铺

C. 与商品有关联的店铺   D. 人气店铺

6. 未经淘宝许可，店标、店名、店铺公告及"个人介绍"页面禁止使用含有以下字词：（   ）

A. 淘宝网特许   B. 淘宝授权

C. 中华人民共和国   D. 海外直供

三、填空题

1. 卖家在商品图片上添加店铺 Logo，主要是为了（   ）。

2. 订购旺铺时赠送的增值服务是（   ）。

3. 店铺开业时首先应该做的就是（   ）。

4. 店铺首页下方的店铺留言最多回复（   ）次。

5. 选择快递发货的优势是（   ）。

观念应用训练

　　给网上开店的老板们装修，网店装修卖的是创意模板，网店装修师作为一种新兴职业，已经成为就业的热门，这源于目前不少年轻人热衷开网店进行自主创业的市场需求。

　　小李作为一名中职院校的学生对网店装修非常有兴趣，他查阅了相关资料，了解到了网店装修师的特点和发展前景，总结如下：

一、特点

1. 技术"门槛"并不高

　　现在给网店做装修的主要有两种：一种是卖现成的模板，另一种是定做。有很多买家要求设计风格独特的网店门面。做网店装修，图片和音乐材料在网上都能够找到，只需要用Photoshop和一些基本的网页编程软件处理一下就好，从技术上看"门槛并不高"。

2. 需要好创意

　　现在的年轻人都喜欢在网上开个性化网店，竞争也十分激烈。如果店铺不能吸引顾客的目光，那么点击店铺的人少了，生意可就难做了，所以一般的网店都要经过装修才能吸引网友的目光。

　　网络装修需要好创意，虽说和实体装修不同，但设计上却有相似的地方，就是一定要针对客户的不同特点，来设计不同感觉的东西，既要考虑产品的消费群体抓住买家的眼球，又要照顾网店老板的喜好，创造性的思维是最重要的。例如，适合年轻女孩消费的网店设计应多以粉红色、小桃心、花边为主要元素。

3. 从业以年轻人为主

　　随着网络店铺的不断增加，网店装修师这个时尚职业也越来越受欢迎。一个优秀的网络装修师除了要掌握基本的网页制作基础知识和使用各种图形软件外，还需要懂得创意灵感和色彩的运用，这样才能把好的创意给客户，从而获得稳定的收入。这个职业不需要朝九晚五的固定上班制度和风吹雨打的跑来跑去，因此深受现代"宅男宅女"的欢迎。很多年轻人加入了这个职业，竞争越来越激烈。

4. 工作辛苦、压力大

作为自由职业者，网店装修师每天都要完成2~6个网店的装修设计，每天的工作时间都在12~13个小时。压力很大，生怕做不好砸了招牌，因此买家的点评也很重要，为了使买家满意，装修师不但要设计技术精湛而且还要有很强的心理承受力。

二、网店装修级别分类

（1）图片设计处理。包括设计处理图片、宝贝产品图片美化、抠图、首页图片制作、广告图片设计等。

（2）Css简易设计师。要求懂得代码操作和精通图片设计处理，可以完善地设计一套标准网店。Css模板如图3-23所示。

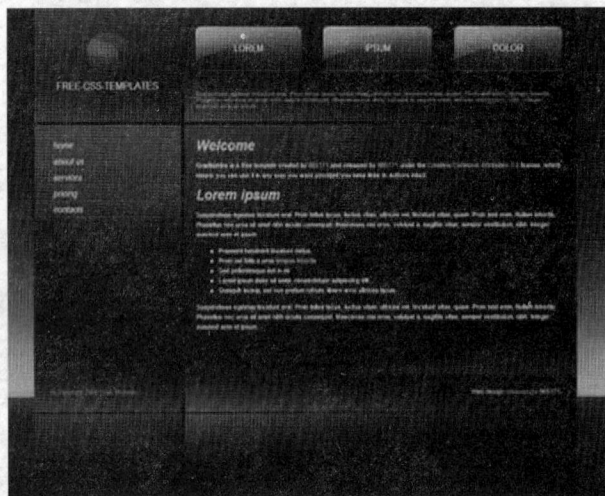

图3-23　Css模板

（3）SDK高级设计师。就是开发设计类型、精通代码以及官方提供的数据，结合图片开发出具有多功能、多层次的网店，例如很多淘宝装修市场和阿里巴巴装修市场上的模板。

三、从简易难度看设计师的前景

（1）图片设计，无论在淘宝网店还是在其他地方用处都很广泛，虽然有这种技术的人也比较多，但随着网络市场的扩大，此类设计师还是很短缺。

（2）Css简易设计师，多数用来操作标准版店铺设计，此类设计师懂得代码的应用，完全可以独立负责一个网店的设计和开发，有能力负责一个店铺的设计运营。

（3）SDK高级设计师，比较高端的设计师，开发模板、特效，可以独立出售。

四、网店装修的总体前景分析

随着网络市场的扩大，越来越多的平台和群体对设计师的需求逐年扩大。

从行业上看，设计师确实是受欢迎的，无论在工资还是在待遇上都是令人瞩目的。

从创业思路上看，设计是不可或缺的也是必备的。

学习网店装修并不难，但是学精就难了。但是无论难度怎么样，网店装修都是现行业必备的。

思考题：网店装修师的主要工作内容有哪些？

情景模拟训练

小李有志成为一名网店装修师，初期可从事兼职，经验丰富后再转入专职网络装修师，那么如何学好网店装修，成为一名合格的网店装修师呢？

学网店装修首先要做的就是设计软件的应用，其次做网店装修要的是耐心和细心。无论是 Css 简易设计师、SDK 高级设计师还是普通的图片美工设计师，都需要耐心和不断的学习进步。

一、网店装修的种类

（1）图片美工设计。必须精通各类软件的操作，特别是 PS 操作、图片的处理，无论是简单的还是复杂的设计都是必须掌握的。

（2）Css 简易设计。Css 简易设计会用到代码相关的支持，必须熟悉甚至精通各类代码的编写，如果是初学者比较困难。可以在了解一些资料的同时，结交一些精通代码的朋友给予帮助。

（3）SDK 高级设计。SDK 高级设计不仅是代码的应用，包括设计、编写、排版，做工相当于设计一个网站的首页，还要熟悉淘宝的各种语言、固定的格式编写等。

二、网店装修使用的软件

1. 图片制作软件

Adobe Photoshop 就是大家所称的"PS"，如图 3-24 所示。

图 3-24 PS 软件

2. 代码编辑软件

Dreamweaver 或者 Frontpage，简单的代码编写和修改工具，如图 3-25 所示。

图 3-25 Dreamweaver 软件

3.动画设计软件

Ulead_gif_animator 也可以用 IMAGEREADY，如图 3-26 所示。

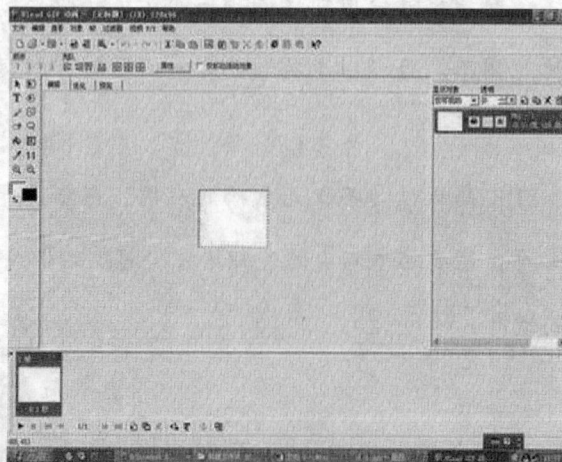

图 3-26 Ulead_gif_animator 操作界面

三、网店装修软件的使用

1. 图片制作软件

专门用于图片的修正和颜色处理等，图片的储存大小严重影响网店装修的效果和打开速度，所以尽量储存为 Web 所用格式。

2. 代码编辑软件

代码编辑要尽量精简，代码编辑要仔细认真，稍有差错，甚至少一个标点符号就可能导致图片不显示或者整体代码出错。另外，一些代码可以直接借用别人的或者一些网店的装修代码，尽量少走弯路。

3. 动画设计软件

动画设计要尽量减少帧的数量，避免图片过大。GIF 动画的显示速度比普通的 PS 出来的 JPG 或 JPEG 要慢很多。要避免图片过大导致显示速度过慢。

四、如何学习网店装修

网店装修看似简单，其实凝结了设计师很多的心血。一些代码的开发、一些特效制作，例如轮播、卡盘等，不是新手学习网店装修必学的，下面总结下初学者必须具备的内容：

（1）良好的心态和最佳的学习状态。学习网店装修心态要好，随时学习随时利用。

（2）耐心和细心。没有耐心是做不好网店装修的，同样没有细心的操作也不行，特别是代码的编写和学习。

（3）多看教程，多去一些教程网站。

（4）具备良好的审美观。

（5）精通熟知各类设计软件和开发工具。

思考题：如果想成为一名网店装修师，需要做哪些准备？

网店托管

面对如此庞大火热的消费市场，网上开店成为很多人心仪的创业方式，随之而来的便是竞争越来越激烈。开网店也需要专业指导，如果不想花时间去学习，可以选择网店托管。网店托管并非一个新兴行业，早在4年前，网购远不如当前"火爆"时就已经有了网店托管服务商。不过，当前的托管服务可谓与时俱进，呈现出很多新趋势。

首先，服务种类更加多样。例如，余先生在选择网店托管服务商前就"做足了功课"。"我有个朋友在2009年就选择了这种方式，当时的服务仅限于为你的店铺提供'时间托管'。当你有事外出时，可以请服务商帮你回答顾客提出的问题，保证你不会漏掉一笔单子。"余先生说。然而现在，网店托管能够为卖家解决的，不仅是网上开店的经营时间问题，更有店铺装修、店铺管理、长期规划等。

其次，网店推广优势日渐更新。对普通网店卖家来说，如何在最短的时间内招揽更多顾客是他们的着力点所在，要在网络的海洋里"大浪淘沙"最终胜出并非易事。然而，业内人士提醒，网店托管并非无本之利，不可能在前期投入很少的情况下就寄望日进斗金。以余先生为例，他当前选择的是"供货版"服务，除此之外，服务商还为他提供"商城版"。"'商城版'可以进的货源更广，比如电器、家具。你想进的货档次越高，最初要付的成本就越高。"余先生说。

此外，在选择托管服务公司时也要慎重，业内人士提醒，店主应该考量托管服务商的口碑、资质。同时，由于发货者也是网店托管服务商，这就意味着卖家也无法验证货物的质量，一旦销售后面临纠纷还需要卖家自己解决。

思考题：什么是"网店托管"？为什么会出现"网店托管"？

任务 7　网上发布宝贝

任务目标

通过本项任务使学生掌握宝贝发布方法和技巧，熟悉热销商品、促销商品、推荐商品的添加方法。

项目任务书

任务名称	网上发布宝贝	任务编号		时间要求	
要求	1. 在自己的网店上发布 5 件商品 2. 给其中的一件商品宝贝添加成推荐商品 3. 提高团队合作能力、提高网上宝贝发布专业技能				
重点培养的能力	资料查找能力、资料分析能力、团队合作能力、写作能力、沟通能力				
涉及知识	网上宝贝发布方法和策略，网上宝贝的推荐和促销				
教学地点	教室、机房	参考资料			
教学设备	投影设备、投影幕布、能上网的电脑				

训练内容

1. 听教师讲解案例及相关知识（时间约　　　分钟）
2. 制订工作计划，了解团队要做什么，要达到什么样的目的（时间约　　　分钟）；组长进行分工安排，每个人在自己的项目任务书相应栏进行记录（时间为　　　分钟），组员开始行动
3. 网上发布宝贝（时间约　　　分钟），分析讨论（时间约　　　分钟）；得出结论；撰写分析报告（填写任务产出表）（时间约　　　分钟）
4. 网上推荐宝贝（时间约　　　分钟），分析讨论（时间约　　　分钟）；得出结论；撰写分析报告（填写任务产出表）（时间约　　　分钟）

训练要求

在完成任务的过程中能自主学习并掌握网上发布宝贝的相关知识；能够在规定的时间内完成相关的资料查找、整理、分析任务；能够在规定的时间内，撰写出分析报告；团队制订了工作方案，工作有成效（能够进行很好的时间管理），团队合作较好

成果要求及评价标准

成果要求：需提交下列书面文件。
　　1. 本项目组成员的分工情况
　　2. 本项目组提交发布宝贝方法及流程，列出推荐宝贝的方法
评价标准：
　　1. 提交正确发布宝贝方法及流程，准确列出推荐宝贝的方法，分析报告质量优
　　2. 能提出发布宝贝方法、推荐宝贝的主要步骤，分析报告质量良
　　3. 分析报告合理但不完整，有少量错误，分析报告质量合格
　　4. 发布宝贝方法不正确，逻辑错误，分析报告质量差
符合上述标准 1，成绩为优秀，可得 90~100 分；符合标准 2，成绩为良好，可得 70~80 分；符合标准 3，成绩及格，可得 60~70 分；符合标准 4，成绩为不及格，得分 60 分以下；介于这几种标准之间的，可酌情增减分

任务产出一	成员姓名与分工	成　员	学　号	分　工
		组　长		
		成员 1		
		成员 2		

续表

任务产出一	成员姓名与分工		成 员	学 号	分 工
		成员 3			
		成员 4			
		成员 5			
		成员 6			
任务产出二	浏览一家网店,比较、分析该网店宝贝的分类和命名特点				
项目组评价				总分	
教师评价					

引导案例（情景导入）

给网店宝贝拍照

宝贝图片可以非常直观地抓住买家的目光,所以如何拍摄出精致的宝贝图片尤为重要,小王在给自己的网店商品拍照过程中注意到了道具的准备:

白色挂历纸。这个容易找,大多数的挂历翻过背面即可使用,把宝贝放在上面拍摄,你就有了一张白背景,这无论对于拍摄效果或是后期的图片制作,都能起到好作用。

白色的硬纸板。它的作用主要是反射光线和遮挡过强的光线,类似于在拍照场合经常看到的那张反光板的作用。

强光小手电一把,这可用在小物件的局部特写时做补光之用。或者用聚光性能比较好的台灯也可以。

漂亮的鲜花和水果若干。可用于对宝贝的点缀之用,何种鲜花和水果视各人喜好及所拍摄的商品而定,另备一大小适中的可爱玩偶。

最后一个是拍摄小商品最重要的,也是最不起眼的道具——沙子。千万别小看它的作用,用它做铺垫,可以起到意想不到的浪漫效果。

思考题: 在拍摄宝贝图片的时候还可以做哪些准备?

知识链接

一、发布宝贝的方法

要在淘宝开店，除了要符合认证的会员条件之外，还需要发布 10 件以上宝贝。于是，在整理好商品资料、图片后，就可以发布宝贝，发布宝贝的总体流程如图 3-27 所示。

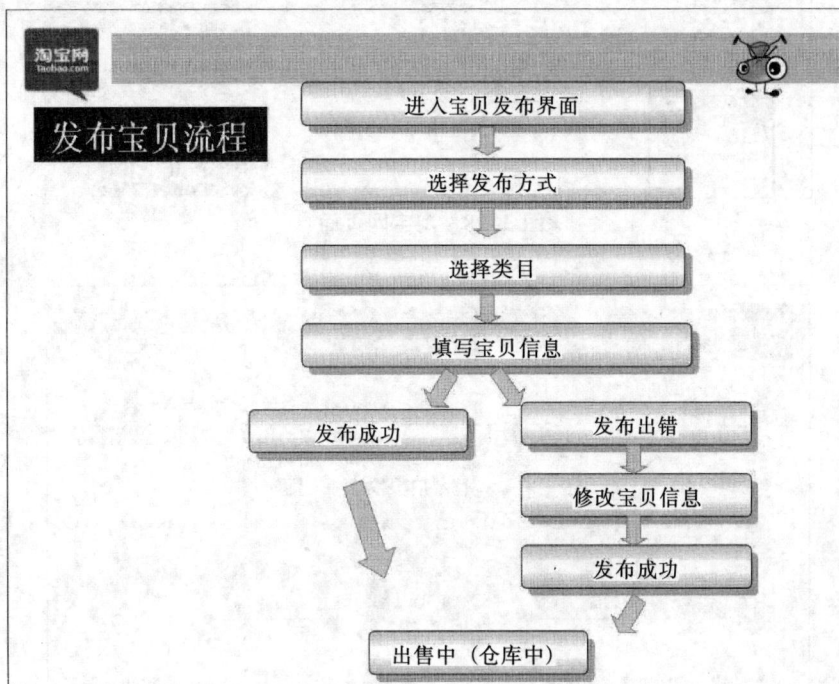

图 3-27 发布宝贝流程

友情提示：如果没有通过个人实名认证和支付宝认证也可以发布宝贝，但是宝贝只能发布到"仓库里的宝贝"中，买家是看不到的。只有通过认证，才可以上架销售。

第一步：登录淘宝网，在页面上方点击"我要卖"。在打开的页面中，可以选择"一口价"或"拍卖"两种发布方式，这里选择单击"一口价"。如图 3-28、图 3-29 所示。

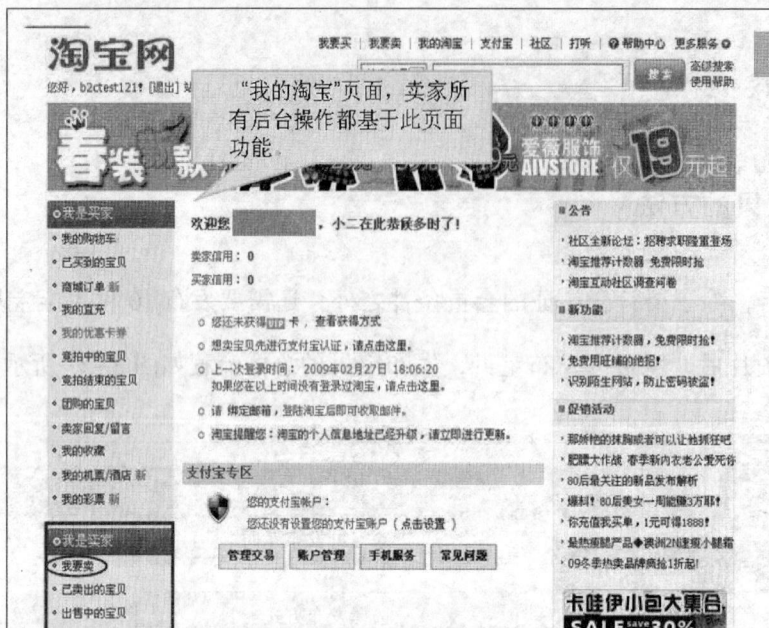

图 3-28　淘宝网页面

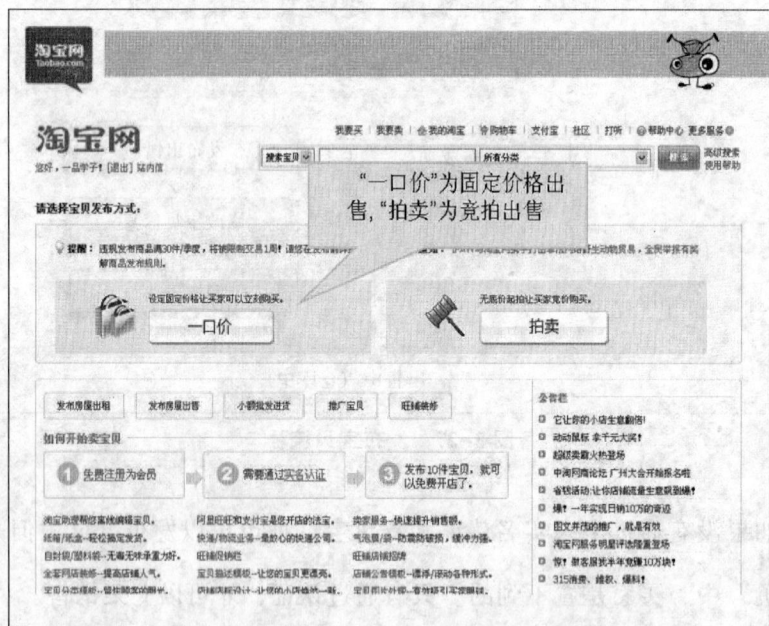

图 3-29　"一口价"页面

　　友情提示："一口价"有固定价格，买家可以立即购买；"拍卖"无底价起拍，让买家竞价购买。

　　第二步：选择类目，根据自己的商品选择合适的类目。比如我选择了女鞋的宝贝详情。单击"好了，去发布宝贝"按钮继续下一步。如图 3-30 所示。

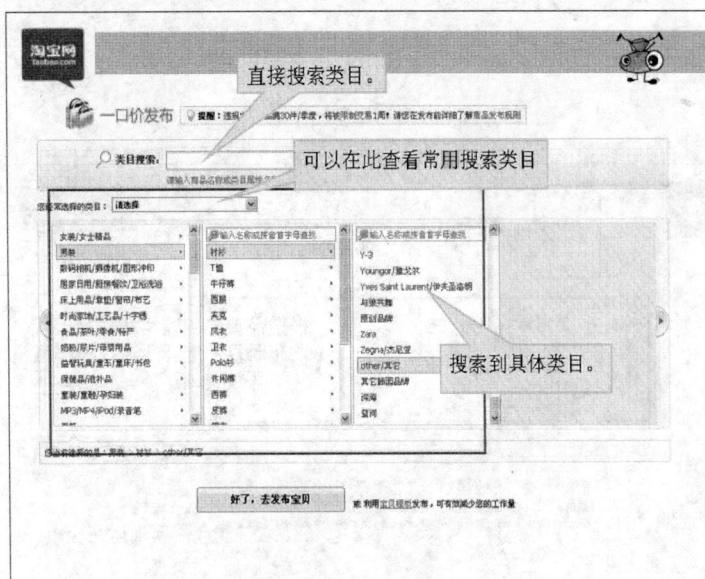

图 3-30　选择类目页面

　　第三步：填写宝贝信息，这一步非常重要。首先，在"宝贝信息"区域取一个好的标题，单击"浏览"按钮来上传宝贝图片，输入宝贝描述信息、宝贝数量、开始时间、有效期等；接着，在"交易条件"区域输入宝贝的售价、所在地、运费、付款方式等内容；其他信息保持默认设置即可，比如默认使用支付宝支付等。最后，单击"确认无误，提交"按钮来发布该宝贝。如图 3-31 所示。

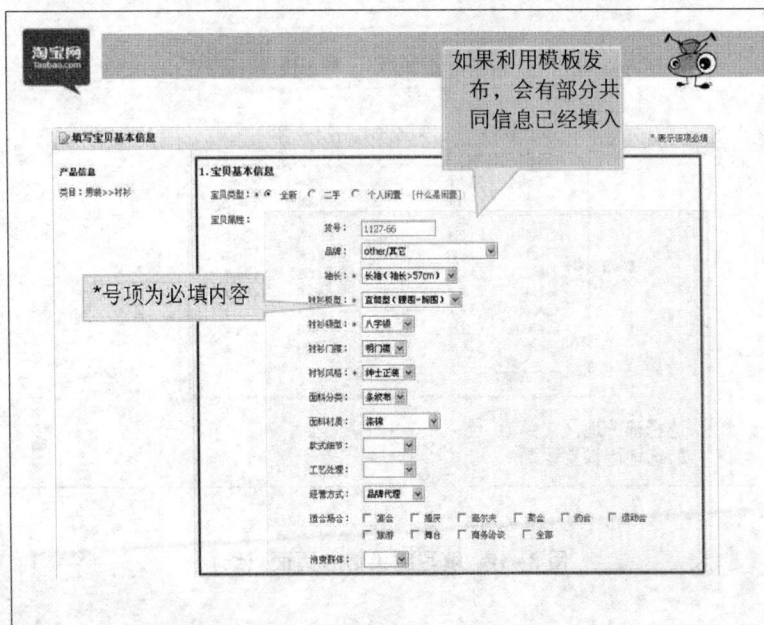

（1）

图 3-31　填写宝贝信息页面

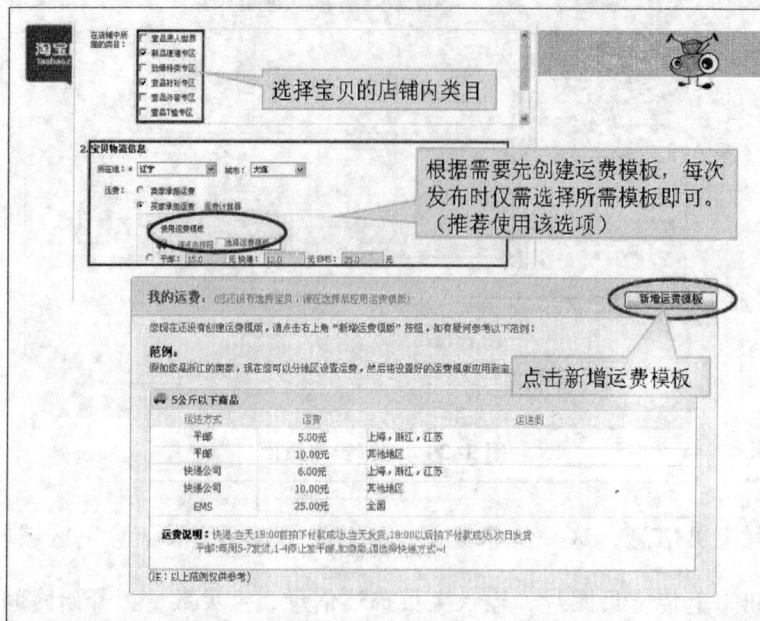

（2）

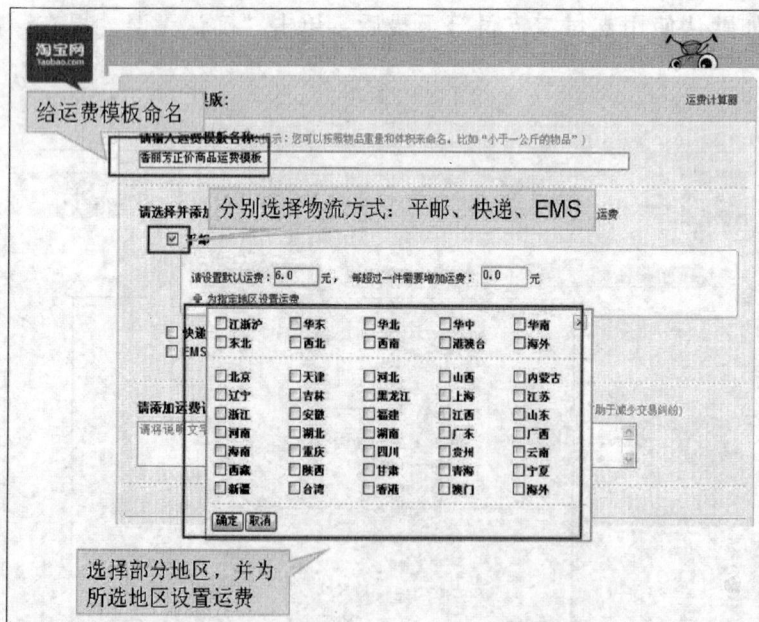

（3）

图 3-31 填写宝贝信息页面（续）

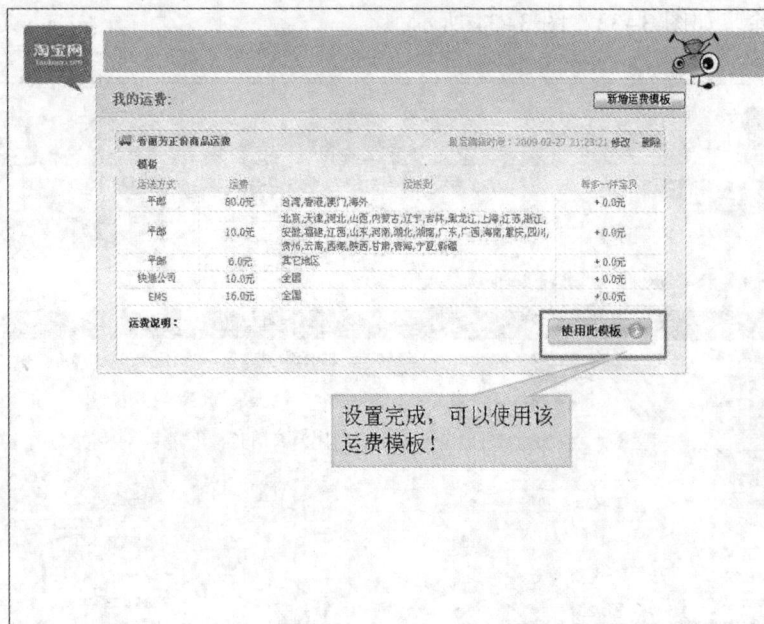

（4）

图 3-31 填写宝贝信息页面（续）

如果发布成功，下面会出现一个成功页面，如图 3-32 所示。点击"这里"可以查看发布的宝贝页面，点击"继续发布宝贝"可以继续发布宝贝。

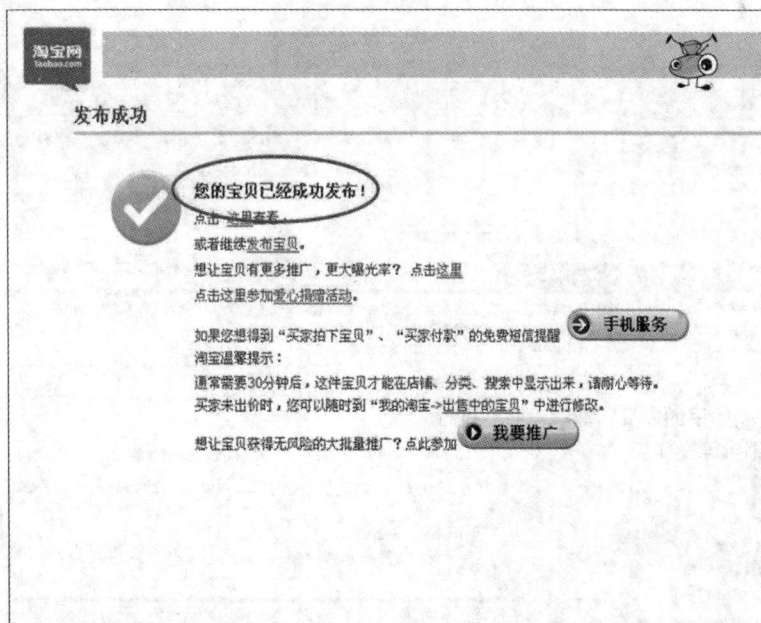

图 3-32 发布成功页面

友情提示：在买家没有出价时，如果要修改发布的宝贝信息，可以到"我的淘宝—我是卖家—出售中的宝贝"中进行编辑、修改。宝贝在发布完成之后，最好进行定期更新、添加，以免店铺被系统删除。如图 3-33、图 3-34 所示。

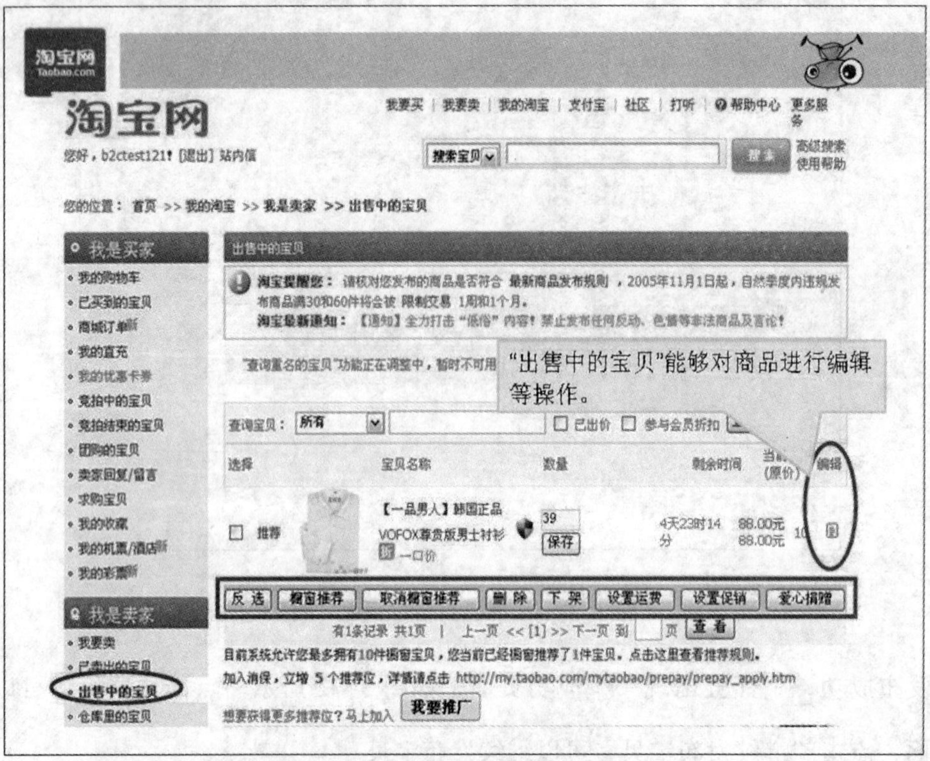

图 3-33　出售中的宝贝编辑页面

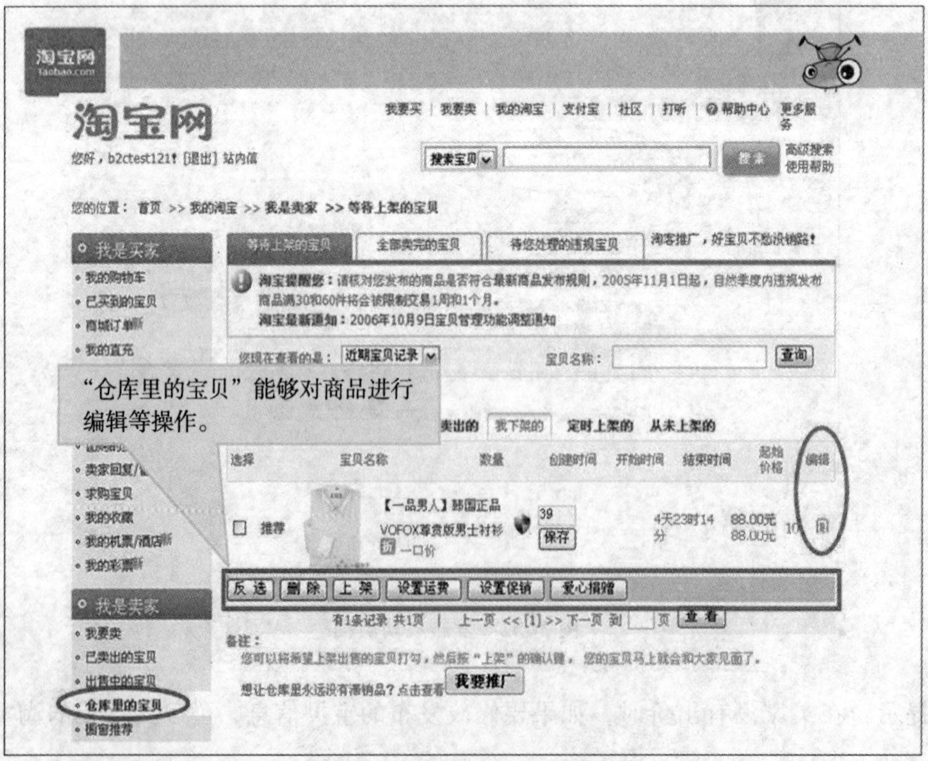

图 3-34　仓库里的宝贝编辑页面

二、淘宝宝贝的发布技巧

1. 宝贝发布时间的技巧

（1）不要同时发布宝贝，最好分三次发布！淘宝里的宝贝排列离结束时间越近，排的位置越靠前！如果同时发布宝贝的话，也就是说这个星期只有一天您的宝贝是排在最前面！分三次隔天发布，那么一个星期就有三次机会了！为什么宝贝发布的时间不是 14 天而是 7 天呢？同样的理由嘛！选择上架时间越短越好，查商品的时候，默认排序就是按时间来算的。

（2）宝贝的发布时间也应最好在一个时间段！9:00~12:00、14:00~17:00、20:00~22:00 网上成交量最大，所以宝贝发布的时间最好在早上 12 点、下午 5 点或者晚上的 10 点！

（3）既便宜又有特点的商品一定要排在店铺推荐位上。

2. 淘宝店宝贝上架的时机选择

上架时间决定搜索量，现在搜索关键字后，宝贝的位置是按宝贝下架剩余的时间来排定的，越接近下架的宝贝，排得就越靠前。

（1）首先选择上架时间为 7 天。原因很简单，比选择 14 天多了一次下架的机会，自然获得更多的宣传机会。

（2）商品一定选择在黄金时段上架。在具体操作中，可以从 11:00~16:00，19:00~23:00，每隔半小时左右发布一个新商品。

（3）每天都坚持在两个黄金时段发布新宝贝。

（4）所有的橱窗推荐位都用在即将下架的宝贝上。

三、热销商品的设置

淘宝店铺的热卖宝贝和热门收藏怎么设置？前提条件是只有旺铺标准版才可以显示，扶植版就没有这个模块了。而且是需要添加这个模块的，不然也不会显示。如果你用的是淘宝旺铺标准版的话，点击"装修店铺—添加模块—热销宝贝—热门收藏—保存"就行了。

四、促销商品的设置

点击"我的淘宝"—"出售中的宝贝"—选中要设置的宝贝—点击"设置促销"（宝贝最下面一行）即可设置了。

设置淘宝促销商品时需要注意以下几点：

1. 宝贝名称要详细

宝贝名称一定要详细，把自己当作买家，想想对方会搜索哪些词。如果你有多件商品，都有同一个特点，只要在一件商品上加上特别的词。买家就可以通过这个商品，到你的店铺去看。

2. 宝贝描述要详细

如果卖衣服，就要写清楚尺寸、颜色、面料、有无吊牌、产地；如果卖电器，就要写清楚功能、保修情况。此外，售后服务最好也要写一下，这样会让你的买家更愿意、更放心地买你的商品！

3. 运费要合理

有的卖家，商品是便宜了，可是在运费上却做了手脚。

4. 上架的时间要把握准

据调查，周一至周五上午逛网店的人会比较多，周末晚上逛的人也比较多。所以上架的时间最好是在人多的时候，那样生意就会更好。

5. 利用好推荐位置

一般在推荐位置放的产品，要么是价格最高的，要么是一元拍之类的。

五、网上推荐宝贝

淘宝提供的"推荐宝贝"功能可以将你最好的 6 件宝贝拿出来推荐，掌柜推荐的宝贝永远位于店铺的上方——最醒目的地方，因此好好利用可以把你最想推荐的宝贝第一时间呈现给大家。

在店铺的明显位置进行展示。只要打开"管理我的店铺"页面，在左侧点击"推荐宝贝"：就可以在打开的页面中选择推荐的宝贝，单击"推荐"按钮即可。

第一步：登录淘宝"我是卖家"后台，点击"店铺装修"，如图 3-35 所示，或者进入装修系统（需登录）。

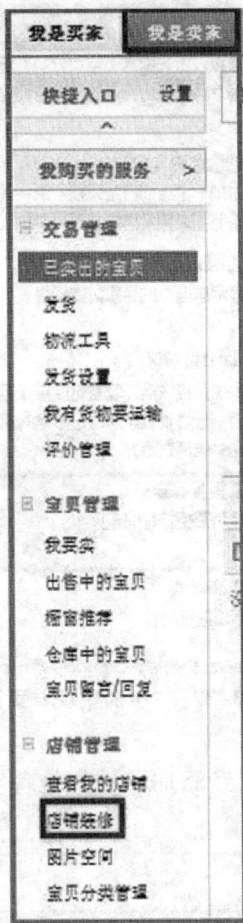

图 3-35 店铺装修页面

第二步：在装修页面右侧栏找到"在此处添加新模块"，如图 3-36 所示，点击此按钮。

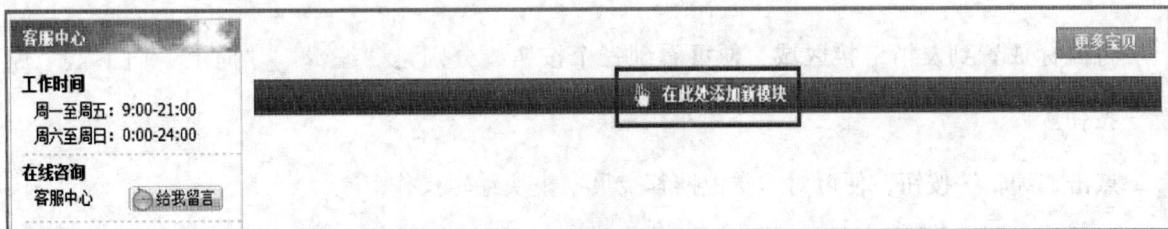

图 3-36 添加新模块页面

第三步：在跳出的选项框中找到"掌柜推荐宝贝"模块，并点击画面右方的"添加"按钮。如图 3-37 所示。

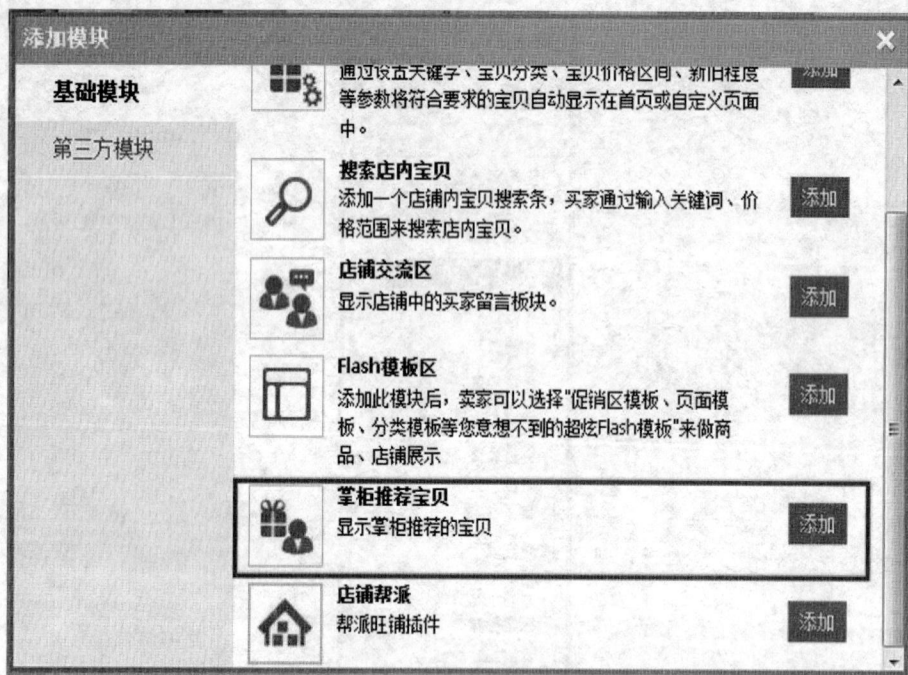

图 3-37 "添加模块"页面

返回装修页面，便能看到店铺内已经添加"掌柜推荐宝贝"模块，如图 3-38 所示。

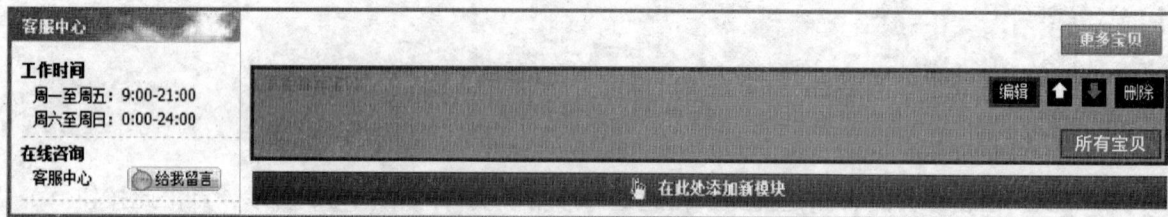

图 3-38 已经添加"掌柜推荐宝贝"模块页面

将鼠标放置到友情链接区域，便可看到三个按钮，分别是"编辑"、"向上、向下"、"删除"按钮。

点击"编辑"按钮，便可对"掌柜推荐宝贝"模块编辑操作。

点击"向上、向下"，便可对"掌柜推荐宝贝"模块所在店铺的位置区域加以调整更改，点击"向上"表示模块向前一位，点击"向下"表示模块后退一位。

点击"删除"则是代表删除"掌柜推荐宝贝"模块（如果删除模块后又想将其添加，则重新按照本教程第二步即可）。

在此步骤，点击"编辑"按钮。

之后会跳转到"我是卖家—店铺管理—掌柜推荐"操作后台，在这里有两部分内容：一个是"推荐宝贝"，一个是"显示设置"，图 3-39 所示的是"推荐宝贝"显示的内容。

掌柜已经上传的宝贝图片都将出现在左列，掌柜只要点击"推荐"按钮（如图 3-39 中小方框所示），即可对上传宝贝进行推荐。

图 3-39 "推荐宝贝"显示的内容页面

点击左列的推荐按钮之后，已推荐的图片会出现在右列，如果掌柜想让已推荐的宝贝不再出现在此区域，还可对宝贝进行"删除"操作，只需点击右列的"删除"按钮即可。如图 3-40 所示。

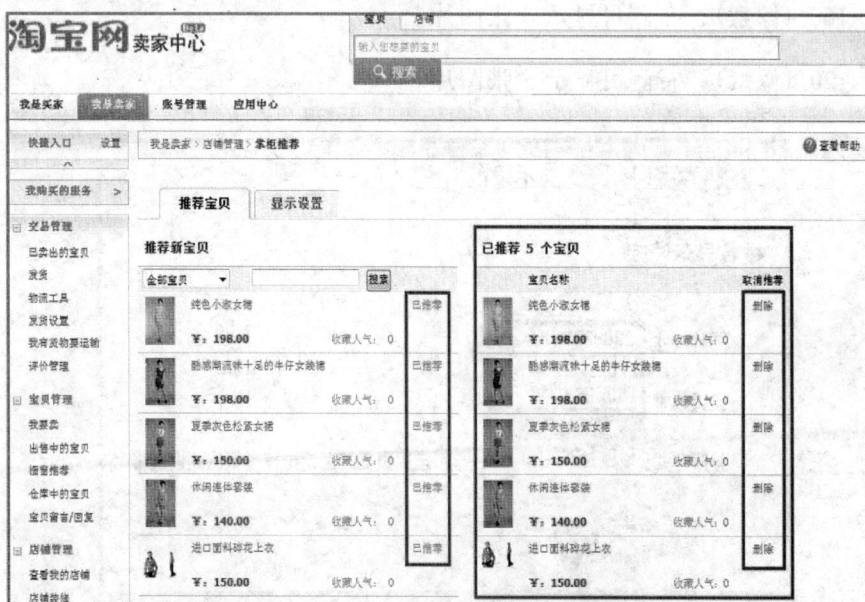

图 3-40 对"已推荐宝贝"进行删除页面

"推荐宝贝"设置完毕之后，点击"显示设置"按钮，将会出现图 3-41 所示页面，卖家可对图片尺寸、宝贝数量、排序方式进行设置（注：店铺里掌柜推荐模块所呈现的样式将根据卖家所设置的内容而定）。

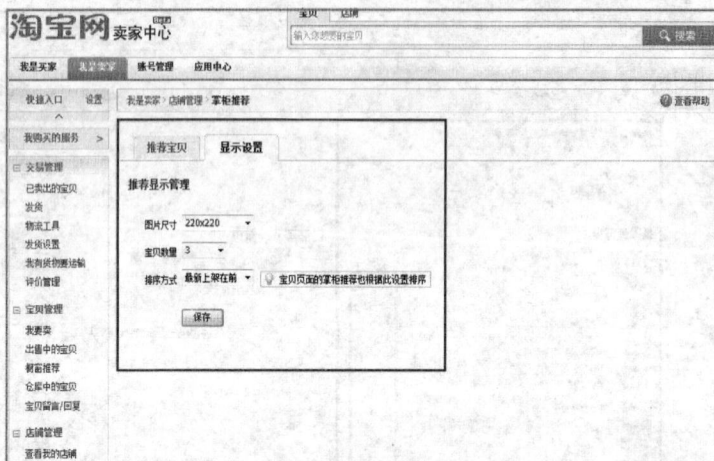

图 3-41 "显示设置"页面

"图片尺寸"有 3 种选择，一般的卖家喜欢将自己的宝贝显示更大一些，常常会选用 220×220（像素），但类似于 ONLY 这样的卖家，产品线长、商品数多，为了避免店铺屏数太长，因此会选择 120×120（像素）来展示宝贝。如图 3-42 所示。

注：图片越大，右侧（宽 750 像素）所展示的图片越少。

选择 220×220（像素），右侧可显示 3 张图片。

选择 160×160（像素），右侧可显示 4 张图片。

选择 120×120（像素），右侧可显示 5 张图片。

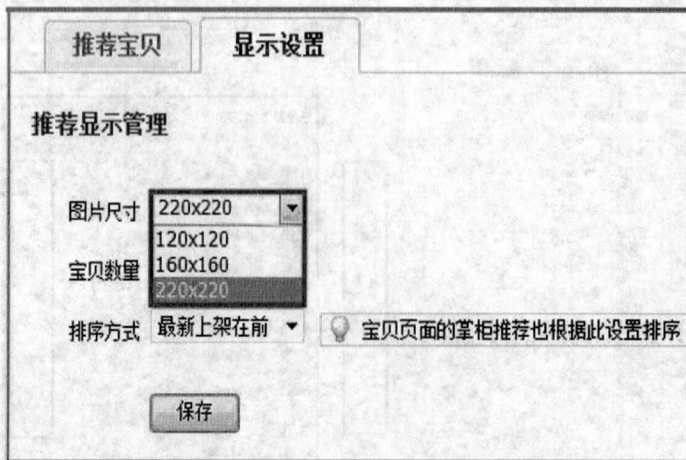

图 3-42 "图片尺寸"的 3 种选择

"宝贝数量"有 6 种限定选择，除此之外，卖家自己也可以进行自定义设置。如图 3-43 所示。

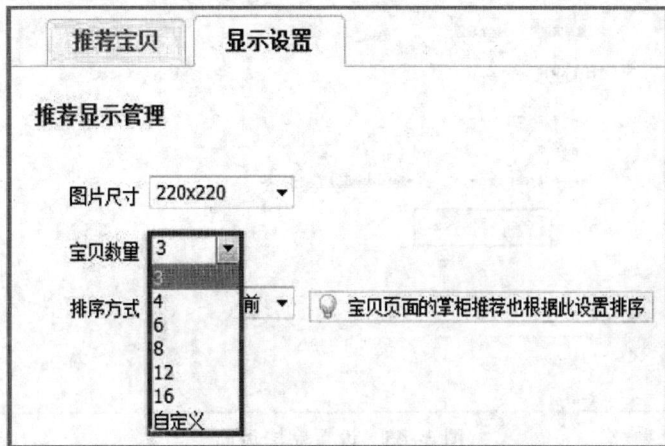

图 3-43　"宝贝数量"的 6 种限定选择

"排序方式"可根据上架时间和价格来设置，卖家可根据自己的需要进行设置。如图 3-44 所示。

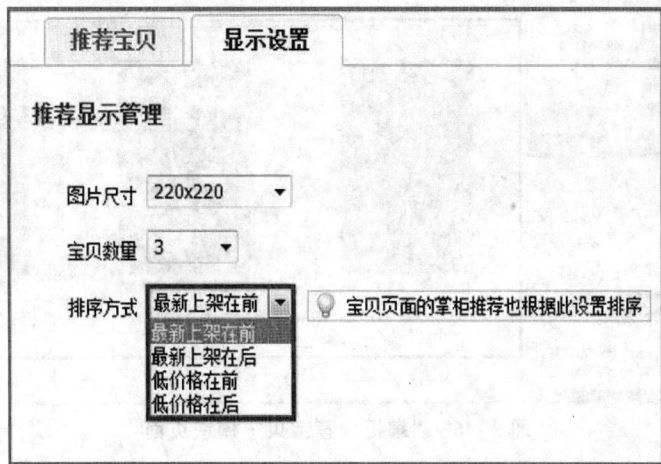

图 3-44　"排序方式"的设置页面

设置完毕之后，点击"保存"按钮，保存设置。

然后再点击左侧的"查看我的店铺"，便可看到"掌柜推荐"模块在页面的展示情况。

除此之外，也可点击"店铺装修"，继续装修操作。如图 3-45 所示。

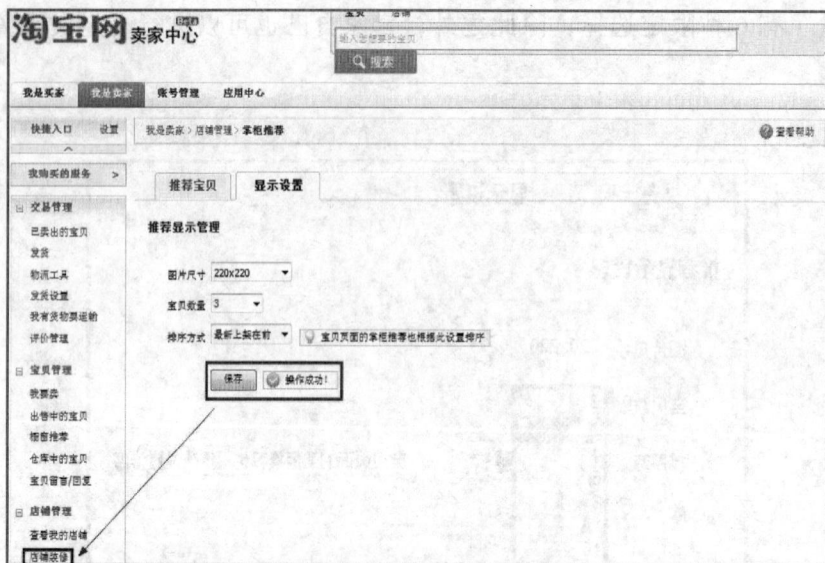

图 3-45 设置完毕页面

大家看到图 3-46 "掌柜推荐宝贝" 模块，图片尺寸选择的是 220×220（像素），宝贝数量选择的是 3 个，排序方式选择的是 "最新上架在前"。

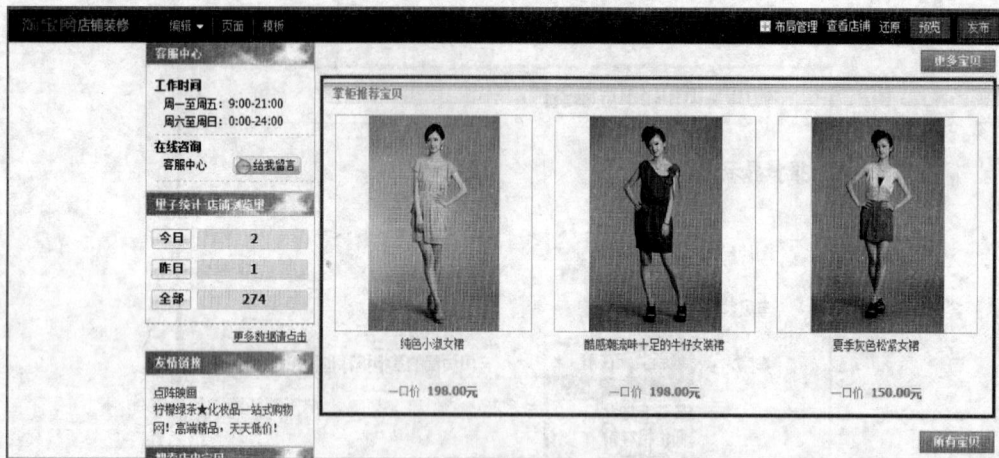

图 3-46 "掌柜推荐宝贝" 模块页面

应用案例

网上开店发布宝贝时关键词设置的技巧

严格地说，关键字应该是关键词，能够清楚表达一个意思的词语，利用网络搜索引擎，搜索某个我们需要寻找的内容之中，最能代表其内容的关键词语，就能出现很多相关主题的信息。所以这个概念大家要弄清楚并深刻地理解。那么，如何建立适合自己的关键词呢？关键词的建立依据有两点：

一是最希望表达的和最希望被大家知道的信息；

二是大家最熟悉并最容易想到的词语，也就是在群众大脑中出现频率最高的词语。

就淘宝站而言，搜索引擎的自定义分类为：搜索宝贝、搜索店铺、搜索掌柜、搜索资讯和搜索网页。作为买家真正习惯使用的其实只有搜索宝贝和搜索店铺。所以关键词主要应该用在店名和出售的宝贝名称上，而关键词代表的是网店的特点和宝贝的主要信息。

案例一　店名：【韩版班班衣坊】　小店销售的是韩版、休闲、职业女装，所以店名里一定有韩版两个字，韩版是小店的卖点之一，韩版的说法有很多，但是"韩版"两个字，是广大民众最熟悉和最先想到的词语，那么"韩版"二字就具备了关键词建立的依据。这样如果希望购买韩版商品的买家搜索店铺名的时候，搜索词语中出现了"韩版"两个字，店铺就出现在买家眼前了。这些买家是主动并且有真实购买韩版商品的意愿的，所以这样才是有效曝光。

案例二　宝贝名：【班班衣坊韩版正品彩条经典款翻领Ｔ恤——蓝领】　这个宝贝的名字中包含了想要表达的主要信息。班班衣坊、韩版、翻领、经典、Ｔ恤都是关键词，在这组宝贝名称中，其实彩条并不是关键词，它只是描述商品的组成部分。在班班衣坊、韩版、翻领、经典、Ｔ恤这些关键词中，班班衣坊代表的是网店，韩版代表的是大类，经典、翻领、Ｔ恤，是大家容易想到而去搜索的词语，这些关键词都是有这类需求的买家最熟悉的词语。所以这个名称也具备了关键词建立的两点依据。这样当我的买家有购买这类宝贝需求的时候，搜索到任何一个关键词都会看到我的宝贝，而这些买家也是主动并且有真实购买商品的意愿的。

思考题：请在网上查阅一类宝贝的名称，说说这些宝贝名称中哪些关键词吸引你的眼球？.

名人名言

无论是企业或个人，都应该专注于自己的领域，并坚持到底。因为人的精力是有限的，企业可利用的资源也是有限的，唯有专注如一，将所有的力量施于一点，才能超越别人，取得持久而非凡的成就。

——李彦宏

任务示范

发布服装产品信息，标题选择分析

标题信息对卖家来说当然很重要，标题是信息内容的核心浓缩，表述清晰并且包含关键信息的标题能让用户更容易掌握产品的具体情况，从而引起买家更多的兴趣。

具体有以下三个方面：

（1）信息标题要包含产品相关的关键字，一个标题只发布一个产品。

（2）信息标题要尽可能地突出产品特点，引起买家兴趣。

（3）信息标题要包含诱惑点，如折扣信息。

优质案例：

供应韩版女装时尚独特低腰百搭牛仔裤 02/03
风格:韩版 款式:靴裤 长度:七分裤 裤腰:低腰 品牌:正品,牛仔裤
颜色:深色 季节:春季、秋季、冬季...
张小玲 [已核实]

[湖南娄底市娄星区]

批发正品瑞丽热卖特价休闲【利落品味连身长牛仔裤】 02/03
风格:韩版 款式:背带裤 长度:长裤 裤腰:中腰 品牌:利落品味连身长
牛仔裤 腰带:无腰带 颜色:灰色,...
王为强 [已核实]

[上海上海市嘉定区]

a. 标题清晰描述商品种类为"牛仔裤"。

b. 标题要有能引起买家兴趣点的产品细节，如"低腰"。

c. 标题包含诱惑点，比如"韩版"、"特价"等。

反面案例：

供应牛仔裤 02/03
品牌:沛权　风格:磨破　款式:直筒裤　长度:长裤　颜色:蓝黑　裤腰:中腰
是否原单:是　是否尾单:否　是…
东莞市大朗沛权服装店 [已核实]

[广东东莞市]

知识拓展

网上开店之宝贝发布忌讳

淘宝开店步骤中，很多新手觉得，宝贝发布就是铺货，有啥难的，随便上传图片就可以。其实，在淘宝的排名中，宝贝图片的样式、标题等都是影响因素，今天就给大家说说宝贝发布的忌讳。

1. 宝贝规格

作为卖家，自己最清楚宝贝有什么样的特性、什么规格。但发布的时候，仅一张漂亮的照片是不能解决问题的。应有宝贝的详细介绍和产品规格，产品颜色有色差怎么办？若是一块玉佩的话，它的长、宽、高各是多少，你都写清楚了吗？（从照片上只能看到形状和颜色，而看不出尺寸的大小）什么材质的呢？有什么功能？若买几件，有没有优惠措施呢？若是数码产品，详细的规格应该写得更清楚，质保时间、质保时邮费如何解决，诸如此类问题都应一一写清楚。

2. 产品照片

网上做生意，能让客户直观地了解产品的方法就是照片了。因此如何拍好照片，让照片更诱人，一直是广大卖家的努力方向。产品照片是为了让买家直观地了解产品而不仅仅为了吸引眼球。因此，照片一定要客观真实，用软件处理的目的要明确，是为了让照片和实物更相符，而不是造假。那样将会带来很多麻烦，如退货、投诉、差评等你想不到的问题。

3. 邮资费用

填写邮资时，一定要适当（当然淘宝有规定），不宜过高，切不可压低宝贝价，而抬高邮资。

4. 发布时间

买家搜索的时候，宝贝的排列顺序是按下架时间排列的，时间越少，宝贝越靠前。因此，宝贝发布的时候就要选择 7 天为周期，并且，每天都要有宝贝发布。还有，因为一天中，淘宝人上线的时间是有规律的，一般中午和晚上较集中，因此，这两个时间是首选。

职业能力训练

一、单选题

1. 在淘宝助理里新建成功的宝贝将会放在（ ）目录中。

A. 库存宝贝 　　　　　　 B. 出售中的宝贝 　　　　　　 C. 宝贝模板

2. 商品的三要素，包括商品名称、商品图片和（ ）。

A. 商品属性 　　　　　　 B. 商品描述 　　　　　　 C. 商品价格

3. 等待违规处理的宝贝全部集中在（ ）。

A. 出售中的宝贝 　　　　　　 B. 橱窗推荐 　　　　　　 C. 仓库里的宝贝

4. 企业（包括商家）对企业的电子商务，即企业与企业之间通过互联网这种电子工具来进行产品、服务及信息的交易属于（ ）电子商务模式。

A. B2B 　　　　　　 B. B2C 　　　　　　 C. C2C

5. 商家要开展电子商务活动，应该用（ ）做主要的生意平台。

A. 电子邮件 　　　　　　 B. 在线商店

C. 电话订购 　　　　　　 D. BBS

6. 使用购物车在同一家店铺购买多件商品，系统会自动（ ）邮费。

A. 买几件商品就计算几次 　　 B. 不计算 　　　　　　 C. 计算 1 次

7. 一个身份证可以授权（ ）个支付宝账户进行关联认证。

A. 1 　　　　　　 B. 5 　　　　　　 C. 2

8. 关于橱窗推荐位规则的描述错误的是 （　　）。

A. 新店主在首次开店的前 1 个月会额外获得 10 个扶持性奖励推荐位

B. 加入消费者保障计划的卖家都可以额外获得 5 个奖励推荐位

C. 根据卖家的信用等级给予相应数量的橱窗推荐位

9. "搭配套餐"可以使一件商品搭配（　　）其他商品来进行捆绑销售。

A.　不限　　　　　　　　B. 不超过 4 件　　　　　　C. 不超过 1 件

10. 实名后发布 （　　）件商品就可以申请免费开店。

A. 8　　　　　　　　　　B. 5　　　　　　　　　　　C. 10

11. 卖家在商品图片上添加店铺的 Logo 是为了 （　　）。

A. 推广和防止盗图　　　　B. 提高整体形象　　　　　C. 体现个性化

12. 商城产品发布后，在 （　　）小时内可以进行修改。

A. 12　　　　　　　　　　B. 24　　　　　　　　　　C. 36

二、多选题

1. 一般商品入库需要详细记录商品的 （　　）。

A. 名称　　　　　　　　　　　　　　B. 货号

C. 数量　　　　　　　　　　　　　　D. 规格

2. 宝贝描述里可以包括 （　　）。

A. 型号规格　　　　　　　　　　　　B. 交易说明

C. 配送说明　　　　　　　　　　　　D. 服务保障

3. 在出售中的宝贝里可以操作的是 （　　）。

A. 宝贝批量下架　　　　　　　　　　B. 宝贝批量设置促销

C. 宝贝批量更改销售属性　　　　　　D. 宝贝批量更改描述

4. 对于首页产品陈列，下列描述不正确的是 （　　）。

A. 适当的留白会使画面分量感十足

B. 服装多使用挂拍进行图片展示

C. 错落有致的陈列方式可以营造空间感和跳跃感

D. 打破一般的排列规律，用大小对比的方式可以让主推产品更突出

5. 在阿里巴巴的平台上遇到困难，可以选择的解决途径是（　　）。

A. 查看网站帮助

B. 给阿里巴巴客服打电话

C. 在社区里发求助帖

D. 用搜索引擎搜答案

三、情景题

小明进一家服装公司没多久，老板让他负责阿里巴巴平台操作，他在发布产品信息时，发现搞来搞去都只有 4 颗星，小明懊恼死了，正在想办法。

1. 这时候小明应该怎样操作，来进行有针对性的改进？

A. 把产品换个类目试试

B. 在产品标题里多放几个关键词

C. 把页面拉到最下面看看阿里巴巴给出的修改建议是什么

D. 看看别人的信息是怎么发的

2. 小明开始重新检查他发布的信息，在产品属性方面哪种情况是正确的？

A. 产品属性填不填无所谓

B. 产品属性只填写带星号的就行

C. 产品属性随便填写就行

D. 列出来的每项产品属性都应该认真填写

3. 小明开始检查他写的产品标题，在产品标题方面哪种情况是正确的？

A. 产品标题里关键词放的越多越好

B. 产品标题里关键词靠右放能提升排名

C. 产品标题里关键词靠左放能提升排名

D. 产品标题里只包含一个关键词能提升相关性

4. 小明开始检查产品信息详细描述，在产品详细描述里哪种情况是正确的？

A. 服装类产品详细描述应该多放产品细节图，如领口、袖子、下摆、背面等

B. 服装类产品详细描述应该多放文字介绍，图少点没关系

C. 详细描述里自己没图片可以用别人的

D. 详细描述图片可以放无数张

5. 小明的信息终于达到了 5 颗星了，接下来每个星期为循环周期，都会重发一次信息，来提升产品信息的新鲜度，请问他这么做对不对？

A. 对

B. 错

观念应用训练

鞋店铺经营及货品组织管理培训

小张新加入了一家网络鞋店铺，上班初始参加了培训，鞋店铺想发展离不开三个步骤：①需要了解自己店铺的经营状态，店铺今天的位置在哪里？②一定要知道自己店铺的发展目标，如果不知道自己的目标，那么所有的学习都没有意义。③只有找到了方向，方法才能派上用场。通过学习，小张知道在货品组织、店铺经营、货品管理方面需要了解以下内容：

一、当前店面的经营状态

（1）上一年销售（数量、金额、单价、货品比例）。

（2）上一季度销售（数量、金额、单价、货品比例）。

（3）上一个月销售（数量、金额、单价、货品比例）。

（4）店铺库存（数量、金额、货品结构、畅滞销货品）。

（5）竞争对手（销售、库存、SKU、USP）。

二、店铺的发展目标

（1）店铺销售增长比例（2011~2015年布鞋行业平均递增速度22%）。

（2）年度销售计划（数量、金额、单价、毛利率）。

（3）年度利润计划。

（4）季度销售任务。

（5）月度销售计划。

三、方法（只为成功找方法，不为失败找理由）

订货前准备：了解当前店面的经营状态和发展目标。

买手货品组织应具备的四个基本能力：

（1）看款不要爱上自己的创意忘了自己在做生意。

（2）组货类别组合（形象款、主销款、大众款、搭配款）。①风格组合（时尚、休闲、大众）。②价格组合（高、中、低）。

（3）下单订货统计分析。

（4）把握货品上市时间。

思考题： 网店如何制订合理的月销售任务计划？

👍 情景模拟训练

80后网店创业的成功个案

1985年出生的毛毛，在大学三年级的时候就利用业余时间开了个网店，产品主要定位在走甜美路线的青春时尚服饰。毕业时，毛毛店里每天都能接到20宗左右的订单，两年时间已经积攒了不少"老客户"。

毕业后，读计算机专业的她还找到了一份在IBM的体面工作，但她心里始终放不下网店。于是她毅然辞职，全身心投入到网店经营中。这位刚毕业的小姑娘请了一名员工专门负责与买家在网上提供咨询服务。

毛毛的目标很明确，她抓住了与供应商开展促销活动的契机，使网店的业务量迅速提升，从2~3个蓝钻突破并占有皇冠地位，如今已经成为"四皇冠"的实力卖家，好评度保持在99%以上。目前，她采用了公司的运营模式，设计、推广、客服、查件、售后、批发以及投诉等岗位都安排专人负责。

毛毛认为，网店涉及方方面面，但核心竞争力还是产品本身。随着行业的逐渐规范及商业化，若产品本身款式、质量等条件过硬，就不用担心卖不出去。为了使自己的产品更有竞争力，80%的产品都是特色商品，是经专门设计好模板后交由厂家生产的。

毛毛特别注重节日、大型促销活动及换季"上新"等环节，她笑言所学的计算机专业使她获益良多，因为她的思维模式比较系统和具逻辑性，对于网店的经营和统筹特别有优势。记得在2012年网站女装Top 100的活动中，毛毛提前一个月就开始进行预热，以一件月销量3000件的衣服为例，原价80元"狠"推五折优惠还包快递。已经买了相同产品的老客户投诉怎么办？毛毛的团队考虑到了这些细节问题，他们还提供了退货服务。毛毛告诉记者，有时候"做生意亏一点没关系，最重要的是网店的总体流量大了好多"，而且许多网购人士有一种购物心理：购物时为了避免浪费邮费，通常会同时选择多件产品。

　　思考题： 成功的网店推广的关键因素有哪些？

👍 思维拓展训练

品牌服饰怎样解决网店与实体店的冲突？

　　如果说直营店的成本因素是制约传统服饰行业涉足电子商务的第一道坎，那么迎面而来的渠道冲突则是更难跨越的另一道坎。

　　网店无地域疆界加上成本优势，势必对各地经销商的管辖权带来冲击。原本条块清晰的地盘被迅速打散分割，随之而来的是对价格的冲击。以"李宁"为例，数以百计的网店怎么纳入"李宁"预期中的价格体系，"李宁"将之分为两部分进行有针对性的"收编"。

　　在 B2C 方面，"李宁"沿用地面渠道与经销商的合作方式，与网上的 B2C 平台签约授权"李宁"的产品销售；而对于 C2C 中的"大 C"，某种意义上也成为一个"小 B"，李宁虽没有与之签订正式的授权协议，但通过供货、产品服务以及培训的优惠条件，将其收归麾下。目前已有 400 余家 C2C 网店纳入了"李宁"的管理体系。消费者登录"李宁"官方商城的授权频道，授权网店名单一目了然，还提供了链接。

　　对于后来被纳入管理的 C2C 而言，前后收益会不会有差别？这一点，"李宁"从网购调查得到支持：价格已不是网购行为的唯一决定因素，店面信誉、是否官方授权以及售后服务保障等也影响了网购行为。在这一前提下，"即使授权店价格贵了 20% 以内，消费者还是会接受"。

　　通过这些尝试，授权 B2C、C2C 网店与地面"李宁"维持在一个相对一致的价格体系内。

　　然而，网店无地面成本的吸引，难免出现代理商拿到"李宁"的服装后在网上销售的情况。

其实，在李宁电子商务部成立之初，这一问题就成了部门员工的重要议题。怎么解决？目前还没有找到更好的方法。"其实任何一个品牌的渠道管理，要说百分百没有人违规的理想状态是不存在的。"

思考题： 购买品牌服饰时，你倾向于在实体店购买还是在网店购买，请说明原因。

任务8　网店商品管理

任务目标

通过本次任务了解网店商品管理的含义，熟悉店铺商品管理技巧，掌握商品分类、描述、信息上传方法和技巧。

项目任务书

任务名称	网店商品管理	任务编号		时间要求	
要求	1. 对上传的宝贝进行分类以方便买家浏览 2. 修改宝贝信息，宝贝进行恰当描述——更新商品迎合买家心理 3. 提高团队合作能力，提高网上商品管理专业技能				
重点培养的能力	资料查找能力、资料分析能力、团队合作能力、写作能力、沟通能力				
涉及知识					
教学地点	教室、机房	参考资料			
教学设备	投影设备、投影幕布、能上网的电脑				

训练内容

1. 听教师讲解案例及相关知识（时间约　　分钟）
2. 制订工作计划，了解团队要做什么，要达到什么目的（时间约　　分钟）；组长进行分工安排，每个人在自己的项目任务书相应栏进行记录（时间为　　分钟），组员开始行动
3. 进行宝贝描述、宝贝分类设置(时间约　　分钟)，分析讨论（时间约　　分钟）；得出结论；撰写分析报告（填写任务产出表）（时间约　　分钟）
4. 设置恰当的宝贝配送方式（时间约　　分钟），分析讨论（时间约　　分钟）；得出结论；撰写分析报告（填写任务产出表）（时间约　　分钟）

训练要求

在完成任务的过程中能自主学习并掌握网店商品管理、商品分类、信息上传等有关知识；能够在规定的时间内完成相关的资料查找、整理、分析任务；能够在规定的时间内，撰写出分析报告；团队制订了工作方案，工作有成效（能够进行很好的时间管理），团队合作较好

成果要求及评价标准

成果要求：需提交下列书面文件。
  1. 本项目组成员的分工情况
  2. 本项目组提交网上商品分类设置流程，总结网上商品管理的主要内容
评价标准：
  1. 提交正确网上商品分类设置流程图，准确列出网上商品管理的主要内容，分析报告质量优
  2. 能提交网上商品分类设置流程图并列出大部分商品管理内容，分析报告质量良
  3. 分析报告合理但不准确、不完整，有少量错误，分析报告质量合格。
  4. 设置方法和流程不正确，没有列出网上商品管理内容，分析报告质量不合格
符合上述标准1，成绩为优秀，可得90~100分；符合标准2，成绩为良好，可得70~80分；符合标准3，成绩及格，可得60~70分；符合标准4，成绩为不及格，得分60分以下；介于这几种标准之间的，可酌情增减分

任务产出一	成员姓名与分工	成员	学号	分工
		组长		
		成员1		
		成员2		

续表

任务产出一	成员姓名与分工	成员	学 号	分 工
		成员3		
		成员4		
		成员5		
		成员6		
任务产出二	通过讨论，分析网店商品管理和传统店铺商品管理有何区别			
项目组评价			总分	
教师评价				

引导案例(情景导入)

服装网店如何设置商品分类

服装网店商品琳琅满目，商品进行分类管理尤为重要，网店商品类目管理有两方面：一方面是录入商品时的类目，这是由开店平台提供的。另一方面是在网店装修时的商品类目，这是卖家根据商品的特点自行设置的。这两个类目无论哪个做得不好，都会影响商品的销售。那么，该如何设置商品类目呢？

首先，在录入商品时，如何选择正确的类目：

如果产品类目选择不正确，客户就无法搜索你的产品信息，所以如何选择准确的类目显得非常重要。

（1）根据自己的行业经验进行选择，先选择大行业类目，再选择二级类目，最后选择最次级类目。例如，南极人保暖内衣，它所在的类目应该是"女士内衣/男士内衣/家居服–>保暖衣–>南极人"。

（2）一些不常见的生僻产品需要到网站首页，在搜索框中输入产品名称进行搜索，然后查看同行所使用的类目，作为参考。

前文提到，宝贝分类的设置在网店装修中是重点工作。同样的商品可以按照不同的规则设置不同的分类。

（1）宝贝分类设置尽量与网站提供的类目相符，如果经营的产品有男装、女装和童装，那么，就要按照男装、女装和童装来分类。

（2）如果产品品种多，还可以按照服装的款式来设置二级分类。如"童装->男童装"、"童装->女童装"。

（3）为了方便顾客查找，还可以将产品按照颜色、花色等分类。如"连衣裙->粉色"、"连衣裙->印花"等。

（4）尽量为商品多提供一些入口。例如，一条粉色V领连衣裙可以放在多个分类下。如"女装->连衣裙"、"女装->粉色"、"连衣裙->V领"。这样，买家在寻找不同样式的服装时都会看到这件连衣裙。

思考题：服装网店商品管理还包括哪些方面？

知识链接

一、发布店铺公告——重要信息、最新通知

位于普通店铺首页的右上角，店主可以随时发布滚动的文字信息，也可以通过网页代码发布图文配合的公告信息，让公告栏更清晰、美观，并且可以加入动画让效果更醒目。这是宣传推广最新发布的新产品、公告店铺最新促销信息、发布重要通知的好方法。

（1）点击右侧"管理我的店铺"。如图3-47所示。

图3-47　点击"管理我的店铺"页面

（2）在"店铺公告"上点击"编辑"按钮。如图3-48所示。

155

图 3-48　点击"编辑"页面

（3）跳出"店铺公告设置"窗口，这里写入店铺公告文字、最新商品发布信息，发布后都是滚动文字的样式；可以像 Word 软件一样自由编辑，非常简单方便，字体、字号、颜色、对齐都可以编辑。如图 3-49 所示。

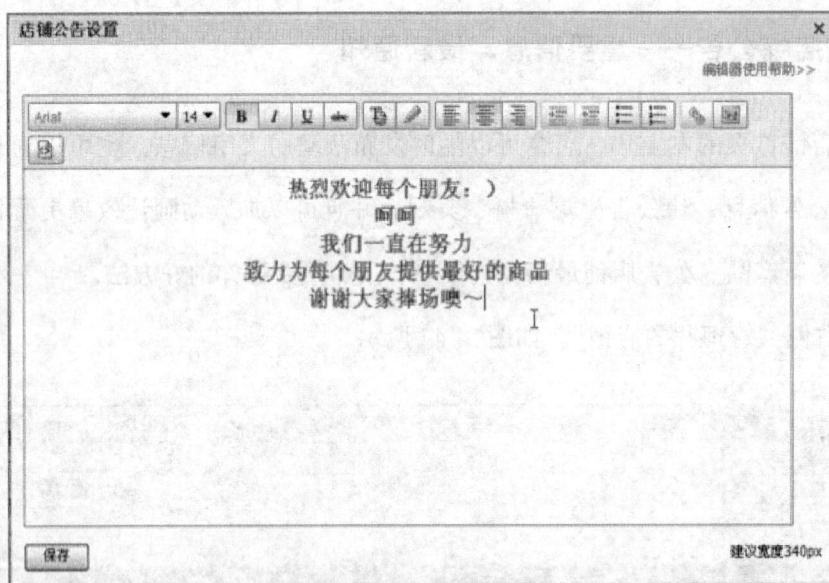

图 3-49　"店铺公告设置"页面

（4）可以插入图片。方法很简单，打开一个网页，在你想调用的图片上点击鼠标右键，选择复制。如图 3-50 所示。

图 3-50 复制图片页面

（5）返回"店铺公告设置"窗口中，再次点击右键"粘贴"，即可将挑选的图片拷贝到公告区了。如图 3-51 所示。

图 3-51 "粘贴"图片页面

（6）点击"查看我的店铺"。如图 3-52 所示。

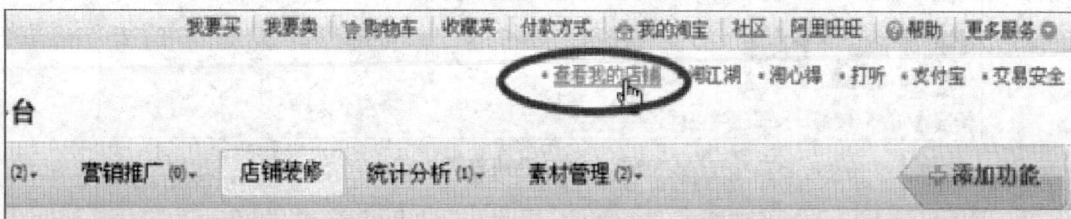

图 3-52 "查看我的店铺"页面

（7）在首页右侧上方就可以看到从下向上滚动的公告了，当然还有漂亮的图片。如图 3-53 所示。

图 3-53　店铺页面

通过以上步骤，就掌握了如何发布店铺公告文字和图片的方法，文字很简单，可以随意发挥，第（4）步所需的图片可以从网上找到，可以到百度或者 Google 上搜索图片，输入关键词"网店装修素材"、"网店装饰素材"、"网店装修图片"，可以找到很多漂亮的图片，按照上面的方法就可以挑选放到公告里面。

二、设置宝贝描述

宝贝描述模板出现在宝贝详情里，在首页上看不到，但是打开每个产品后都会呈现，因此是非常重要的。顾客要决定购买一定会详细查看宝贝的展示和描述，如何做到赏心悦目并且简洁明了，有一款好的宝贝描述模板相当重要。

设置宝贝描述方法很简单，下面来看看操作步骤：

（1）登录店铺首页，选择顶部的"我要卖"。如图 3-54 所示。

图 3-54　店铺首页

（2）选择宝贝发布方式，这里选"一口价"。如图 3-55 所示。

图 3-55　选择"一口价"

（3）设定好对应产品类目后，点击"好了，去发布宝贝"。如图 3-56 所示。

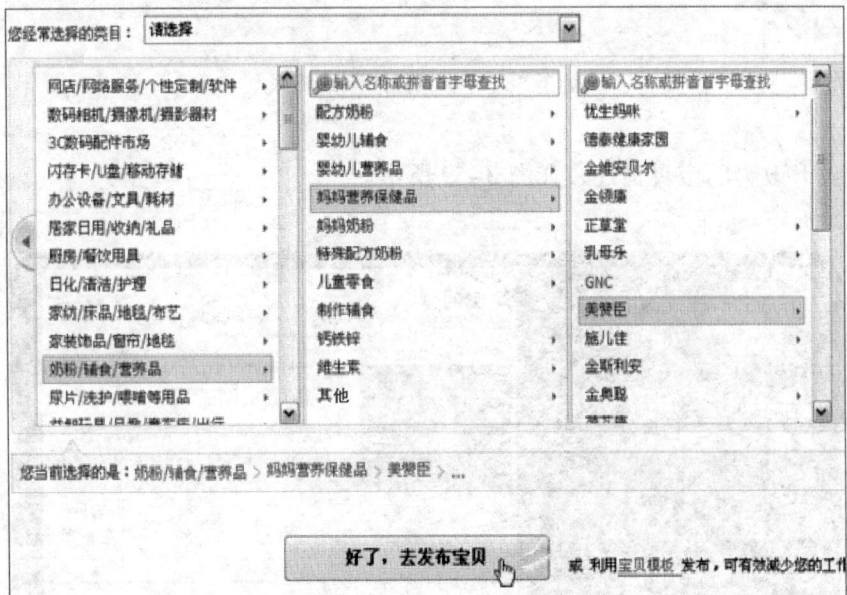

图 3-56　设定对应产品类目

（4）填写宝贝的基本信息。如图 3-57 所示。

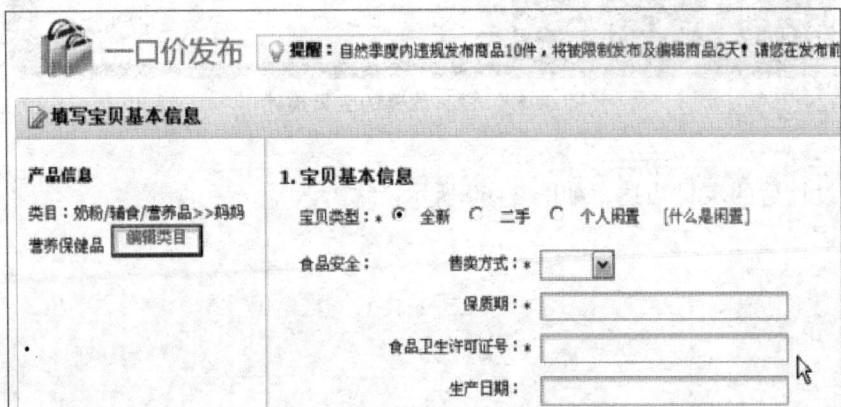

图 3-57　填写宝贝基本信息

159

（5）页面中可以看到"宝贝描述"的编辑区，编辑器很像 Word 软件，可以很方便地输入文字、插入图片，当然也能到"编辑源文件"模式把宝贝模板的"装修代码"拷贝进去直接使用，不过这种描述代码往往是要从设计师手里购买的。如图 3-58 所示。

图 3-58 "宝贝描述"编辑区

先看一个没有改善的宝贝描述，如图 3-59 所示。

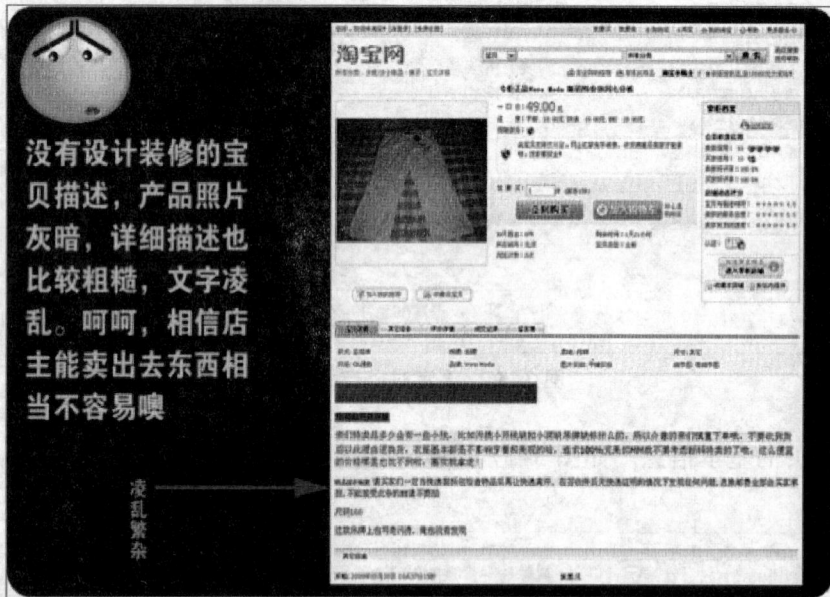

图 3-59 没有改善的宝贝描述

再看精心设计后的宝贝描述，如图 3-60 所示。

图 3-60　设计后的宝贝描述

通过上面的比较，可以看到宝贝描述就像现实中的商品展示台，好的宝贝描述模板能够通过合理的布局构图，添加适当的图片装饰，构筑一个清晰漂亮的购物平台，尤其通过一些常用的栏目分类，如买家必读、邮费说明、详情描述等分门别类地清晰展示和说明产品。

"人靠衣装马靠鞍"，产品宣传同样也要讲究"包装"，好的宝贝描述模板往往会让产品增色不少，并且把固定出现的一些栏目都能井井有条地一一呈现，同时会不断出现店铺名称和形象，让顾客记忆深刻，营造良好的购物展示环境同时也宣传了店铺。

三、宝贝描述技巧

引人的宝贝描述都是内容特别详细、图片特别清晰、文字特别煽情。其实最重要的是要把产品的信息尽量描述详细，另外还需注意以下几个方面的问题：

1. 让顾客先了解宝贝的基本情况

主要包括宝贝的材料、宝贝的产地、宝贝的售后服务、生产宝贝的厂家、宝贝的性能等信息，把相对于同类产品的优势和特色的宝贝信息一定要详细地描述出来，这本身也是产品的卖点。注意：文字要简洁有力，不啰唆；表格图片要权威，数据要准确，不能有"大部分"、"好像"这样的词，要精准用具体的数字来表达。

2. 店主的承诺，增加顾客的信任度

在这里，大家都可以看见的形式就是厂家授权书、保证正品、支持专柜认证、假一赔多少，还有就是加了消保的也可以在这里表现出来，特别是商城卖家！可以附上全国防伪电话、宝贝的月销售量，高的销售量可以增加顾客的信任度。

3. 用活动来吸引顾客购买

一些买家犹豫不决，不能立即做出购买决定。成交是销售的最后一个步骤，也是销售的关键所在。为什么要马上购买呢？你要告诉他原因，具体手段包括：①"秒杀"。时间很短几乎是被迫成交，这招最奏效。②限时打折。最好是做一个阶梯价格，时间越往后会越贵，最终达到正常价格。③其他。包括搭配多少可以优惠、满就送、包邮等。

4. 宝贝的具体图片介绍

图片一定要拍实物，要看着真实、看得清楚，要把所有的信息用图片再介绍一次！另外图片越多越好，把每个细节都用照片表现出来。

5. 自问自答

把顾客可能会问的问题，自己问出来再自己回答，最好用专业的词语回答，但是不要太术语化，要让人听得懂，可以再次承诺，最后的再次无风险承诺可能使买家下决心购买。

6. 与宝贝相关的生活故事

严格来说这不是宝贝描述的范围，但是一个和宝贝相关的感人故事很容易打动消费者。

四、商品的分类方法

1. 按种类分类

就是把所有牌子的同类东西挑出来放在同一个类目。如把所有牌子的各种裙子集合在一起，组成一个类目叫"精选女裙荟萃"，是想买裙子的网友，直接进入这个类目挑选即可。衬衫也可以分类，类目叫"美女们最喜欢的衬衫"等，这些方式一定能得到网友的瞩目。

2. 按样式分类

如果同一个牌子的产品特别多，可以按产品的效果和功能分。如店里的某个牌子的女装样式有很多种，可以把它们分成几个系列，如日韩系列、欧版系列等。网友一进店里，就可以根据自己想要的效果选择分类，大大节省了时间。

3. 按用途分类

衣服可分为内衣和外衣两大类。内衣紧贴人体，起护体、保暖、修形的作用；外衣则由于穿着场所不同用途各异，品种类别很多，可分为社交服、日常服、职业服、运动服、室内服、舞台服等。如果把产品按这样的系列分类，顾客就可以很方便地挑选自己熟悉或者喜爱的系列了。

4. 按品牌分类

这是大家最常用的方法，就是把店里的产品按品牌分类，如 ONLY、VERY MODA 等，前来购物的顾客可以根据品牌分类选择自己钟爱的商品。

五、宝贝分类设置

（1）进入"宝贝分类管理"。如图 3-61 所示。

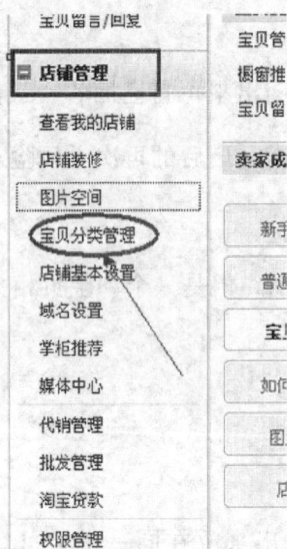

图 3-61 "宝贝分类管理"页面

（2）选择"编辑分类"，添加分类，然后保存（分类有很多方法的先分大类，大类下面需要再添加子分类的，可以根据自己的情况确定），如图 3-62 所示。

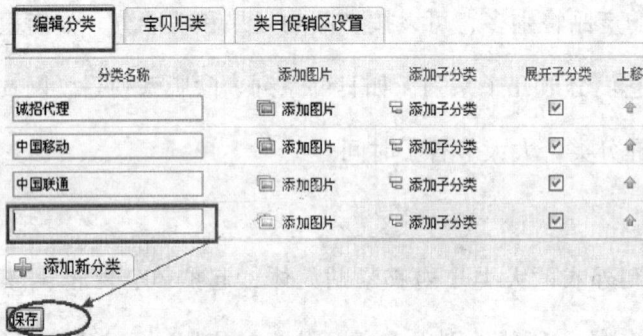

图 3-62 "编辑分类"页面

（3）在分类名称的后面添加淘宝图片空间的图片地址，然后保存，并可编辑图片。如图 3-63、图 3-64 所示。

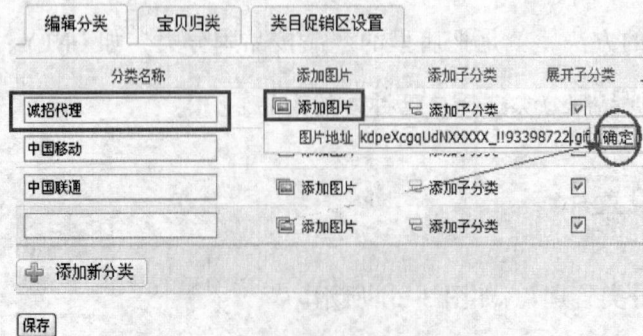

图 3-63 "添加图片"页面

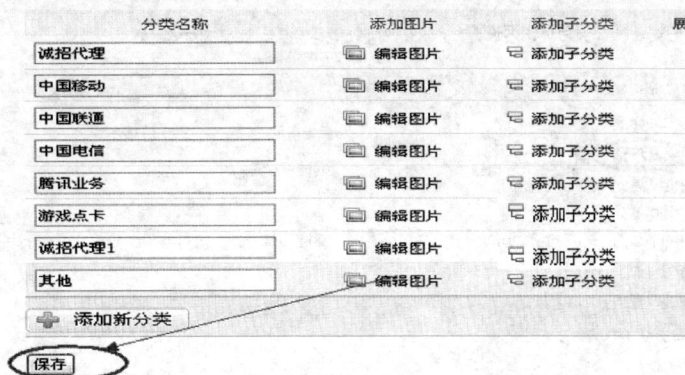

图 3-64 "编辑图片"页面

（4）进行宝贝归类，把宝贝归类界面的"选择分类"栏下拉，找到"未分类宝贝"，会出现所有没有归类的宝贝，然后搜索要分类宝贝的关键字。如图 3-65、图 3-66 所示。

图 3-65 "宝贝归类"页面

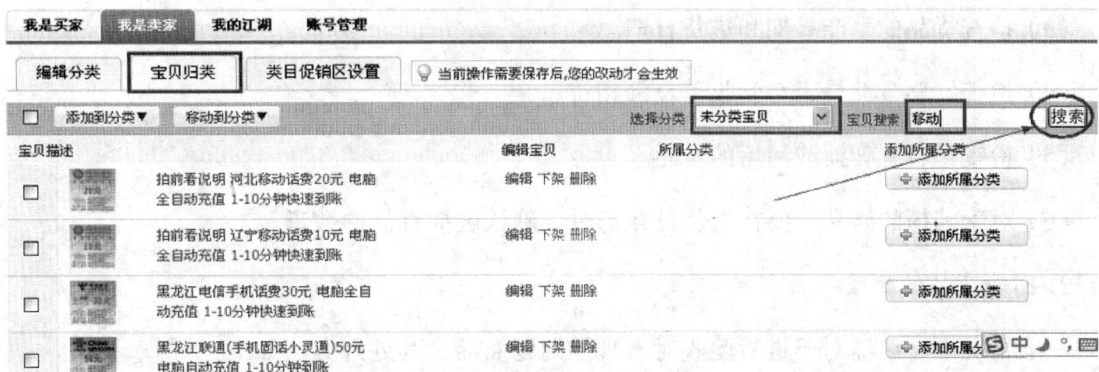

图 3-66 宝贝归类搜索

（5）然后勾选所选的宝贝移动到要分类的类目，然后点击"确定"保存。如图 3-67 所示。

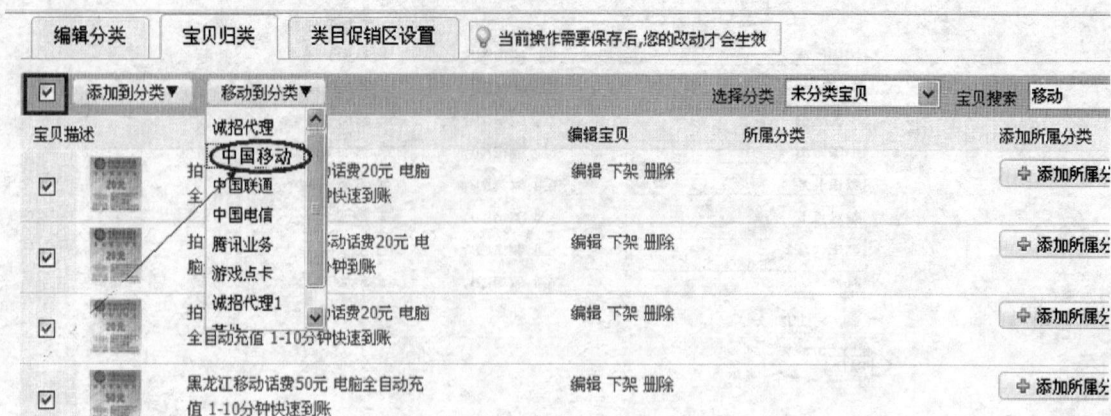

图 3-67 宝贝归类

六、商品管理

(一) 进货验收

当公司或供货商按店铺下达的订单将货物送到店铺时，店铺应根据订单内容、公司或供货商的送货单进行商品验收，以保证货品质量，避免与公司或供货商出现数量、价格等方面的纠纷。

1. 验收内容

(1) 检查货品名称和规格、大小是否与订货单、送货单相符。

(2) 检查收到货品的数量是否与订货单、送货单相符。

(3) 检查货品的生产日期和进货日期。

(4) 检查发票金额是否与验收单金额相符。

(5) 检查是否有破损或污垢的货品。

(6) 对于破损的商品，要在送货员在场时，确认破损货品的数量。

2. 问题商品的处理

一般情况下，店铺对于进货验收时发现的问题商品，其处理方法如下：

(1) 对于发票金额与订货单或送货单金额不符的，应予以拒收。

(2) 对于有破损或污垢的货品，应当场退还送货员。

(3) 对于商品名称与规格不符的，应当场退还送货员。

(4) 对于验收的商品数量与订货单不符的，超过订货数量的，应退还送货员；数量不足的，要在货品不足的账目里予以记录，并由送货员和验收人员同时签章确认；日后补送不足的货品时，要加以确认。

（5）对于货品有破损时，要按照破损数量，全部给予退货。

（6）对于无生产日期、无生产厂家或不符合国家有关法规规定的商品，应坚决予以拒收。

（二）退换货的处理

退换货是店铺根据检查、验收的结果，对不符合要求的货品采取退货或换货行为的业务活动。退换货业务可与进货业务相配合，利用进货回程顺便将退换货带回。

在退换货时，应注意以下事项：

（1）确认供应商，即先查明待退换货品所属的供应商或送货单位。

（2）填写退货申请单，注明数量、品名及退货原因。

（3）退换货品在退换前应注意保存。

（4）及时联络供应商或送货单位办理退换货。

（5）退货时应确认扣款方式、时间和金额。

应用案例

网店商品定价有讲究

网货之所以兴起，与它的低价有很大关系。现在大家进货的渠道都差不多，已经没有价格优势，因此在这种形势下，定价策略就很重要了，合适的定价可以使网店的订单量更多。

一、同价销售术

英国有一家小店，起初生意很不景气。一天，店主灵机一动，想出一招：只要顾客出1英镑，便可在店内任选一件商品（店内商品都是同一价格的）。尽管一些商品的价格略高于市价，但仍招徕了大批顾客，销售额比周边几家百货公司都高。在国外，比较流行的同价销售术还有分柜同价销售，如有的小商店开设1分钱商品专柜、1元钱商品专柜，而一些大商店则开设了10元、50元、100元商品专柜。

二、特高价法

独一无二的产品才能卖出独一无二的价格。

特高价法即在新商品开始投放市场时，把价格定得大大高于成本，使企业在短期内能获得大量盈利，以后再根据市场形势的变化调整价格。

三、低价法

"便宜无好货，好货不便宜。"这是千百年的经验之谈，你要做的事就是消除这种成见。

这种策略先将产品的价格定得尽可能低一些，使新产品迅速被消费者接受，优先在市场取得领先地位。由于利润过低，能有效地排斥竞争对手，使自己长期占领市场。这是一种长久的战略，适合资金雄厚的大企业。

在应用低价格方法时应注意：①高档商品慎用。②对追求高消费的消费者慎用。

四、安全法

价值10元的东西，以20元卖出，表面上是赚了，却可能赔掉了一个顾客。

对于一般商品来说，价格定得过高，不利于打开市场；价格定得太低，则可能出现亏损。因此，最稳妥、最可靠的是将商品的价格定得比较适中，消费者有能力购买，推销商也便于推销。

五、非整数法

差之毫厘，失之千里。

把商品零售价格定成带有零头的非整数的做法，销售专家们称为"非整数价格"。这是一种极能激发消费者购买欲望的价格。这种策略的出发点是：消费者在心理上总是存在零头价格比整数价格低的感觉。

一年夏天，一家日用杂品店进了一批货，以每件1元的价格销售，购买者并不踊跃。无奈商店只好决定降价，但考虑到进货成本，只降了2分钱，价格变成9角8分。想不到就是这2分钱之差竟使局面陡变，买者络绎不绝，货物很快销售一空。售货员欣喜之余，慨叹一声："只差2分钱呀。"

实践证明，"非整数价格法"确实能够激发出消费者良好的心理呼应，获得明显的经营效果。因为非整数价格虽与整数价格相近，但它给予消费者的心理信息是不一样的。

思考题：购买商品时价格是你首先考虑的因素吗？除此之外，你还注重商品的哪些特征？

名人名言

全世界成长最快的电脑公司说：互联网的力量就是每个人都可直接做生意。

——戴尔公司总裁麦克·戴尔

任务示范

服装网店快递包装方式分析

一个高质量的包裹应该符合以下特点：①成本低；②结实防水；③重量轻；④美观；⑤包装快捷。

小草是卖鞋的，包装就用鞋自带的盒子，这个基本比较省心。用胶带缠一圈，再用个漂亮塑料袋包起，用胶带缠紧就 OK 了。以上五点基本符合，只是略微慢点，包装一个耗时两三分钟。但很多卖家出售的宝贝是不带包装盒的，怎么办呢？

（1）买包装盒。小草不推荐买邮政专用的盒子，就算是在网上买来的折价盒子，也是不便宜。而且邮政专用箱重量也大，盒盖子都出奇的长（为了加大包裹的重量，真是狡猾）。所以推荐自己收购盒子，电子城是非常好的地方，尤其是显卡、声卡、音箱、MP3 之类的盒子，非常适合作为包装。

（2）软包。一些不怕压的东西，像普通的衣服，就没必要用盒子了。如果是平邮，淘宝网最好在塑料袋外面用布包简单缝上，再用胶带缠紧（外表光滑圆润的包裹不容易被损坏），当然这样做会比较耽误时间，视具体情况而定。至于包裹布，一般可以到服装加工厂、布料批发商和大的服装批发商那里去找，它们进布料的时候大多会用这个布包装。

（3）软硬结合包。就是里面用盒，外面再包一层包裹布或带泡泡的塑料布。缺点是太费时间，优点是不可能因破损而伤到货物。在贵重的宝贝或者多件盒装宝贝捆绑在一起而怕散开时使用。

知识拓展

产品搜索排序规则

1. 相关性

相关性的含义是用户输入的关键词与搜索返回的产品搜索结果的匹配程度。例如，当用户输入一个关键词，如"连衣裙"的时候，返回的产品中会包含"连衣裙"这个关键词，这就是相关性的原始含义。相关性在排序中是最重要的也是最基础的因素，产品信息和用户输入的关键词匹配，是排名靠前的基础。相关性好，排名有可能靠前；相关性不好，则排名一定不会靠前。

目前，相关性主要与以下几个方面相关：

（1）产品标题。产品标题是衡量产品与用户所搜关键词是否相关最重要的内容之一，标题的填写尽量规范化，不要堆砌多个产品词，即不要在标题里填写不相关的内容。建议一个产品标题只包含1~2个相关的产品名称。当然也可在标题里加入一些促销内容，吸引用户眼球。

（2）产品类目。产品类目是指发布的产品信息归类要准确，如果类目填写错误，或者类目随意乱填，则会导致相关性低，排名靠后。因此，强烈建议为每条产品信息选择合适的类目。

（3）产品属性。目前，产品属性在产品信息的相关性上也有很重要的作用，建议如实填写产品属性，并尽可能地填写完整。如果被系统识别有问题，也会降低产品的相关性。

2. 交易因素

交易因素指产品的历史在线交易记录在搜索排序中会得到体现，在线交易记录是指在阿里巴巴中国站通过支付宝交易的记录，不包括网上银行交易和现金交易。拥有线上交易记录的产品信息，在同等条件下将得到搜索排名靠前，获得更多曝光机会。目前是通过交易模型排序，用几十个交易特征来计算出一个综合的交易权重，并把这个权重引入具体的排名中。这些特征中，最重要的特征是交易笔数、交易人数、回头客、交易转化率、好评率等。

3. 信息质量

信息质量是指产品信息的质量情况，关于产品属性完整度方面的信息包括信息完整度、描述是否清楚、图片是否清晰等。

4. 公司因素

公司因素是一个统称，主要包括诚信与保障、公司交易、橱窗、金牌供应商等。

5. 点击转化率

搜索的点击转化率，指一条产品信息在产品搜索中得到曝光的机会越多，那么被买家点击的机会也应该越多。如果曝光很多，但没多少人点击，那么你的产品排到前面，肯定是有问题的。所以，标题描述清楚、图片主体明确、图片清晰是能够吸引买家眼球和增加点击率的。

6. 服务质量

服务质量是指卖家在售前咨询，售中、售后服务阶段所提供的服务，能否符合买家的需求。目前，阿里旺旺是否保持在线并及时回复用户咨询是考量服务质量的重要部分。

7. 个性化

目前在搜索中逐步加入了个性化的因素，目前的个性化主要是聚类分层，即对部分行为表现类似或偏好相同的买家聚成一类，然后对这类人在使用搜索时，给予更加符合他们偏好或者需求的供应商的产品信息。个性化目前还处于探索阶段，面向的用户群体量还比较小，今后排序会逐步加大对个性化的投入，在排序上挖掘更多的个性化特征。

8. 反作弊

反作弊是针对搜索规则之外一些不合理的行为进行识别，然后在排序中予以惩罚。保证市场的公平公正，让诚信经营的卖家权益得到有效保障。

目前搜索反作弊主要包括以下几个方面：交易反作弊、点击反作弊、堆砌反作弊、类目反作弊、价格反作弊、信息除重等。

职业能力训练

一、单选题

1. 如果买家拍下商品后没有及时付款，系统将在（　　）天以后自动关闭交易。

A. 7 　　　　　　　　　　　B. 5 　　　　　　　　　　　C. 3

2. "中评"或"差评"在评价后（　　）天以内可以由评价方自行修改或删除，一个评价有（　　）次修改和删除机会。

A. 30，1 　　　　　　　　　B. 15，2 　　　　　　　　　C. 7，1

3. 交易结束后，一方做出了好评，如果有效评价期内另一方未做出好评，则（　　）。

A. 系统默认为中评 　　　　　　　B. 系统默认为好评

C. 系统将取消这次交易所有评价 　　D. 系统不做出任何评价

4. 一件粉色乔其纱无袖衫用一口价和拍卖方各发布了一次，会被淘宝判定（　　）违规行为。

A. 发布广告商品 　　　　　B. 信用炒作 　　　　　C. 重复铺货

5. 卖家确认退款输入的密码是（　　）。

A. 淘宝会员登录密码 　　　B. 支付宝支付密码 　　　C. 支付宝登录密码

6. 关于橱窗推荐位规则的描述错误的是（　　）。

A. 根据卖家的信用等级给予相应数量的橱窗推荐位

B. 新店主在首次开店的前 1 个月会额外获得 10 个扶持性奖励推荐位

C. 加入消费者保障计划的卖家都可以额外获得 5 个奖励推荐位

7. 淘宝的每一家店铺有（　　）个友情链接位。

A. 10 　　　　　　　　　　B. 35 　　　　　　　　　　C. 不限

8. 买家已付款后在交易生成的（　　）小时后可以提出退款申请。

A. 立即 　　　　　　　　　B. 1 　　　　　　　　　　C. 24

9. 淘宝的在线支付工具是（　　）。

A. 财付通 　　　　　　　　B. 支付宝 　　　　　　　　C. 百付宝

10. 在同一家店铺购物，使用购物车购买商品（　　）。

A. 付 1 次邮费　　　　　　B. 买几件商品就付几次　　　C. 不付邮费

11. 如果有多张抵价券，在购买时每件商品最多可以使用（　　）张。

A. 1　　　　　　　　　B. 5　　　　　　　　　C. 不限

12. 关于编写货号的描述，正确的是（　　）。

A. 编写货号最简单的编号方法是"商品属性+序列数"

B. 品牌商品，厂家一般都有标准的货号，我们不能另编货号

C. 服装类商品因为款式繁多，所以编写的货号越复杂越好

13. 旺铺设置中，可以利用自定义页面功能，自由设计的项目是（　　）。

A. 可插入商品视频　　　　　　B. 可链接外网商品

C. 可利用店内商品做促销页面

14. 针对卖家的最典型、最常见的骗局是（　　）。

A. 银行诈骗　　　　　　　　B. 低价陷阱诈骗

C. 大额订单诈骗　　　　　　D. 数码诈骗

15. （　　）是淘宝网工作人员的特定称呼。

A. 帮主　　　　　　　　　　B. 掌门

C. 护法　　　　　　　　　　D. 店小二

二、多选题

1. 如果要投诉对方侵犯自己的知识产权，符合的投诉受理条件包括（　　）。

A. 名誉权侵权　　　　　　　B. 商标权侵权

C. 专利权侵权　　　　　　　D. 著作权侵权投诉

2. 公司介绍中可以尽量包含（　　）。

A. 公司的基本介绍　　　　　B. 公司形象

C. 公司文化　　　　　　　　D. 公司优势

3. 关于运费模板的描述，正确的是（　　）。

A. 运费模板可以运用在所有宝贝里

B. 运费模板只可以用在一部分宝贝里

C. 运费模板一旦设置好就不可以更改，只能删除

D. 仓库里的宝贝不能使用运费模板

4. 一般商品入库需要详细记录商品的（　　）。

A. 名称 　　　　　　　　　　　　B. 货号

C. 数量 　　　　　　　　　　　　D. 规格

5. 货物包装时应该注意的重点有（　　）。

A. 避重就轻 　　　　　　　　　　B. 严丝合缝

C. 原封不动 　　　　　　　　　　D. 表里如一

6. 快递发货的好处有（　　）。

A. 上门收件 　　　　　　　　　　B. 上门送件

C. 网上查询进程 　　　　　　　　D. 价格最低

三、简答题

网店商品管理的主要内容有哪些？

观念应用训练

如何做好网站运营管理？

想把网店开好，首先必须认识到网店的管理工作是琐碎而繁杂的，要知道每天要面对什么工作，要对即将投入的事业有一个比较全面的认识。

说到店铺管理首先要明确管理的内容，也就是需要管理的资产，包括"有形资产"和"无形资产"。有形资产包括电脑设备、商品、店铺以及资金等；无形资产包括店主的信用、店铺形象及品牌和原创帖等。

网店管理是一个系统工程，是一项具有持续性、连贯性和整体性的工作，对于人手有限的网店来说，提高工作能力和效率显得尤为重要，而掌握一定的管理方法有助于提高工作效率，按管理的范围和内容可以把管理工作归纳为七部分。

1. 管理员

　　管理员的工作量最大，也最繁杂，每天除了要回答顾客的提问、管理商品的上架和下架外，还要根据不同的交易状态对售出的商品分别进行管理；制定商品的促销方案，思考店铺经营的策略。如果要细分的话，这部分工作还包括接待员、推销员及宣传员的工作。除了要进行日常的店铺管理以外，还要利用休息时间到论坛发帖、回帖并做好网店间接的宣传推广工作，发挥各种潜能，寻找一切能让顾客记住店主、商品和店铺的机会。

2. 研究员

　　在经营的过程中要随时去了解市场、分析市场，同时，每个店主还必须对自己所销售的商品有所了解，做一个销售商品的专家，因为只有通过不断地吸收新的知识，有了足够的专业知识储备，才能回答顾客有关商品的各种各样的提问，并有效地促进商品的销售；一个店主24小时都可以做研究员的工作，利用工作间歇学习，也可以利用休息时间学习，因为知识会老化，经验也会过时，所以学习就是网商最好的休闲方式。

3. 统计员

　　这个工作称账房先生，还是非专业的账房先生，要学会使用简单的表格统计店铺每天的收入和支出，记账方法可以不按专业要求，但一定要自己能看懂，明白自己是赚了还是赔了、有多少库存、有多少资金可以周转和进货以及还有多少利润可以留下来用于店铺的再发展。作为个人卖家，担任统计员工作时除了要会数钱，还要克服账面暂时没有盈利时的绝望心理，只有这样才能把店铺经营下去。

4. 库管员

　　每个店主都要了解自己的库存余量，确定哪些商品已经缺货，以便及时将该商品下架；定期盘点库存，以便推出相应的促销活动来清仓，以盘活资金。对于服装、食品等时效性的商品，及时清仓还可以减少亏损。在做仓管工作的同时，还要经常去经销同类商品的同行店里，去观察和学习他们的生意诀窍，以提高自己的销售能力。

5. 联络员

　　联络员的主要工作是负责与供货商联系和建立客户档案并进行管理、给顾客发送促销活动通知及赠送会员礼物等，要和顾客建立良好的关系，最好每天花点时间去思考顾客的购物心理和他们对服务的需求，有时间的话可以陪顾客和网友聊聊天，培养潜在的顾客。

6. 调度员

经营网店的店主必须逐步熟悉、了解各种不同的物流方式，坚持多、快、好、省的原则，及时把货物发送出去，同时要学会有效地避免货物在运输过程中可能出现的问题，平时还要注意收集、比较网上邮政纸箱和打折邮票的价格，提高自己的物流管理经验，以便在需要时做出最合理的选择。

7. 调解员

店铺管理中最麻烦的事情是遇到交易纠纷。作为调解员，要处理各种交易纠纷、投诉和举报，要及时做出申诉，有条有节，用成熟的心态和理智的言行来处理、化解这些矛盾，做一个有责任感的、高素质的卖家，平时要注意修身养性，提高个人修养，熟悉和了解交易网站的各项规则，以便在遇到交易纠纷的时候知道以哪些交易规则来保护自己的合法权益，在哪些时候又应该通过及时的道歉和赔偿来取得顾客的谅解，达到化解矛盾、解决问题的目的。

思考题：在网店运营管理中，哪些工作尤为重要？说明原因。

情景模拟训练

关于仓储管理环节的业务流程

网店后台管理中仓储管理是一个重要的职能环节。仓储管理涉及的工作比较多，主要工作包括以下几个方面：

（1）订单信息处理。销售订单转化为出库单，出库单包括货物明细和数量，同时把快递、运输委托单打印好。

（2）分拣。根据出库单进行分拣，贴产品条形码。店主小李表示，他的网店有40%以上的货物都没有厂家生产时加上的条形码，这些都要工作人员一张一张贴上，他用的技巧是靠群众的力量大家一齐上阵，因此这个看似繁重的工作也就不成问题了。

（3）包装。包装的同时可以将委托单贴上，也可以由专人处理。

　　（4）快递委托单处理。如果让快递人员填写出错概率肯定大，所以要由细心并且责任感强的专职员工负责这项工作。

　　（5）出货。联系快递公司出货。小李选择快递公司的原则是：一看服务，二看价格。服务好，价格又低的快递公司是首选。目前与他合作的快递公司有韵达、申通和EMS三家。

　　（6）仓储管理的库存部分管理。库存盘点工作要定时做，关键是平时要做好进出记录，电脑系统也要有准确反映。因此小李建议店长们最好找专业的软件设计公司为自己量身定做库存管理软件，因为每家店的业务流程都不一样，一定要选择最适合自己的，这样才会对库存管理进行有效的支持。尤其一些操作比较烦琐的流程，如在软件设计中都要做出临时加货、退货等即时应对处理功能，此外查看销售数据还可以进一步了解当前买家的需求，对进货、建立促销方式的决定是一个很重要的参考。

　　思考题：网店商品的仓储管理包括哪些方面？

👍 思维拓展训练

服饰网店应如何利用互联网发展？

　　互联网的普及不仅为人们获取信息提供了新的途径，也为消费方式的变革带来了巨大影响。越来越多的消费者选择在网上购物，也有更多的人将网络视为职场的新选择。

　　网上开店具有启动资金少、创业成本低、经营方式灵活、交易方便快捷等特点，可以为经营者提供不错的利润空间。但是相对于书籍、数码等无差别商品，服饰的网上销售存在着质地、颜色、尺码多样，顾客无法试穿等诸多弊端。经营者应如何跨越这些障碍，成功地在服饰网络销售这座金矿中淘金呢？

　　首先，服饰网店的经营状况如何，跟商品的定位和进货的眼光很有关系。衣服"淘"对了，生意就好，否则即使跟顾客关系再好，经营方法再得当，也不可能把衣服卖出去。进货时最好选择有强大实力做保障的品牌服饰，控制成本和低价进货也是关键因素。例如，始终坚持以"低价倾销美丽"为经营原则的迪奥丽人集团，其在中国的总部产品线长而庞大，在单件服饰上只求微利。该企业中国总部按照国际惯例，建立完善的退换货制度，并承诺：对提供的每种产品在质量服务上都有严格标准，令消费者持久产生完全信赖感。

可以说，这些知名品牌服饰对消费者做出的承诺就是对经营者利益的保障。该品牌的系列女装，充满着微妙的细节同时又洋溢着温暖的气息，融合了性感与温馨的风貌的设计，不仅迎合了客户群的喜好和市场行情需求，也为初涉服饰网店领域的新手解决了后顾之忧。为了提升自己店铺的人气，在开店初期，还应适当地进行营销推广。例如将商品分类列表上的商品名称加粗、增加图片以吸引眼球，也可以利用不花钱的广告，如与其他店铺和网站交换链接等。

其次，网上开店赚的不只是人气，更要赚客户的口碑。在网上，每个卖家都有一个关于诚信的记录，高信用度对于网店的经营至关重要，所有买家都会以信用度来选择是否买你的商品，买家对网店的好评就是最有效的广告。以引人注目的产品为基础，优良的售后服务也是赢得好评的重要砝码。卖出商品后，要及时和买家取得联系，发货后尽快给买家发一封发货通知信，最好能附上包裹单的照片，让买家能看清楚上面的字迹和具体编号等信息，这对提高"回头率"很重要。交易完成后，还应不时地与客户保持联系，做好客户管理工作。

服饰网店对于卖家来说是座未知的金矿，只要懂得利用和开发，将会带来很大的收益。做网络销售，诚信为先，以迪奥丽人等实力品牌做保证，以真诚的心去对待每一位顾客，将会有更多潜在机会等待挖掘。电子商务不仅是全球性、综合性的，也是地方性、行业性的，不管生意是大是小，这里都将是一个非常好的发展平台。

思考题：服饰网店商品管理应注重哪些方面？

任务 9　网店客服

任务目标

通过本次任务，使学生了解网店客服工作流程，掌握通过旺旺等沟通工具解答买家问题的客服技巧，熟悉沟通的方法和技巧。

项目任务书

任务名称	网店客服	任务编号		时间要求	
要求	1. 下载安装、注册和登录阿里旺旺，模拟买家和卖家进行沟通 2. 给自己网店中的商品设置适当的宝贝配送方式 3. 提高综合分析能力、提高网上客服专业技能				
重点培养的能力	资料查找能力、资料分析能力、团队合作能力、写作能力、沟通能力				
涉及知识					
教学地点	教室、机房	参考资料			
教学设备	投影设备、投影幕布、能上网的电脑				

训练内容

1. 听教师讲解案例及相关知识（时间约　　分钟）
2. 制订工作计划，了解团队要做什么，要达到什么目的（时间约　　分钟）；组长进行分工安排，每个人在自己的项目任务书相应栏进行记录（时间为　　分钟），组员开始行动
3. 阿里旺旺的使用（时间约　　分钟），分析讨论（时间约　　分钟）；得出结论；撰写分析报告（填写任务产出表）（时间约　　分钟）
4. 设置商品的宝贝配送方式：资料查找（时间约　　分钟），分析讨论（时间约　　分钟）；得出结论；撰写分析报告（填写任务产出表）（时间约　　分钟）

训练要求

在完成任务的过程中能自主学习并掌握网店客服有关知识；能够在规定的时间内完成相关的资料查找、整理、分析任务；能够在规定的时间内，撰写出分析报告；团队制订了工作方案，工作有成效（能够进行很好的时间管理），团队合作较好

成果要求及评价标准

成果要求：需提交下列书面文件。
　　1. 本项目组成员的分工情况
　　2. 本项目组提交设置流程图，列出阿里旺旺常用功能及操作方法
评价标准：
　　1. 正确提交宝贝配送方式设置方法，准确列出阿里旺旺常用功能及操作方法，分析报告质量优
　　2. 能提交宝贝配送方式设置方法并列出阿里旺旺常用功能，分析报告质量良
　　3. 分析报告合理但不完整，有少量错误，分析报告质量合格
　　4. 提交的宝贝配送方式不正确，没有列出阿里旺旺常用功能，分析报告质量差
符合上述标准 1，成绩为优秀，可得 90~100 分；符合标准 2，成绩为良好，可得 70~80 分；符合标准 3，成绩及格，可得 60~70 分；符合标准 4，成绩为不及格，得分 60 分以下；介于这几种标准之间的，可酌情增减分

任务产出一	成员姓名与分工	成　员	学　号	分　工
		组　长		
		成员 1		
		成员 2		

续表

任务产出一	成员姓名与分工	成员	学　号	分　工
		成员3		
		成员4		
		成员5		
		成员6		
任务产出二	通过资料查找与分组讨论，给自己的网店制定一份《网店客服手册》			
项目组评价			总分	
教师评价				

引导案例（情景导入）

网店客服小黄的从业体验

2008年2月，小黄从家乡福建泉州来到广州成为一名网店客服，她说自己的工作实际上也是"售货员"，但不用日晒雨淋，不用天天站着，更不用口沫横飞地劝说顾客。"聊天就是工作，工作就是聊天"，她在一家男鞋网店做客服，每天的工作就是对着电脑手指飞舞，平均每月收入七八千元，高峰时甚至过万。

网店客服，门槛的确不高，"能聊天打字就行"。但说难，也确实很难，忙碌时同时应付四五十个顾客，要做金牌客服，和各种人打交道，也需要一身"变形金刚"般的功夫。

每天早上9点，小黄就到上班地点——位于客村立交的一个大仓库。很多网店并没有实体店，但几乎都有一个大仓库或写字楼的办公室用来存货，除了堆成山高的货物之外，客服人员和包装、填单的工作人员都在忙碌——这就是不少网店"公司"的全貌。

用一分钟打开电脑，进入公司店铺，再花三四秒开启自己的旺旺账号，小黄就开始了在电脑前的"聊天工作"。一般刚开始她先要在3分钟内处理积累的离线留言、要输入客户ID通过物流信息查件、帮顾客跟踪货单等。同时，又会有新的客户咨询，"亲，你好，请问有什么能帮到您吗？"在交流中，"亲"是一个通用的称呼，不知道从什么时候起，客服们已经习惯用"亲"来称呼顾客。掌握这些基本词汇很重要。现在小黄已把这些常用语输入快捷键中，一有顾客咨询，一按键就可发出。

从上午10点到中午，是顾客购物的"小高潮"。买家的聊天框接二连三地在电脑上弹出，小黄往往要同时面对四五十个对话框的"攻击","小姐,这双 VANS09 秋款高帮板鞋质量怎样呢?""这双鞋有码数吗?""我的货发了吗?"……这时小黄的精神一直紧绷,往往也有客户因为等久没回复而发脾气,不断催促。安抚客户是小黄的强项,才 24 岁的她在网上聊天时俨然一个知心姐姐。根据客户的语气,打字的快慢,她就可以揣测出对方的心情和性格。

据不完全统计,目前全国的网店客服人数超过 10 万。但现在大部分的网店客服还不够专业,只是把工作归纳为简单的上网聊天、回答客人提问。实际上,网店客服这个看起来并无多少技术含量的职业,正走向专业化。除了有越来越多的培训机构看中这一职业,开始了专业人才的培训之外,地方政府也开始着手培养专业网店客服。随着从事这行的人越来越多,职业培训市场也开始萌芽。

知识链接

一、网店客服的概念

网店客服是网店的一种服务形式,通过网络开网店,给客户提供解答和售后等服务。目前网店客服主要是针对淘宝网、拍拍网、易趣网、有啊网等网购系统,如淘宝网,网店客服就是阿里软件提供给淘宝掌柜的在线客户服务系统,旨在让淘宝掌柜更高效地管理网店、及时把握商机消息、从容应对繁忙的生意。

二、客服的重要作用与意义

1. 塑造店铺形象

对于一个网上店铺而言,客户看到的商品仅是一张张的图片,既看不到商家本人,也看不到产品本身,无法了解各种实际情况,因此往往会产生距离感和怀疑感。这时,客服就显得尤为重要了。客户通过与客服在网上的交流,可以逐步了解商家的服务和态度等,客服的一个"笑脸"(旺旺表情符号)或者一个亲切的问候,都能让客户真实地感觉到他不是在跟冷冰冰的电脑和网络打交道,而是跟一个善解人意的人在沟通,这样会帮助客户放弃开始的戒备,从而在客户心目中逐步树立起店铺的良好形象。如图 3-68 所示旺旺表情包。

图 3-68 旺旺表情包

2. 提高成交率

现在很多客户都会在购买之前针对不太清楚的内容询问商家，或者询问优惠措施等。客服在线能够随时回复客户的疑问，可以让客户及时了解需要的内容，从而立即达成交易。有时，客户不一定对产品本身有什么疑问，仅仅是想确认一下商品是否与事实相符，这个时候一个在线的客服就可以打消客户的很多顾虑，促成交易。同时，对于犹豫不决的客户，一个有专业知识和良好销售技巧的客服，可以帮助买家选择合适的商品，促成客户的购买行为，从而提高成交率。如图 3-69 所示。

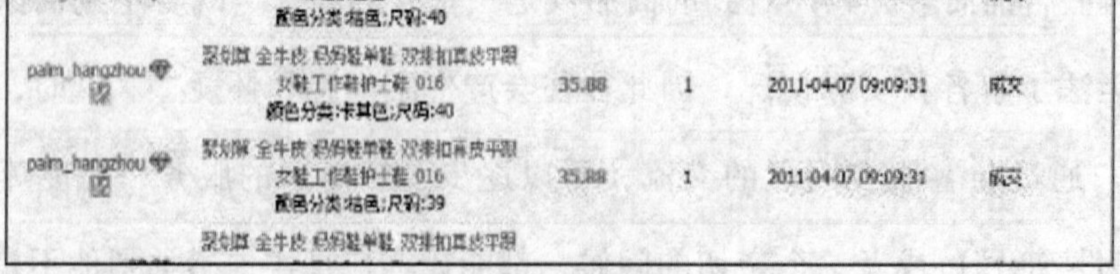

图 3-69 成交记录

3. 提高客户回头率

当买家在客服的良好服务下，完成了一次良好的交易后，买家不仅了解了卖家的服务态度，也对卖家的商品、物流等有了切身的体会。当买家需要再次购买同样的商品时，就会倾向于选择他所熟悉和了解的卖家，从而提高了客户的再次购买概率。如图 3-70 所示。

图 3-70　客户的回头率数据

4.更好的服务客户

如果把网店客服定位于和客户的网上交流，其实这仅仅是服务客户的第一步。一个有专业知识和良好沟通技巧的客服，可以给客户提供更多的购物建议，更完善地解答客户的疑问，更快速地对售后问题给予反馈，从而更好地服务于客户。只有更好地服务于客户，才能获得更多的机会。

三、阿里旺旺介绍

阿里旺旺是将原先的淘宝旺旺与阿里巴巴贸易通整合在一起的一个新品牌。它是淘宝和阿里巴巴为商人量身定做的免费网上商务沟通软件，可以帮助用户轻松找客户，发布、管理商业信息，及时把握商机，随时洽谈做生意，简洁方便。如图 3-71、图 3-72 所示。

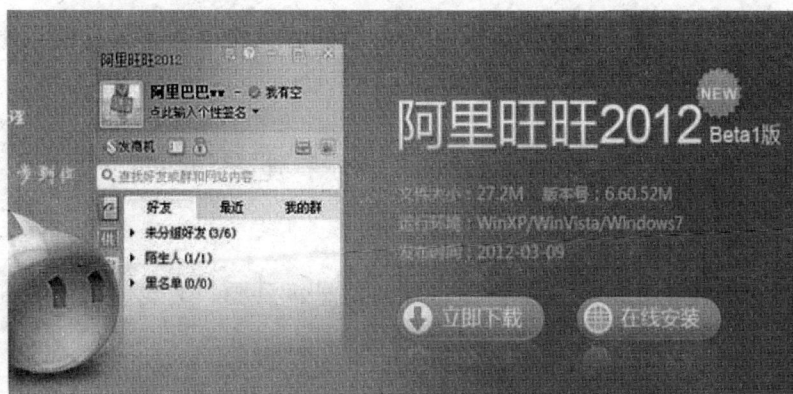

图 3-71　阿里旺旺软件

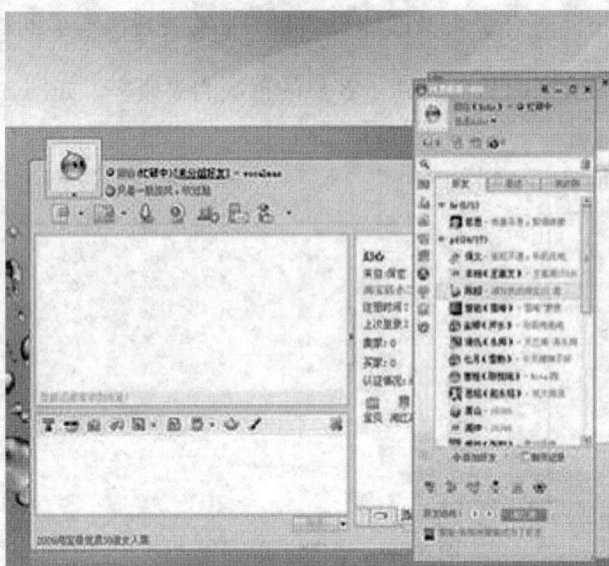

图 3-72 阿里旺旺聊天页面

1. 淘宝网、阿里巴巴以及其他行业网站基于阿里旺旺交流沟通

有 4800 万以上会员的可以通过阿里旺旺寻找感兴趣的人，交朋友、谈买卖及时又方便。有两种查找方式可以快速添加好友：

（1）按登录名查找。如果想添加某人为好友，并已知道对方的登录名，就可以直接输入查找。

（2）按关键字查找。如果想要添加有相同爱好的人，或者找有感兴趣的宝贝的人，可以输入相关词查找，如游泳、化妆品等。每个人都可修改自己的关键字，便于其他人找到自己。当然，如果不想太多陌生人骚扰，可以设置好友验证。只有通过验证，才能加为好友。

2. 网上沟通，可以看得见听得到

不仅可以即时文字交流，还可以语音视频。彼此面对面，能增加信任、促进交易。

（1）即时文字交流直接发送即时消息，就能立刻得到对方回答，了解买卖交易细节。

（2）语音聊天。打字太慢，电话费太贵。阿里旺旺有免费语音聊天功能。想和对方自由交谈，只需拥有一个麦克风。

（3）视频聊天。影像耳听为虚，眼见为实。想亲眼看看要买的宝贝，只需拥有一个摄像头。免费视频影像功能，可以安安心心买到心仪的宝贝。

（4）离线消息。即使不在线，也不会错过任何消息，只要一上线，就能收到离线消息，确保"有问有答"。

3. 酷炫表情

99 个超大超可爱的动态表情，在商业交流时可随心选用，更贴切地表达心情。同时拉近彼此的距离，让谈生意变得更亲切、更容易。

4. 阿里旺旺群

阿里旺旺群就像是朋友聚集的私人会所。它是一个多人交流空间。大家有相同的趣味，交朋友、聊买卖！

（1）可以扩大关系圈，和相同爱好的朋友群聊。

（2）可以建立自己的店铺群，通过群公告及时推广最新宝贝信息等。

（3）①倘若加入了卖家群，可以迅速获得感兴趣的宝贝信息。②向群里的其他朋友取经，了解到更多、更好的店铺，买到价廉物美的宝贝。③可以和群里的朋友一起发起团购。

（4）无论是买家还是卖家，可以互相交流生活、工作的经验。

5. 传输超大文件

如果有"图片和超大容量文件"想要传输，一定会担心：是否传不了，或要传很久。阿里旺旺可以传输超大文件，与大多数即时聊天工具相比，传输容量大。文件传输快速、安全。

四、网店客服的基本工作流程

网店客服的基本工作流程如图 3-73 所示。

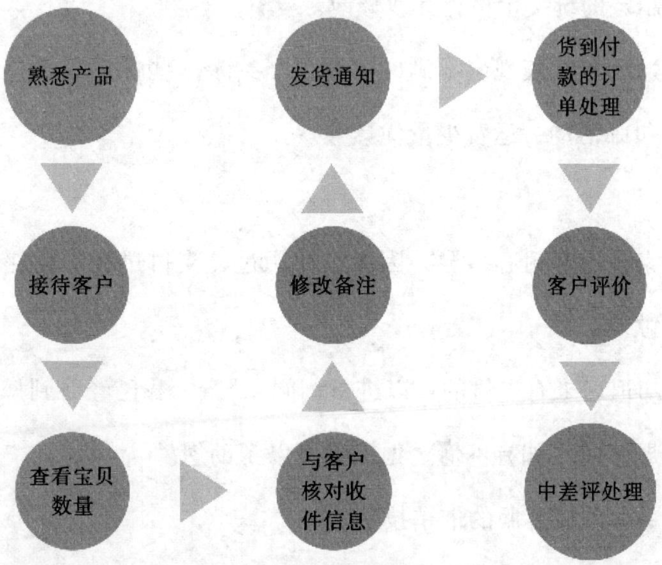

图 3-73   网店客服的基本工作流程

五、客服交流过程

客服交流过程包括以下环节。

1. 欢迎

(1) 反应快，对于客户的第一条消息，响应速度要快，让客户等待时间不超过 10 秒。

(2) 欢迎语言主要的基本格式为：您好，欢迎光临××店，我是客服××，很高兴为您效劳+笑脸。

2. 沟通

沟通环节是客户对产品了解的一个过程，也是客户享受客服服务的一个综合环节，更是做好网店用户体验感的几点因素之一。对产品的专业了解程度不用多说了，这是岗位的基本需求；要站在客户的角度解答客户的疑问，适当引用一些数据。

3. 议价

包括物流费用，这个是比较令人头痛的问题，很多客户在网购过程中已经养成了讲价的习惯：

(1) 喜欢捡小便宜，讲一点算一点。

(2) 内心满足感，通过讲价满足内心价值感。

对于顾客，要强调以下几点。

(1) 产品优质，一分价钱一分货，便宜的价格只能买到次品。

(2) 价格是公司制定的统一价格，无权修改。

(3) 以上两条表达后仍然表现出不满的可以适当给予一些优惠以转移价格敏感度：打折产品、满就送小礼品、包邮活动、运费少量优惠等。

4. 支付

(1) 对于新手买家，需要耐心指导，因为没使用过，支付过程中会遇到很多疑问，需要耐心解答，直到完成付款。

(2) 已下订单，却迟迟未有支付的可以进行询问："亲，我已经看到您的订单了，请问您是在支付过程中遇到问题了吗？如有不懂之处，我可以帮助您。"

另外，需要掌握一些网店客服的催单技巧。

5. 售后

售后主要就是这样几个步骤：安抚—原因—解决—致歉—感谢。

对于售后问题，客户都有一些不满或者情绪问题，首先要安抚，在情绪平稳后再进一步商议解决方案：退换货、退款等，双方商议一致解决方案，然后再表达我们的歉意，让顾客心里感觉舒适，最后要感谢客户的理解。

6. 欢送+好评

订单支付以后，需要给客户确认发货信息，不要让人感觉卖了东西态度就大转弯了。首先是发货信息，是当天发货还是 3 天内发货等，需要及时查看物流信息；其次是欢送："感谢您的惠顾，期待您的再次光临"；最后是好评："收到货物后请给我们全 5 分好评（5 分好评得优惠券等）、如有不满请及时联系我、我们的进步离不开您的支持"。

应用案例

客服外包——网店实现可持续发展的保障

根据《2013 中国网络市场购物分析报告》显示，2012 年中国网购交易规模达人民币 12594 亿元，年增长达 66.5%，2015 年前中国网购规模有望超过美国，成为全球最大的网购市场。

庞大的市场必然促成电商行业的进步。当下，如何推动电商行业的可持续发展呢？网店作为构成电商领域的基本细胞，如果其能实现可持续发展，则电商业实现可持续发展指日可待。

发展必然带来市场细分，市场细分则要求更加细致、具有针对性的专业化服务和产品，而专业化服务和产品又会对发展产生反作用力，最终推动行业进步。毫无疑问，网店的可持续发展必须以实现针对性的专业化服务和产品为前提。

"有淘宝店主反映，店铺发展到一定规模后，销量却只维持在原有水平，盈利并未增加。其实对于网店来说，别具一格的产品、优质的服务质量无疑是店铺的两大撒手锏，初期两者都必须抓牢，而当网店具备一定的规模时，卖家则应该集中全力主攻产品特质，它是品牌立身的根本。服务这一块则可以交给专业公司去操作。"成都金慧融智数据服务有限公司的王先生如是说。

网络上曾就店铺客服外包问题做过专项调查，调查结果显示，47.3%的网店经营者赞同客服外包，25.1%网店经营者不赞同客服外包，而27.6%的经营者对这一问题持观望态度。与此同时，88.6%的网店经营者则表示在经济实力足够强的前提下愿意将客服外包出去。

"在未来，将店铺客服外包是一种不可逆转的趋势，它不仅可以帮助网店解决颇棘手的运营问题，更重要的是它将带动电商行业的可持续发展。"金慧融智数据服务有限公司的陈先生说。

思考题：为什么要进行网店客服外包？

名人名言

信息产业革命是人类有史以来最大的一次革命，也是人类几百年才有的一次机遇。

——克林顿

任务示范

百货类商品交易纠纷客服案例

下面分享一个百货类商品交易纠纷客服案例：

天气凉了，小梅在1688上进了一批充电式热水袋在店里销售，卖出后，有多个客户反映插电1~2个小时后，热水袋水温没有任何变化，小梅就觉得商品存在质量问题，要求卖家退货，运费要卖家承担，且赔偿损失。

客服建议：

质量问题侧重收到商品后，发现商品存在品质性能等问题，如热水袋无法充电、保温杯不保温等情况。表面一致则侧重签收时商品的表面问题，如空盒子、少货、破损、变形等情况。

（1）如果买家收到货物后针对商品质量问题向您提出了疑义，积极主动做好售后服务，自行与买家协商解决该争议问题。

（2）同时请核实供货商是否具备商品的生产或者销售资质，如果不具备相应的资质，损害的不仅是消费者的利益，卖家自身的利益也无法保障。

知识拓展

网店客服与顾客沟通的禁忌

1. 基础不实

例如顾客来时，激动万分，三言两语便语塞，对宝贝的产品性能、功用不了解，对同行价格等相关数据未做调查。临时抱佛脚，现查现答。这样肯定效果不好，"工欲善其事，必先利其器"，此器即为产品的相关知识：产地、性能、功用、性价比等以及和同类产品的对比、竞争对手的情况。

2. 过分热情

顾客上门，热情似火，问一答十，恨不得把店铺所有的宝贝全部介绍出去，键盘敲的飞快，回过头来，却不知顾客的踪影。新手服务到位，大家普遍这么认为，但服务出位却是十分忌讳，过分的热情会给顾客带来购买压力，不给对方考虑的机会，甚至会让顾客对你的热情动机产生怀疑。真正的热情不是话多，而是尊重对方、站在对方角度为顾客考虑！

3. 承诺出格

为做成一笔生意，对顾客所有的要求全部一口答应，而到真正履行承诺的时候，却发现自己的能力达不到，或者即便履行了承诺，自己也伤筋动骨。

4. 唇枪舌剑

与顾客来言去语，寸话不让，把交易变成了辩论，让顾客最后哑口无言，赢得了口舌，却最终失去了生意。我们的目的是把宝贝卖出去，而不是逞一时之快，对顾客所有的观点表示认同，学会说：是，是，没错，您说的真对，也要学会说：您的意思是自己的观点。让自己想说的话，从顾客嘴里表达。

5. 讲话直白

与人交流，讲话过于直白永远都不会得到好处。店主需要掌握沟通交流的语言艺术，去应对千差万别、各种各样的买家群体。

6. 说话拖沓

许多消费者都不喜欢店主说话过于拖沓，或是话过多，或是长时间不回复消费者的询问，这样都会遗失顾客。店主一定要经常检查自己的阿里旺旺以及其他留言板的留言，做到及时回复。

7. 不要质问

不要对消费者的看法提出质疑，即使你不认同他的看法，也不要和他进行争辩。你卖的是商品，而不是理念，你无须让买家认同你的看法，但是只要让他接受你的商品即可，销售实体商品要比销售虚拟的理念简单得多。

8. 不要命令顾客

在语言学上，这一点可以概括为不要使用祈使语句，态度要和蔼，在一些语句前加上"请"字可以达到不错的效果。要永远记住自己和买家的地位关系，不要用命令的口吻和顾客交谈，这是服务行业最大的忌讳之一。

9. 忌浮躁

有的买家可能说话比较啰唆，买东西喜欢货比三家，问这问那，对于此类消费者，店主一定要保持耐心，保持良好的心态，切忌浮躁。每一个顾客都是潜在的消费者，他这次不买，但有可能由于你本次的良好导购而在日后前来购买。

职业能力训练

一、单选题

1. 淘宝平台上交易成功后（　　）天之内，双方均有权对对方交易的情况作一个评价。

A. 30　　　　　　　　　B. 15　　　　　　　　　C. 7

2. 买家申请退货，卖家超过（　　）天未处理，退款协议将生效，交易进入退货流程。

A. 5　　　　　　　　　B. 10　　　　　　　　　C. 15

3. 淘宝网的客户评价的计分方式为（　　）。

A. 一个好计 1 分，中评不计分，差评扣 1 分

B. 一个好计 1 分，中评扣 1 分，差评扣 2 分

C. 一个好计 2 分，中评 1 分，差评零分

4. 客服人员在遇到客户退换货时的处理方式为（　　）。

A. 一直跟客户聊天，推荐宝贝和套餐

B. 跟客户聊天，告知客户店铺相关的退换货规则和流程

C. 首先查询客户的订单，是否跟其他的客服交流过，了解客户的退换货原因，再告知客户退换货的相关流程和规则

D. 跟客户交流，告知客户退换货规则及流程，并且向客户推荐店铺的宝贝和套餐

5. 客户不肯承担运费时，客服的处理方式为（　　）。

A. 威胁客户让其承担运费

B. 告知客户退换货的相关规则，跟客户协商运费问题

C. 如果客户不承担运费就不给予办理退换货服务操作

D. 让客户以到付的方式寄回

6. 客服的服务宗旨是（　　）。

A. 有客户来问，进行解答，没有客户来问自顾自做别的事情

B. 高兴的时候什么都可以跟客户说，心情不好的时候客户来了也不搭理

C. 让每位客户感受到热情的服务，满足客户的一切要求

D. 客服只负责回答客户提出的相关问题，其他一概不做

7. 客户购买时如遇到需要修改邮费的情况（如买到包邮产品加不包邮产品）时的做法为（　　）。

A. 我不会改邮，您就这么付吧

B. 请稍等，我马上为您改好，改好邮费后系统会立刻通知您的

C. 之前不是说了不能免邮费的吗，你怎么出尔反尔

D. 等会儿，我得算下给您去掉邮费还赚不赚钱

8. 对淘宝评价体系的观点不正确的是（   ）。

A. "好评"加 1 分，"中评"零分，"差评"扣 1 分

B. 淘宝评价期间为：交易成功后的 15 天

C. 如一方在评价期间内做出"中评"或"差评"，另一方在评价期间内未评的，则系统不给评价方默认评价。如双方在评价期间内均未做出评价，则双方均不发生评价，无评价积分

D. "中评"或者"差评"在评价后 30 天内，评价方有一次自主修改或删除评价的机会，可以选择修改，仅限修改成"好评"，也可以进行删除。评价经修改以后不能被删除或再次修改

9. 挑选客服时，我们需要了解客服前一份工作离职的原因，（   ）是了解离职原因的主要目的。

A. 需要了解客服之前公司薪资待遇如何

B. 需要了解客服心理底线，对比自身状况，确保能留住人

C. 需要了解客服是否是容易跳槽的人

D. 需要了解客服前公司的经营情况

10. 阿里旺旺的签名档最多可以设置（   ）个。

A. 3   B. 5   C. 7

11. 阿里旺旺群的人数上限是（   ）人。

A. 100   B. 200   C. 500

12. 移动阿里旺旺是指将阿里旺旺与（   ）绑定。

A. 固定联系电话   B. 电子邮箱

C. 手机   D. 阿里助手

13. 支付宝公司从建立开始，以（   ）作为产品和服务的核心。

A. 信任   B. 安全

C. 简单   D. 利益

14. 查看旺旺离线消息的入口在（   ）。

A. 管理我的店铺   B. 旺旺面板

C. 卖家提醒区   D. 主页

15. 如果有多张抵价券，在购买时每件商品最多可以使用（ ）张。

A. 1   B. 3

C. 5   D. 不限

二、多选题

1. 关于客服人员的重要性，正确的是（ ）。

A. 高效的服务及响应速度

B. 专业的导购和知识服务

C. 敬业的服务态度

2. 在客户服务中，方式错误的是（ ）。

A. 当客户讲价的时候，立刻说明：本店不议价，议价者拉黑

B. 当客户要求包邮的时候，客服回答：请加××元就可以包邮或购满××元即可包邮哦

C. 当客户要求退换货的时候，客服回答：如无正当理由，恕不退换

D. 当客户收到货后，迟迟不确认也不评价，客服提醒：请及时确认哦！及时确认你就可以参加我们店里每月一次的回馈客户抽奖活动啦

3. 创建"旺旺群"需要符合的条件包括（ ）。

A. 会员的信用级别达到 2 心以上才可以建群

B. 旺旺使用的累计活跃度达到 5 级，便可启用建一个旺旺群（达到 9 级，可以启用两个旺旺群）

C. 一个群最多可以有 1 个群主，5 个管理员（一个群最多可以有 1 个群主，3 个管理员）

D. 一个账号最多只能创建 4 个群，最多可以加入 20 个群

4. 店铺适合交换友情链接的有（ ）。

A. 客户群相近的店铺   B. 商品相同店铺

C. 与商品有关联的店铺   D. 人气店铺

三、判断题

1. 买家通过 QQ 与你联系，最后用支付宝担保交易完成，发生纠纷时可以用聊天记录做凭证。（ ）

2. 退款的时候不可以申请部分退款，只能是全额退款。（ ）

3. 买家支付宝账户留的地址和买家从旺旺留下的发货地址不一致，不要求买家修改支付宝地址直接发往买家旺旺发来的地址完全没有不安全性。（　）

4. 买家先购买一件并付款，等要给他发货的时候拍下另一件，让你一起邮寄但并没及时付款，这样操作没有不安全性，因为他已经付款了其中一件，不怕他耍赖。（　）

四、情景题

小王刚进一家专卖家居用品的公司没多久，老板让他负责阿里巴巴平台操作，今天阿里旺旺收到了一条信息："我看过你们的网站，靠枕的产品图片很漂亮，能不能给我寄个靠枕的样品？"收到这个信息，小王应该如何和客户沟通呢？

1. 这种情况，买家一定是个骗子，对吗？

A. 是的，是骗子

B. 不是的，在阿里巴巴上没有骗子

C. 不一定，需要详细沟通了解买家

D. 不知道

2. 小王在旺旺上怎么沟通能判断对方是否有购买意向呢？

A. 直接答应对方，记下样品的型号和对方的地址，把样品寄过去

B. 直接拒绝对方，告诉他要样品，需要按照零售价付费

C. 详细与对方沟通，问清楚购买样品的用途，样品可以按照零售价给他，如果要买的话，再把样品价格按照批发价抵扣

3. 小王和客户沟通之后，发现对方是有购买意向的，他可以把客户归类到哪里？

A. 已经成交的客户

B. 没有成交，但有购买意向的客户

C. 没有购买意向，需要长期跟进

D. 没有价值的客户

4. 小王和买家在沟通的时候，了解到他是诚信通会员，小王如果想判断对方是否有可靠的公司，可以注意哪些信息？

A. 企业身份验证　　　　　B. 诚信保障

C. 企业评价　　　　　　　D. 争议及违规处理

5. 小王想以后能收到更多的询盘信息，他可以通过哪些渠道？

A. 购买购销宝做推广　　　　　　　B. 提升产品信息的排名

C. 优化网页　　　　　　　　　　　D. 可以与其他网站做互联

👍 观念应用训练

2008 年以来，专门的网店客服培训机构悄然增多。小张刚刚成为一名网店客服，经过培训后，了解到一名网店客服人员应该具备的条件及素质如下：

一、优秀客户服务人员应具备的基本条件

（1）有从事行业内工作的经验，最好有技术工作或销售工作的经验，知道市场现状，了解客户需求，而且了解企业的运作和服务途径。

（2）个人修养较高，有较高的知识水平，对产品知识熟悉，并且具备销售产品所使用的机械、装置、设备的知识。

（3）个人交际能力好，口头表达能力好，对人有礼貌，知道何时何地面对何种情况用何种语言表达，懂得处理一定的关系的方法，具有一定的人格魅力，第一印象好，能给客户信任感。

（4）头脑灵活，现场应变能力好，能够利用现场条件在现场解决问题。

（5）外表整洁大方，言行举止得体，有企业形象大使和产品代言人的风度。

（6）工作态度良好、热情、积极主动，能及时为客户服务，不计较个人得失，有奉献精神。

二、客户服务人员应具备的素质

1. 心理素质要求

（1）"处变不惊"的应变力。

（2）挫折打击的承受能力。

（3）情绪的自我掌控及调节能力。

（4）满负荷情感付出的支持能力。

（5）积极进取、永不言败的良好心态。

2. 品格素质要求

（1）忍耐与宽容是优秀客户服务人员的一种美德。

（2）不轻易承诺，说了就要做到。

（3）勇于承担责任。

（4）拥有博爱之心，真诚对待每一个人。

（5）谦虚是做好客户服务工作的要素之一。

（6）强烈的集体荣誉感。

3. 技能素质要求

（1）良好的语言表达能力。

（2）丰富的行业知识及经验。

（3）熟练的专业技能。

（4）优雅的形体语言表达技巧。

（5）思维敏捷，具备对客户心理活动的洞察力。

（6）具备良好的人际关系沟通能力。

（7）具备专业的客户服务电话接听技巧。

（8）良好的倾听能力。

4. 综合素质要求

（1）"客户至上"的服务观念。

（2）工作的独立处理能力。

（3）各种问题的分析解决能力。

（4）人际关系的协调能力。

思考题：你认为一名优秀的网店客服人员，哪些素质最为重要？

情景模拟训练

小张作为一名新入职的网店客服人员，认识到网络客服与传统行业的客服有所差别，因此，其培养的方法和标准也有所不同。

网店客服的分工已经达到相当细致的程度，有通过 IM 聊天工具、电话解答买家问题的客服；有专门的导购客服，帮助买家更好地挑选商品；有专门的投诉客服；有专门帮店主打包的客服等。兼职还是全职要看卖家要求，不过大多还是在线时间越长越好。要求肯定是要打字快，如一分钟内速度多少，耐心有礼貌的服务态度。总体来看必须着重培训以下技巧：

1. 打字速度

网络区别于传统，人与人之间无法面对面进行语言交流，较快的打字速度能缩短对方的等待时间，同时可以展开更多的交流。五笔输入法比拼音输入法更适合一些，因为拼音输入法很容易出现错别字。

2. 全面熟悉商品

熟练掌握业务知识，了解商品及顾客需求。熟练掌握业务知识是客服人员的基本素质之一，只有真正了解了公司文化、了解商品及顾客的需求所在、熟练掌握了商品的基本属性才能够积极应对客户。

3. 沟通技巧及应变能力

客服人员担任直接与顾客沟通的角色，沟通与导购营销的技巧是必备的技能。网店应该根据自身的商品定位和消费群体，来选择或塑造不同服务性格的客服人员。

4. 心理素质及自我调节

客服人员不仅会经历买卖之间的博弈，更会频繁接触到售后投诉环节。因此，良好的自我心理调节能力是一个客服成熟的转折点。特殊的工作性质，决定了客服人员要有一定的耐心与忍耐性，宽容对待用户的埋怨与不满，能够承受压力。网购交易更需要客服人员有着"化愤怒为愉悦"的安抚魔力，否则引起纠纷会很麻烦的。

5. 高度的责任感和荣誉感

客服人员是对外树立形象的主要窗口，服务的质量与人员的素质将直接影响公司或网店的形象。这就需要客服人员具备优秀的职业道德，礼貌待人，有着高度的责任感与荣誉感。

思考题：你熟悉的网店客服的交流用语有哪些？

思维拓展训练

向专业化发展——网店客服近年兴起培训机构

目前专门培训网店客服的机构很少，主要也只有淘宝、阿里巴巴、华南商学网等三四家。华南商学网培训机构负责人陈先生表示，网店客服培训是一个新兴项目，是包含在整个网商培训里的。与其他网商培训项目一样，实操性很强，由于网络销售具有多变性，目前网店客服的相关培训课程尚不成熟。

网商营销类的培训主要是针对希望在淘宝上开网店、开了网店希望继续增强网上销售能力或者对网上销售有兴趣的人。目前，针对网商的课程有初级、中级和高级。客服类的培训还是比较单一，只属于系列课程中的一个中级课程。

网店客服培训课程一般都不长，培训时间为一两天左右。其中为期两天的网商专题类课程，收费为500元左右，而单个课程收费30~150元，其中网店客服培训的专门课程收费一般是80元左右。另外，这些培训机构还与大型网络商城合作，为其培养、输送客服人才。

多家培训机构的负责人说，目前网店客服培训机构的生源还是很少，培训市场有待打开，这主要是因为人们对网店客服这一职业认知度低。华南商学网培训机构负责人陈先生介绍说，他们的调查显示，目前人们对这一职业的认知度只有7%左右。"在招生时，经常听到的问题是'网服是什么？'"了解这个新兴行业的人很少，自然培训的市场也很难打开。

华南商学网培训机构已经进行了五期的培训。每次能吸引二三十个学员参加。培训主要集中在实操性方面，通过讲解网络营销实例来教授学员有技巧地和顾客沟通，促进顾客消费。其中，如何掌握顾客的心态是一个重点培训的课程。如客服与一个来买男鞋的女生交流时，就需要根据鞋子的尺寸去确定男生的身高。同时根据互补推测她的审美偏好，了解她"希望男友穿什么鞋子"，从而推荐合适的款式。还可以根据顾客打字的速度、用词、表情等来确定他们的性格和心态等。培训中也特别注重传授一些小技巧。

目前，不少网店客服的培训还有"售后服务"。一些培训机构每个班都会有网上交流QQ群，学员在网上销售和客服方面遇到的具体问题都可以互相交流。

思考题：要想成为一名合格的网店客服，可以通过哪些渠道进行培训？

项目四

网络推广

网络推广是企业增添营销战略的一个组成部分，是建立在互联网基础之上并借助互联网特性来实现特定营销目标的一种营销手段。通过本项目的学习，可以掌握网络推广方式的相关知识，能准确确定企业网络推广的目标，选择恰当的推广方式。

项目导图

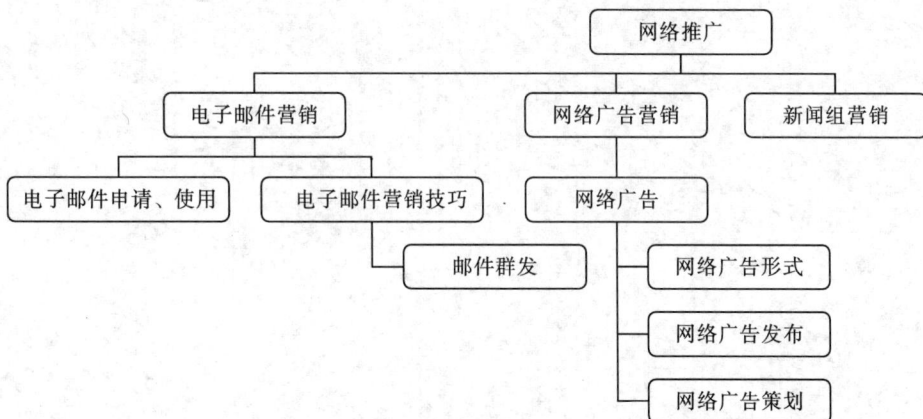

学习目标

知识目标

1. 了解电子邮件的应用、基本原理及形式，掌握电子邮件营销的基本概念、分类和应用技巧；

2. 熟悉互联网中的广告模式和广告投放平台，掌握发布网络广告的方法；

3. 体验新闻组的主要特点、掌握新闻组的使用技能。

技能目标

1. 掌握电子邮件营销的工作原理和技巧，掌握邮件群发技术；

2. 熟悉网络广告策划书的编写方法，掌握网络广告发布的技巧；

3. 掌握新闻组查询、设置及进行营销的技能。

任务 10　群发 E-mail 营销

任务目标

通过本任务使学生熟悉电子邮箱的申请和使用，了解邮件列表的收集方法，掌握超级邮件群发方法。

项目任务书

任务名称	群发 E-mail 营销	任务编号		时间要求	
要求	1. 网易电子邮箱的申请和使用 2. 收集班级同学的邮箱地址，建立邮件列表 3. 群发一封邮件进行营销推广				
重点培养的能力	资料查找能力、资料分析能力、团队合作能力、写作能力、沟通能力				
涉及知识	电子邮件的申请、使用；电子邮件营销工作原理和应用技巧；邮件列表的使用，邮件群发技术				
教学地点	教室、机房	参考资料			
教学设备	投影设备、投影幕布、能上网的电脑				

训练内容

1. 听教师讲解案例及相关知识（时间约　　分钟）
2. 制订工作计划，了解团队要做什么，要达到什么样的目的（时间约　　分钟）；组长进行分工安排，每个人在自己的项目任务书相应栏进行记录（时间为　　分钟），组员开始行动
3. 网易电子邮箱的申请和使用，邮件列表的收集（时间约　　分钟），分析讨论（时间约　　分钟）；得出结论；撰写分析报告（填写任务产出表）（时间约　　分钟）
4. 书写营销邮件，群发邮件（时间约　　分钟），分析讨论（时间约　　分钟）；得出结论；撰写分析报告（填写任务产出表）（时间约　　分钟）

训练要求

在完成任务的过程中能自主学习并掌握电子邮件、电子邮件营销有关知识；能够在规定的时间内完成相关的资料查找、整理、分析任务；能够在规定的时间内，撰写出分析报告；团队制订了工作方案，工作有成效（能够进行很好的时间管理），团队合作较好

成果要求及评价标准

成果要求：需提交下列书面文件。
1. 本项目组成员的分工情况
2. 本项目组提交营销邮件的内容，列出个人邮件列表，写出电子邮件营销的优点

评价标准：
1. 提交正确电子邮件营销的特点，写出合理有说服力的营销邮件，分析报告质量优
2. 能够提交电子邮件营销的特点，营销邮件内容适当，分析报告质量良
3. 分析报告合理但不完整，有少量细节错误，分析报告质量合格
4. 不能提交电子邮件营销的特点，营销邮件内容空洞，分析报告质量差

符合上述标准 1，成绩为优秀，可得 90~100 分；符合标准 2，成绩为良好，可得 70~80 分；符合标准 3，成绩及格，可得 60~70 分；符合标准 4，成绩为不及格，得分 60 分以下；介于这几种标准之间的，可酌情增减分

任务产出一	成员姓名与分工	成　员	学　号	分　工
		组　长		
		成员 1		
		成员 2		
		成员 3		

续表

任务产出一	成员姓名与分工	成 员	学 号	分 工
		成员4		
		成员5		
		成员6		

请列出经常使用的电子邮箱种类及邮箱内各栏目的功能

任务产出二	序号	常用邮箱种类	邮箱栏目	说明与介绍
	1		收件箱	
	2		草稿箱	
	3		已发送	
	4		已删除	
	5		垃圾邮件	
	6		其他栏	

项目组评价		
教师评价	总分	

引导案例 (情景导入)

邮件营销在国外是很受营销者青睐的，随着中国网络的发展，邮件营销也渐渐被重视，许多人在注册凡客诚品、麦包包这种商城类的网站会员时，通常要通过一定的注册协议，或是进行电子杂志的订阅或是提交 E-mail 地址，其实这些都是商家进行网络营销的一种手段。在整个网络营销体系中邮件营销虽然不可以说占有重要地位，但是它的简单性和廉价性却在各种营销手段中名列前茅。如图 4-1 所示。

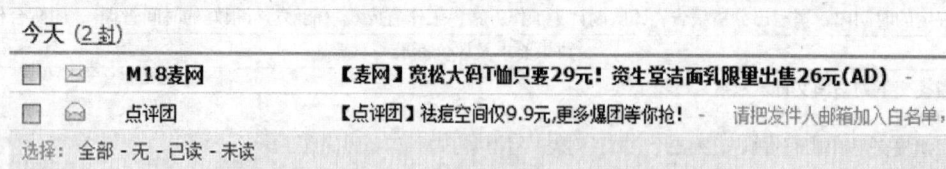

图 4-1 邮箱中的广告邮件

小王在麦包包通过注册成为会员，或者通过电子杂志的订阅而主动留下了姓名和 E-mail，像小王这样的会员都有可能成为潜在的购买客户，也是电子邮件营销的主要对象，需定时去投放邮件广告，小王分别阅读了凡客诚品和麦包包的邮件，比较和分析了它们的邮件广告，总结分析如下：

一、从邮件列表来分析麦包包和凡客诚品的邮件

相同点：

（1）邮箱名都很简洁而都突出各自品牌"麦包包"和"VANCL 凡客诚品"。

（2）邮件标题都标出了"AD"，即为广告邮件。

（3）标题中都出现了数字修饰。

区别：

（1）从邮件频率上看，凡客诚品是间隔一天，而麦包包是间隔三天。

（2）从广告标志（AD）上看，麦包包放在前面，而凡客诚品却放在后面。

二、从邮件内容分析

相同点：

（1）内容头部都提示如无法显示，引导点击进入网站电子杂志的位置。

（2）内容中都有退订电子杂志链接，体现出了人性化。

（3）都请求加入到通讯录。

（4）电子杂志头部都包括网站上的所有栏目和网站 Logo。

区别：

（1）凡客诚品把请求放在邮件内容页头部而麦包包将其放入电子杂志的内容尾部。

（2）麦包包把退订电子杂志信息在头部和尾部都放置了，凡客诚品却将其放入了电子杂志的尾部。

（3）麦包包把客服电话放在最底部，而凡客诚品却放在头部而且在电子杂志上出现 3 次。

（4）麦包包把账号显示在杂志中，而凡客诚品没有。

思考题：通过比较凡客诚品和麦包包的邮件营销，你认为哪些方式是可取的？

![知识链接图标] 知识链接

一、电子邮件的基本常识

电子邮件又称 E-mail，它是英文 Electronic mail 的简写，是利用计算机网络进行信息传输的一种现代化通信方式。E-mail 与传统邮件相比具有速度快、价格低，可同时传送文本、图像、声音、动画等多种信息的特点。

要使用电子邮件，除了能够上网之外，拥有一个 E-mail 账号也是必不可少的，在互联网服务商那里申请开户时，会免费提供一个 E-mail 账号。不过如果用户存储的邮件容量超过了它的规定（一般是 1M），就会按照 0.1 元/K 的标准进行收费，因此大家更倾向于使用免费电子邮箱。

免费电子邮箱申请容易，同时免费电子邮箱大多提供了垃圾邮件过滤和邮件转发功能。在特殊情况下，还可以登录免费邮箱提供者的页面，在 Web 页面上处理信件。目前网上提供免费邮箱服务的站点很多，如常见的 www.163.net、www.263.net、www.21cn.com 等，只需登录到这些站点，就可以申请一个可长期免费使用的电子邮箱。

最初免费电子邮箱大多要求用户使用浏览器打开相应站点，然后输入用户名、密码登录，最后直接在浏览器中在线从事收信、发信等操作（也就是所谓的 Web 收信方式）。此方式的优点是操作比较简单，无须任何其他专用软件，只要能上网浏览，就能登录到相关邮件站点收发邮件。不过该方式有一个突出的缺点，那就是非常浪费时间。相比而言，使用客户端邮件软件就没有这个缺点。客户端软件方式是指用户在自己的计算机上安装一些支持电子邮件基本协议的电子邮件软件（如 Outlook Express、Foxmail 等），然后由它们将用户的邮件从服务器下载到自己的硬盘中，在离线状态下撰写、阅读邮件。

二、电子邮件的应用

在收发邮件的功能上，电子邮件还衍生出了许多功能。

1. 语音邮件

语音邮件就是在普通邮件中加入语音信息，接收者既可查看邮件中的文字信息，又可收听语音信息（其实就是在邮件中附带一个声音文件，只不过这一功能是由系统自动完成，并可通过 Web 方式进行发送、接收罢了）。目前已经有 www.21cn.com、www.263.net 等网站提供了该功能。如图 4-2 所示。

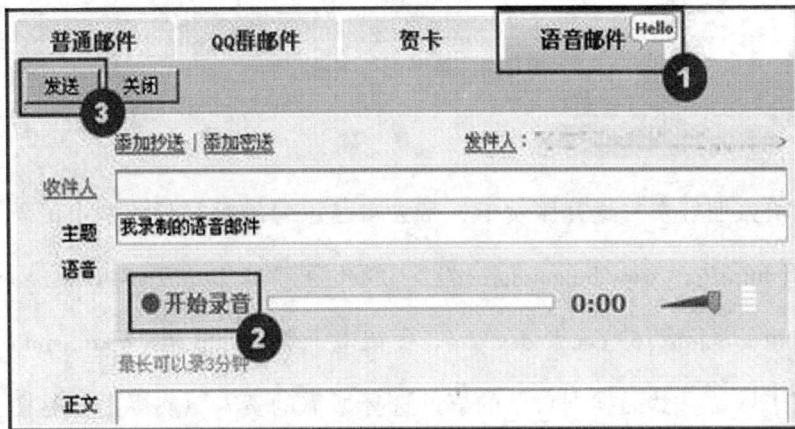

图 4-2　QQ 语音邮件

2. 邮件下载

指通过电子邮件方式从网络上下载所需软件。邮件下载功能的原理是从软件下载服务器直接将用户需要的软件采用电子邮件附件的方式发送到用户的电子邮箱中，然后再通过收取该邮件实现快速下载的目的。

一般来说，用户若拟使用邮件下载功能快速下载邮件，事先必须准备一个适当的邮件下载软件（如电邮卡车、Mr.cool 等），然后在这些软件中填入提供下载软件的服务器地址、软件的具体下载链接、用户的电子邮件地址，最后这些软件就会向相关服务器提出采用邮件方式将软件发送到用户指定邮箱的请求。稍后只需接收邮件，软件就会乖乖地出现在你的硬盘中。如图 4-3 所示。

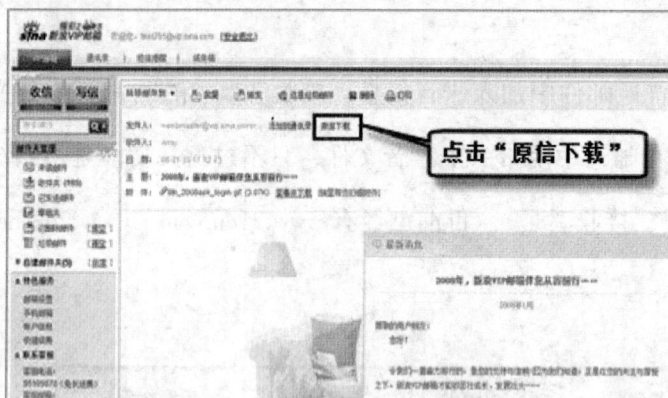

图 4-3 单个邮件下载示例

3. 邮件贺卡

逢年过节想给亲朋好友发送几张贺卡，带去自己温馨的祝福吗？网上的贺卡网站非常多。如承德贺卡传情 http://cd-www.he.cninfo.net/、邯郸电子贺卡 http://hd-www.he.cninfo.net/index2.html、网易贺卡 http://cards.163.com/index.php、无锡电子贺卡 http://www.wx.jsinfo.net/等，只需登录到任意一个贺卡网站，然后根据自己的喜好选择所需的贺卡（实际上就是图片），系统就会打开一个贺卡发送界面，输入自己和收信人的电子邮件地址以及自己的祝福，并选择其他一些发送选项（如图文的排列方式，是否附带背景音乐等）即可。如图 4-4 所示。

图 4-4 QQ 邮件贺卡

4. 邮件随身呼（E-mail 到手机）

为方便用户及时掌握自己的新邮件情况，许多网站（如 www.263.net）推出了 E-mail 到手机的功能，只要拥有自己的手机并在这些网站申请了电子邮箱，此后只要用户一有新邮件，邮件服务商就会通过呼机或手机及时通知用户"邮件来了"（主要包括邮件的发信人名称、地址和邮件主题等内容）。

三、电子邮件营销（E-mail Marketing）概念

1. 电子邮件营销含义

通常也被称为邮件列表营销和许可 E-mail 营销。E-mail 营销是在用户事先许可的前提下，通过电子邮件的方式向目标用户传递价值信息的一种网络营销手段。E-mail 营销有三个基本因素：用户许可、电子邮件传递信息、信息对用户有价值。三个因素缺少一个，都不能称为有效的 E-mail 营销。

2. 电子邮件营销的特点

电子邮件营销的特点包括：①范围广。②操作简单效率高。③成本低廉。④应用范围广。⑤针对性强反馈率高。

四、电子邮件营销需要注意的技巧

（1）增加对邮件相关数据的统计分析。发邮件要进行相关数据的统计，为邮件活动策划提供数据支持，对效果进行分析、改良，使邮件营销更加专业、科学。

（2）提醒加入白名单：在订阅页面或者账号激活页面或者某个用户能看到的页面，要提醒用户将我们的邮件地址设置到白名单，这样有利于我们的邮件地址在对方邮件运营商那里建立信誉，同时也可保证我们日后的邮件畅通无阻。

（3）邮件内包含退订链接：在邮件内应该有明显的退订链接或按钮，如果用户真的反感，可以轻松退订，而不是选择加入黑名单或者是投诉给服务商，如果被加入黑名单或投诉服务商则会带来更大不良影响，很容易被封杀。

（4）订阅成功后要有感谢。在用户收到的第一封确认邮件中要表示感谢。

（5）明确告诉收件的频率，使用户建立心理预期。

（6）在用户注册后，要向用户发送网站教程。

（7）吸引用户打开邮件。

（8）严格执行定期发送策略。

（9）允许用户对收件内容进行自定义。由用户自己决定接收哪类电子邮件，这样可以显得我们更加专业。

（10）关于页面设计问题。①邮件内页面最优宽度是 400~500 像素。②最好不超过 3 张图片：1 张 Logo、1 张跟踪用图、1 张其他图片，其他的尽可能使用样式或排版来控制。

（11）每月发送邮件不多于 11 封。

（12）邮件列表中包含公司员工的邮件地址。

五、邮件列表

邮件列表也叫 Mailing List，是互联网上的一种重要工具，用于各种群体之间的信息交流和信息发布。"邮件列表"是由域管理员创建和管理的，可以作为其他信箱用户邮件收件人地址的本域内邮件地址的分组集合。举例说明：我有三个朋友，信箱分别是：abc@bxemail.com、zhao@123.net.cn 和 456@lin.net.cn。那么，我新建一个包含上面三个信箱的名为 shicheng-friend@lin.net.cn 的邮件列表，这样，只要发邮件给 shicheng-friend@lin.net.cn，则那三位朋友都能同时收到我发出的邮件。

邮件列表具有以下特点：

（1）邮件列表具有传播范围广的特点，可以向互联网上数十万个用户迅速传递消息，可以主持人发言、自由讨论和授权发言人发言等方式传递。

（2）邮件列表具有使用简单方便的特点，只要能够使用 E-mail，就可以使用邮件列表。一般邮件列表系统可以提供以下基本服务：用户申请邮件列表，成为某个邮件列表的管理者，向其他用户提供邮件列表服务；这类用户管理相应的邮件列表并发布信息或管理邮件列表。

六、邮件群发方法

群发邮件是指个人或者组织，通过对邮件地址的收集，可以使用邮件群发器，也可以是少量但持续不停地发送，形成大量邮件发送的过程。需注意的是，发送过程并不一定取得了邮件接收者的许可。如果得到了接收者的许可，其可视为是合法的邮件营销。否则则被视为垃圾邮件。

（1）邮件群发工具有两种：一种是网页型的，一种是软件型的。目前软件型的邮件群发工具居多，有免费的也有收费的。总之，要选择一个稳定的、持续更新的群发软件。

（2）群发邮件地址也就是目标客户的邮箱，最好是自己网站目标客户群体，这样针对性更强，效果才会更好。

应用案例

2013年电子邮件营销八大转变

2013 年电子邮件营销表现出了一些新特点，下面的这 8 个方面不但告诉邮件营销人员邮件营销的发展趋势，而且详细地解释了这些趋势对企业邮件营销可能产生的影响，以便邮件营销人员及时调整策略。

1. 移动和行动号召

据报告称有 45% 的邮件是在移动设备上打开，手机消费一路飙升，iPhone 成为目前领先的电子邮件客户端。到目前为止，在移动上的营销应对策略主要限于：确保的信息呈现；扩宽按钮以避免手指触摸错误；Web 版本包含一个链接。市场营销人员还应该暂停考虑在邮件上如何转变，应该更多地考虑如何利用移动邮件使更多的用户实现转化。

2. 参与指标对投递能力的影响

几年前，大部分网络提供商开始把参与指标加入投递能力中。结果是，用户列表上出现很多没有回应的用户，网络提供商将此邮件认为是垃圾邮件。随着围绕参与度、对用户重新激活计划和订阅用户定位的讨论及各种迹象来看，未来用户可能在最初注册的几天里变得不活跃，这要求在指标下降前，果断地去掉这些用户。

3. 收件箱管理在相关性中的角色

2013 年，AOL、PhilterIt 等一些收件箱管理应用程序工具，通过帮助用户分类、搁置、过滤和其他方式分流邮件，使得收件箱管理从被动变为主动。随着邮件数量的增加，收件箱管理将使用户明显区分出允许的发件人和禁止的发件人，而且仅仅接收自己允许及偏好的发件人发送的邮件。所以，营销人员需要对管理的收件箱投入更多的关注。

4. 营销自动化和普通规模的数据

尽管大家都在讨论大数据的趋势，但是市场营销人员并未开始对电子邮件营销整合大数据。而基于营销自动化的自动触发邮件更值得关注，高效的自动触发邮件结合更大的基于行为数据的工作流，使得自动化邮件比日常的商业邮件在表现上更优越。随着营销自动化的深化利用，用户将管理收件箱，市场营销人员需要更主动建立邮件计划，并辨别和确定支持自动化邮件的触发点、数据和内容。

5. 更大的用户列表和更小的细分受众

亚马逊和其他一些高度发展的品牌的邮件营销计划包含了为每一位收件人创建个性化的邮件。对于企业来说，尽管用户数据库在不断增加，但还是需要进行更小的用户细分，以发送更加个性化和相关性的邮件。所以，企业的目标不应该是给更多的人发送更多的邮件，而是把更准确的信息发送给正确的人。

6. 把监测加入品牌邮件策略

监测市场意见和情绪对直接邮件者是非常软性的，电子邮件营销人员必须非常密切地关注非结构化内容、趋势、市场意见和热点等是如何影响推广、节奏、时机或直接计划的。电子邮件是有价值的直复营销渠道，但在节奏测试中，却很少有人已经考虑了品牌质量。把监测加入品牌邮件策略将有利于邮件营销人员了解在各营销渠道中邮件所起的作用。

7. 完善邮件内容计划

在邮件内容中，视频重新回归。因此，邮件营销人员需要重新审视自己的内容策略。这将要求营销人员建立一个包含多种媒体，并能在网站、电子邮件和移动中进行测试和体验的内容计划。

8. 建立邮件营销数据统计建模

邮件营销人员需要建立数据统计建模，在电子邮件中，在进行多变量测试时，很多人考虑建模，却没有资源去这样做。但是，回归模型的形式对帮助邮件营销人员验证和确认方向很重要。邮件营销人员需要去考虑什么类型的模型：是否需要为顾客的购买行为、品牌选择和考虑、响应行为建模？对不同渠道对顾客购物的影响进行建模？

　　思考题：在日常生活中你通过哪些渠道接触到电子邮件营销？

名人名言

必须先去了解市场和客户的需求，然后再去找相关的技术解决方案，这样成功的可能性才会更大。

——马云

任务示范

一个电子邮件营销的成功案例

信通信息服务公司是专业的信息服务商，该公司的主要业务是通过邮件的形式向企业提供信息服务，并按年度收取一定的服务费。张丽是信通信息服务公司的营销员，她大部分的工作时间都是在用电话和客户沟通，遭到拒绝是家常便饭，有时通话气氛弄得很尴尬，给以后的沟通带来了隔阂，丢失了一些潜在客户。于是，张丽开始尝试用电子邮件和客户进行沟通。

下面就是一个张丽亲身经历的通过电子邮件推销成功的案例：

天浩公司主要经营石油化工方面的业务。刘飞是天浩公司的总经理助理，直接对总经理负责。和他的沟通过程，张丽只给他打过三次电话，第一次是得到了他的邮箱，给他发布信息试用，第二次是给他简要介绍了信息服务的内容，第三次电话就是合同和发票的确认。其余的沟通全部是用邮件进行的。给客户发邮件都说什么？下面分享一下张丽和刘飞沟通的全过程。

刘先生：

您好！我是信通公司的张丽。很高兴认识您，也感谢您关注信通的信息，希望我的信息能够给您带来一点帮助噢。马上到"五一"了，您这也应该放假吧，又有时间好好放松了，可以睡懒觉了，呵呵。

提前祝您"五一"快乐！

到了周五，离上次邮件有 10 天前后的时候，张丽给刘飞发了第二封邮件。第二次邮件的内容很一般，没有什么特别的，周末的时候张丽给刘飞发了一个消遣好玩的邮件，希望能让他有个愉快的心情，放松一下，赢得他的好感。这次刘飞还是没有回信。

又过了一星期，信息试用期将到的时候，张丽给刘飞发了第三封邮件。过了两周，刘飞发邮件给张丽了。下面的邮件就是刘飞在合作和价格谈判上面的一些小技巧：

张丽小姐：

您好，我是天浩公司的小刘，目前每天还收到您发给我的信息，石油化工方面的信息很丰富，非常感谢！想询问一下，这个信息网具体收费是怎么样的？一年费用为多少？费用多少和信息板块有关吗？

谢谢！！

从这封邮件我们不难看出，刘飞当时的拒绝根本就是敷衍张丽，因为刘飞对信息并不了解，价格这方面的事情他不是很清楚。而且刘飞在这封信里有个非常明显的信息，他在关注价格，是成交的信号。张丽立即回复了他的邮件：

小刘先生：

你好！呵呵。不知道这个称呼合适不？没准儿你还比我大呢，呵呵。很高兴收到你的邮件。我们公司的收费标准是按照用户权限来收费的，一个用户 8000 元/年。按照公司的规定，费用收取多少和板块是有关系的，不过不妨透露一点给你，我们的正式会员都有权添加新的主题，而且还是免费的，随时可以修改添加主题板块。好了，大概就是这样了，如果还有什么问题，可随时沟通哦！电话、邮件均可。祝你快乐！

这封信的语气比较轻松，张丽旨在和刘飞拉近关系，让他容易接受。刘飞马上回了信：

张丽小姐：

我才 25 啊，哈哈，年轻，没有经验。我们胡总对电脑不是很懂，要自己添加板块，肯定是不需要了。胡总刚才和我说这个信息网挺不错的，让我询一下比较合适的价格，您能不能在费用这一块再作进一步优惠。

祝，合作愉快！

这封回信很显然达到了张丽想要的效果，透露出了关键人物（胡总）需求的信息，只不过刘飞在价格上卡壳了。这有两种情况：一点是刘飞在和张丽谈价格，第二点可能真的是这个价格领导不同意。

张丽给刘飞回复了："同岁同岁哦！呵呵。（套近乎哦）刚才吃饭去了，才看到邮件。添加这一块儿没关系的，我可以来给胡总做的，呵呵。既然我们这么巧，居然同岁，那么我也不扛着不能便宜了。我这儿是可以打八折的，也就是每年 6400 元/年，呵呵。不知道是否符合胡总的心理价位？希望能够合作愉快哦！"这封邮件张丽已经省去了称呼，因为了解了大家都是年轻人，所以很多客套就不必了，还有就是邮件的语气要让刘飞感觉到张丽很真诚。价格谈判是个互相让步的双赢过程，买主很大程度上就是"买便宜"的感觉。张丽深深把握这一点，并且最后不忘再探一句，为成交打下基础，赢得了主动。

刘飞马上回了邮件："因为我们公司也有定类似于安邦咨询、中国化纤之类的信息，感觉这个价位还是高了点，能再降一下吗？"通过这封信，可以确定刘飞确实不是在试探。市场上确实有很多的信息服务商，天浩这个客户的背景张丽也了解一些，知道天浩确实有很多的信息服务商，所以价格确实不好说，这个时候张丽就可以往上推了，推给张丽的上级，这样问题就解决了。"昨天下午外出，刚看到邮件，这么晚回复见谅啊！价位这一块儿，我就这么大的权利了，如果再低我就做不了主了，嘿嘿。不过，你可以告诉我你那边的心理价位哦！我可以给你去试探一下我的主管，当回小间谍喽！"刘飞回的邮件："我问了老板，心理价位大概在××元吧，看您能不能帮忙协调一下。您也帮忙问一下，最低多少能行。谢谢！"张丽回复的邮件："早上来了才看到邮件。看完以后就去忽悠主管了，呵呵。刚忽悠完，他说我们最低做过六折的，应该有戏吧！不过我还没跟他说你这边提的××元呢。"刘飞回邮件表示完全可以。所以有些时候我们要尝试着去了解客户，如果你发现你的客户在电话沟通的时候态度冷淡，但是他有每天看邮箱的习惯，那你不妨尝试一下用邮件跟他多沟通，说不定会有意想不到的效果。

思考题：通过以上案例分析张丽为什么能够成功进行电子邮件营销？

知识拓展

电子邮件营销的诞生和发展

1. 电子邮件的诞生

据电子邮件的发明人雷·汤姆林森（Ray Tomlinson）回忆道，电子邮件诞生于1971年秋季，汤姆林森是马萨诸塞州剑桥的博尔特·贝拉尼克—纽曼研究公司（BBN）的重要工程师，当时，这家企业受聘于美国军方，参与Arpanet网络（互联网的前身）的建设和维护工作。汤姆林森对已有的传输文件程序以及信息程序进行研究，研制出一套新程序，它可通过电脑网络发送和接收信息，再也没有了以前的种种限制。为了让人们都拥有易识别的电子邮箱地址，汤姆林森决定采用@符号，符号前面加用户名，后面加用户邮箱所在的地址。电子邮件由此诞生。

2. 电子邮件营销发展历程

最早的E-mail营销来源于垃圾邮件，著名事件是"律师事件"，因为这次事件，使人们对E-mail营销有了系统的了解，所以普遍观点认为E-mail营销诞生于1994年，而将E-mail营销概念进一步推向成熟的是"许可营销"理论的诞生。

3. 电子邮件营销的发展现状

随着互联网的迅速普及，E-mail已成了人与人沟通的主要手段，已成为生活中不可缺少的一部分。对大多数用户来说，电子邮箱是他们最经常使用的网络服务之一，中国网民人均拥有3.2个E-mail账号。除了利用互联网络发送电子邮件外，随着通信技术的快速发展，用手机发送电子邮件已变成现实，每天收发E-mail已经成为生活中不可缺少的一部分。

职业能力训练

一、单选题

1. E-mail 营销与垃圾邮件的本质区别是（　　）。

A. 邮件是否有用　　　　　　　　B. 是否实现获得用户许可

C. 邮件是否合法　　　　　　　　D. 邮件是否没有病毒

2. 系统研究 E-mail 营销是从（　　）开始的。

A. 互联网的产生　　　　　　　　B. 通信技术的发展

C. 对"未经许可的电子邮件"的研究　　D. 经许可的电子邮件

3. 关于网络推广和传统营销的说法准确的是（　　）。

A. 网络营销暂时还是一种不可实现的营销方式

B. 网络营销不可能冲击传统营销方式

C. 网络营销最终将和传统营销相结合

D. 网络营销将完全取代传统营销的一切方式

4. 网上商店的推广优势表现在（　　）。

A. 同质化　　　　　　　　　　　B. 个性化

C. 规模化　　　　　　　　　　　D. 自动化

5. 网络营销与传统营销的区别主要表现在（　　）。

A. 从个人目标市场转向大规模目标市场

B. 商务信息传输由双向交流转向单向传递

C. 消费者由被动的受众变成主动的参与者

D. 由全程营销变成非全程营销

二、多选题

1. E-mail 成为营销工具所应具备的条件是（　　）。

A. 一定数量的固定用户　　　　　B. 一定数量的 E-mail 用户

C. 专业的 E-mail 营销服务商　　　D. 用户对接收到的信息有一定的兴趣和反应

2. E-mail 营销的基本因素是 （ ）。

A. 基于用户许可   B. 通过电子邮件传递

C. 信息对用户是有价值的   D. 互联网

3. 按照 E-mail 地址的所有权分类，E-mail 营销可以分为 （ ）。

A. 临时 E-mail 营销   B. 内部列表

C. 长期 E-mail 营销   D. 外部列表

4. 按照 E-mail 营销的功能分类，E-mail 营销可以分为 （ ）。

A. 顾客关系 E-mail 营销   B. 顾客服务 E-mail 营销

C. 在线调查 E-mail 营销   D. 产品促销 E-mail 营销

5. 按照 E-mail 营销的应用方式，E-mail 营销可以分为 （ ）。

A. 非经营性 E-mail 营销   B. 顾客服务 E-mail 营销

C. 在线调查 E-mail 营销   D. 经营性 E-mail 营销

6. 网络营销定价的特点表现在 （ ）。

A. 全球性定价   B. 低价位定价

C. 顾客主导定价   D. 企业主导定价

7. 使用电子邮件列表的方式有 （ ）。

A. 收集足够多的邮件地址   B. 建立自己的邮件列表服务器

C. 创建自己的新闻组   D. 借用其他公司的电子邮件列表

8. 在正确利用 E-mail 进行促销活动时，需要注意的问题是 （ ）。

A. 正确使用电子邮件的签名   B. 让客户主动索取广告

C. 正确书写信的内容   D. 选择正确的发信方式

9. E-mail 之所以能够成为一种营销工具，主要是因为 （ ）。

A. E-mail 宣传面广   B. E-mail 具有简单性

C. E-mail 是廉价的   D. E-mail 具有独立性

10. 网络销售的优势表现在 （ ）。

A. 网上商店   B. 网上订货

C. 网络广告   D. 网络链接

11. 衡量网络促销效果的指标包括（　　）。

A. 主页访问人次　　　　　　　　B. 千人广告成本

C. 市场占有率的变化情况　　　　D. 产品销售量的增加情况

三、简答题

1. 电子邮件营销与垃圾邮件的本质区别是什么？

2. 结合实际例子谈谈 E-mail 营销的优缺点。

观念应用训练

网络推广员的工作职责

（1）根据网络营销推广的要求，对公司的网站建设提出合理化建议，并配合网站建设人员对网站进行优化和完善，同时负责公司网站后台的管理和内容的及时更新。

（2）维护与监控公司网站运行，通过网络进行品牌形象的传播、业务开拓和客户挖掘，应用网络营销方式提高公司产品和网站的用户量和知名度。

（3）制定并执行公司网络营销方案和流程，通过网络联盟推广，网站流量推广，网络社区推广，搜索引擎优化及推广，论坛、博客、SNS、网络发稿推广，邮件群发，QQ 群推广，病毒式营销推广，友情链接交换，网络广告置换等形式，开拓网络营销资源和渠道。

（4）负责管理公司网络推广团队，指导并提高团队成员网络推广能力和水平。

（5）维护与发展目标网络媒体与网络资源的关系，并建立长期稳定的合作关系。

（6）定期对网站流量、在线咨询数据进行分析，以及对同行业网络信息收集分析，监测品牌的互联网口碑，及时做出反应；严格监控网站的推广效果，并根据推广效果提出调整建议。

思考题：网络营销人员的工作内容有哪些？

👍 **情景模拟训练**

　　小张为某中职院校即将毕业的学生，在网络上认识到网络营销这个职业后，想毕业后从事网络营销的工作，因此他学习了网络营销人员应该具备的知识。通过学习他认识到，网络营销人员不仅要具备一定的专业知识，还要在专业知识之外，无论是在人际交往方面还是表达方面都要具备一定的能力。下面是网络营销人员应该具备的素质：①文字表达能力。②资料收集能力。③用户体验能力。④自己动手能力。⑤代码了解能力。⑥网页制作能力。⑦参与交流能力。⑧资源利用能力。⑨思考总结能力。⑩适应变化能力。⑪深入了解网民能力。

　　思考题：你是否能胜任网络营销人员的工作，还需在哪些方面进行提升？

👍 **思维拓展训练**

E-mail 营销与其他网络营销手段的关系

　　E-mail 是买卖双方信息交流的主要工具，以电子邮件为基础的 E-mail 营销是网络营销的重要内容，同时 E-mail 营销本身又是一个相对完整的网络营销分支。

　　1. E-mail 营销与企业网站

　　企业网站是开展网络营销的基本工具，是网络营销的基础，E-mail 营销和企业网站之间既可以是相互独立的，又可以是相互促进的关系。

　　2. E-mail 营销与搜索引擎

　　E-mail 营销与搜索引擎之间表面看来并没有直接的关系，如果站在整个网络营销的范围来看，这两种工具其实都是用户与企业（网站）之间传递信息的手段：用户通过搜索引擎寻找企业网站信息，然后到网站上继续了解详细信息，这时，用户是主动获取信息；通过电子邮件方式，企业向用户发送信息，用户是被动接收信息。

3. E-mail 营销与网络广告

E-mail 广告是网络广告的一种形式，但 E-mail 营销并非都是网络广告，例如顾客关系 E-mail、新闻邮件等企业内部邮件列表资源，只是邮件营销的一种载体，传递的信息也并非全是广告。

思考题： E-mail 营销还能与哪些网络营销手段相结合？

任务 11　网络广告营销

任务目标

通过本次任务使学生熟悉互联网中的广告模式和广告投放平台，掌握发布网络广告的方法和技巧。

项目任务书

任务名称	网络广告营销	任务编号		时间要求	
要求	1. 查找三种不同类型的网络广告 2. 设计一份网络广告，并链接到小组网站上 3. 了解网络广告营销的一般过程				
重点培养的能力	资料查找能力、资料分析能力、团队合作能力、写作能力、沟通能力				
涉及知识	网络广告的含义和形式、网购广告的发布平台、网络广告的发布方法				
教学地点	教室、机房	参考资料			
教学设备	投影设备、投影幕布、能上网的电脑				

训练内容

1. 听教师讲解案例及相关知识（时间约　　分钟）
2. 制订工作计划，了解团队要做什么，要达到什么样的目的（时间约　　分钟）；组长进行分工安排，每个人在自己的项目任务书相应栏进行记录（时间为　　分钟），组员开始行动
3. 发布一则网络广告（时间约　　分钟），分析讨论（时间约　　分钟）；得出结论；撰写分析报告（填写任务产出表）（时间约　　分钟）
4. 熟悉网络形式和网络发布平台（时间约　　分钟），分析讨论（时间约　　分钟）；得出结论；撰写分析报告（填写任务产出表）（时间约　　分钟）

训练要求

在完成任务的过程中能自主学习并掌握网络广告、网络广告发布有关知识；能够在规定的时间内完成相关的资料查找、整理、分析任务；能够在规定的时间内，撰写出分析报告；团队制订了工作方案，工作有成效（能够进行很好的时间管理），团队合作较好

成果要求及评价标准

成果要求：需提交下列书面文件。
　　1. 本项目组成员的分工情况
　　2. 本项目组提交一则网络广告内容，列出网络广告的形式和网络广告营销的过程
评价标准：
　　1. 提交合理、恰当的网络广告内容，准确列出网络广告营销过程和网络广告形式，分析报告质量优
　　2. 能提交一则网络广告，列出主要的网络广告营销过程和网络广告形式，分析报告质量良
　　3. 分析报告内容正确但不完整，有少量错误，分析报告质量合格
　　4. 网络广告内容不恰当、不合理，没有列出网络广告营销过程和网络广告形式，分析报告质量差
符合上述标准1，成绩为优秀，可得90~100分；符合标准2，成绩为良好，可得70~80分；符合标准3，成绩及格，可得60~70分；符合标准4，成绩为不及格，得分60分以下；介于这几种标准之间的，可酌情增减分

任务产出一	成员姓名与分工	成　员	学　号	分　工
		组　长		
		成员 1		
		成员 2		

续表

任务产出一	成员姓名与分工	成　员	学　号	分　工
		成员3		
		成员4		
		成员5		
		成员6		

分别访问腾讯网、太平洋电脑网、新浪网、淘宝网首页，比较在这些网站首页所投放的广告的差异，填写下表

任务产出二		腾讯网	新浪网	太平洋电脑网	淘宝网
	受众定位（性别、年龄、地区、收入、受教育情况等）				
	主要的广告形式				
	与网站内容的配合程度				
	创意				

项目组评价		总分	
教师评价			

引导案例（情景导入）

小张是一名电脑爱好者，最近想更换电脑，因此详细了解了英特尔奔腾处理器，在网络中接触到英特尔酷睿 TM2 双核处理器的网络广告，分析了这则网络广告的策略，总结如下：

广告策划者想出了一个创意的思路：

采用聚光灯画面表现形式，打破传统的网络广告限制，全页显示广告创意。广告介绍：一束闪光灯在屏幕上左右摇摆，屏幕下方是欢呼的人群，随后灯光聚焦一侧屏幕中间出现广告语：拥有全世界都为之震撼的台式处理器随时随地令娱乐更炫彩！最后在人群欢呼雀跃之后，屏幕中间出现产品标志和特点描述"速度提升幅度最高达 40%，能耗下降幅度超过 40%"。

推广媒体:选择网易的原因：①鲜明个性的内容细分方式。②网易娱乐频道的滚动新闻、娱乐圈、电影世界、音乐天堂等栏目以突出的原创性优势，在国内同类网络栏目中居领先地位。③各栏目每天能够至少有 20 篇原创娱乐资源文章，每周不少于 700 条资讯以及每天多达 80 张图片的更新量，保持着一个娱乐频道应有的形象力与生动性，将各种娱乐资源一网打尽。

英特尔酷睿 TM2 双核处理器广告的成功在于：创意内容上一方面新颖奇特，利用了用户的好奇心，使用户更愿意主动关注广告内容；另一方面通过聚光灯形式，将用户的注意力强制集中到广告上。广告本身就是一个页面，网页本身也就是一个广告了。

思考题：网络广告的优势在哪里？

知识链接

一、网络广告含义

1. 定义

网络广告是一种新兴的广告形式，它依托互联网而产生，并随互联网的迅速普及而逐渐为人们所熟悉。从技术层面考察，网络广告是指以数字代码为载体，采用先进的电子多媒体技术设计制作，具有良好的交互功能的广告形式。

2. 特点

（1）传播范围广。网络广告的传播范围极其广泛，不受时间和空间的限制，可以通过国际互联网络把广告信息 24 小时不间断地传播到世界各地。

（2）交互性强。在网络上，受众是广告的主人，在当其对某一产品发生兴趣时，可以通过点击进入该产品的主页，详细了解产品的信息。

（3）针对性明确。网络广告目标群确定，点阅讯息者即为有兴趣者。

（4）受众数量可准确统计。在互联网上可通过权威公正的访客流量统计系统可以精确统计出每个广告被多少个用户看过，以及这些用户查阅的时间分布和地域分布。如表 4-1 所示。

表 4-1　网络广告访问量统计

广告版页	位置	单价	日期	星期	曝光数	点阅数	总曝光数	总点阅数	点选成本
新闻生活	市场快讯	80000	4/23	5	256460	2260	2187849	18065	4.43
			4/24	6	348487	3354			
			4/25	7	140445	1107			
			4/26	1	277844	1804			
			4/27	2	508667	4623			
			4/28	3	281760	2081			
			4/29	4	374186	2836			

续表

广告版页	位置	单价	日期	星期	曝光数	点阅数	总曝光数	总点阅数	点选成本
新闻科技	固定式广告	10000	4/26	1	96182	94	855151	606	16.50
			4/27	2	143288	126			
			4/28	3	200743	121			
			4/29	4	202923	136			
			4/30	5	85427	53			
			5/1	6	53011	28			
			5/2	7	73577	48			
新闻娱乐	市场快讯	100000	5/2	7	266341	661	3006271	8324	12.01
			5/3	1	358095	700			
			5/4	2	405903	661			
			5/5	3	449206	814			
			5/6	4	563684	1810			
			5/7	5	529006	1704			
			5/8	6	433036	1974			

（5）灵活，成本低。在互联网上做广告能按照需要及时变更广告内容，当然包括改正错误。

（6）感官性强。以图、文、声、像的形式，传送多感官的信息，让顾客如身临其境般感受商品或服务。

二、网络广告的形式

（1）旗帜广告（横幅广告）。

（2）按钮广告（图标广告）。

（3）文字广告。旗帜广告、按钮广告、文字广告示例如图 4-5 所示。

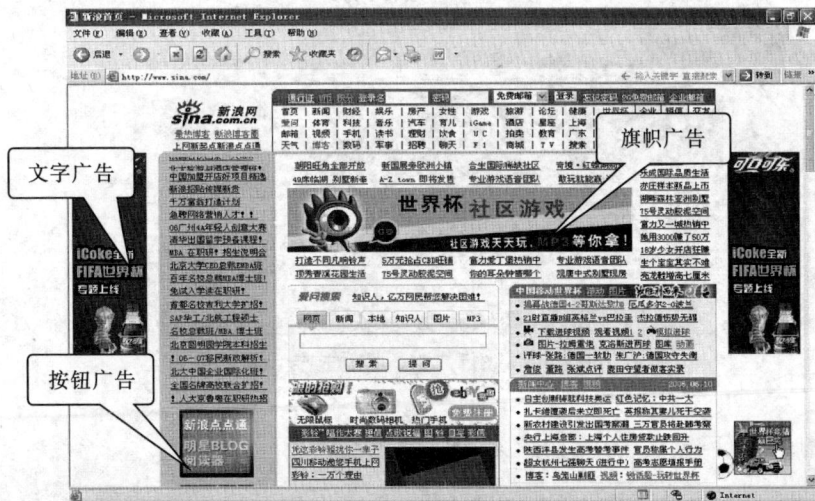

图 4-5 旗帜广告、按钮广告和文字广告示例

（4）弹出窗口广告（插播式广告）。如图4-6所示。

图4-6 弹出窗口广告示例

（5）飞行广告。

（6）竖边广告（擎天柱广告）。飞行广告、竖边广告示例如图4-7所示。

图4-7 飞行广告、竖边广告示例

（7）画中画广告（巨型广告）。如图4-8所示。

图 4-8　画中画广告示例

（8）全屏广告。

（9）分类广告。分类广告示例如图 4-9 所示。

图 4-9　分类广告示例

（10）列表分类播发型广告。

三、网络广告发布平台

随着互联网媒体的日益兴起，商务人士越来越青睐于网站推广方式。网站推广能跨时空地以更为经济的形式让更多的商户知道并了解企业及产品信息，能让受众目标更快捷地找到您。

网站通过全面推广，才能有较高的访问量；网站有较高的访问量，企业才能通过互联网获得最大的效益。

在众多的网站平台中，盘点出十大免费的网站推广平台。以下对 5 个网站进行介绍：

1. 阿里巴巴（略）

2. 世界工厂网

全球领先的大型电子商务互动平台，共收录了中国 2300 多万家生产厂家、贸易商等企业信息，能为国内企业和采购商提供制造厂家、实体生产厂家的产品信息，以及产品供求信息的发布服务。为了方便不同行业商家进行推广，世界工厂网建立了矿山机械网、建材网、食品网、汽车网、泵阀网、装备制造网、纺织服装网、现代农业网及煤电铝网九个子站，商家可以通过自己行业类别分别在相关子站上推广，这样的推广效果将更加明显。如图 4-10 所示。

图 4-10　世界工厂网页面

3. 慧聪网

慧聪网成立于 1992 年，国内领先的 B2B 电子商务服务提供商，提供最新供应、求购、代理、合作、二手、招标、库存、租赁等商机信息。其会员不仅可以通过自己的商务中心来查询符合自己需要的采购信息、亲自订阅采购商机，还可以通过在线洽谈会、IM 等即时通讯工具来获得一手采购信息，并可以建立起集合产品展示、企业推广、在线洽谈、身份认证等多种功能的网络商铺。如图 4-11 所示。

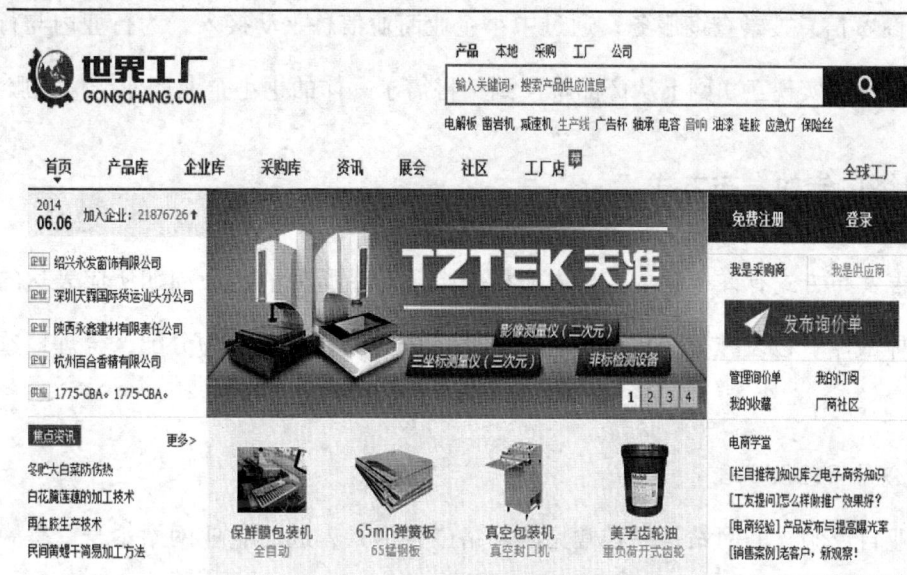

图 4-11　慧聪网页面

4. 一比多

一比多成立于 2007 年，是结合现代 Web2.0 网络营销理念打造的一站式网络营销平台，通过有机地整合各种网络营销服务手段，帮助客户实现"一步到位"地获取解决网络营销问题，其推广方式主要包括网站优化、站内推广、商机推广、行业网站联盟等内容的精准推广。如图 4-12 所示。

图 4-12　一比多页面

5. 一呼百应

国内最早掌握"专业 B2B 商贸搜索引擎"和"中小企业上下游产业链"核心技术的互联网高科技企业，通过商业信息流的整合、处理、分析为全球商贸搜索用户提供简单、高效、精准的专业 B2B 商贸信息搜索查询服务；通过中小企业商业信息主动接入，为行业内与行业间联结上下游商业信息，实现互联网上从产品推广到销售需求一体的中小企业产业链信息服务。

四、网络广告的发布方式

网络广告发布方式有许多种，广告主应根据自己产品所处的生命周期所应表达的信息、网络营销的整体战略，以及在传统媒体广告与网络广告间的人、财、物分配，合理地选择网络广告组合方式。

1. 自设公司网站做广告

建立企业自己独立的网站是一种常见的网络广告形式，同时企业网站本身就是一种活的广告。但企业的 WWW 网站不能只提供广告信息，而是要建成一种反映企业自身经营的形象网页，提供一些非广告信息，必须能给访问者带来其他利益，如可供下载的免费软件、访问者感兴趣的新闻等。从本质上讲，公司自设网站的广告是属于一种"软性广告"，即需要用户主动上网连接，才能达到发布广告信息的目的，因此这种广告方式更能符合现在理性成熟的消费者。

2. 在公共网站上发布广告

企业除了在自设网站上发布广告信息外，为了在更大范围内吸引用户，就必须通过各种网络信息服务机构，以付费的方式或部分免费的方式把本企业的广告在公共网站上发布。在公共网站上发布广告，要达到预期的效果，最关键的就是选择和确定投放广告的最佳网站。这可以从以下几个方面考虑确定：

（1）选择目标受众经常浏览的网站。选择网站的首要原则是所选网站必须是目标受众经常光顾的地方。比如某个网站的内容是吸引女性的，而自己的产品只有男士才用，显然不能将广告发布在这样的网站。但是很多网站的内容带有一定的综合性，很可能覆盖某个行业或一定年龄段的所有群体，对于这样的网站，就要审看网站的信息内容，看它适合哪个群体阅读。一般来说，广告内容与其放置的网站内容越相同或越相近，效果会越好。

（2）选择门户网站。门户网站是网民经常浏览的网站，它不仅提供各类丰富的信息，而且还提供网上搜索工具，是用户在网上浏览时最直接和最方便的途径。这类网站对于加入网络用户而言就像电话号码簿对于打电话的人一样重要，因而往往能够将成百上千从来没有访问过自己网站的目标受众吸引过来。用户的频繁访问使要求登广告的客户纷至沓来，各门户网站也都提供各种广告展位。

五、网络广告投放技巧

1. 广告目的及需求分析

企业在确定自己的广告目的后，需要分析自己的需求，为网络广告的投放设定一个目标效果。例如品牌广告，企业需要明确此次广告投放对自己产品的品牌知名度能够提升多少；若是产品广告，则须明确广告投入对应的新研发产品的销售额需要达到多少？这个目标将是企业评定广告效应的重要依据。

判断广告目标受众群体与网络媒体用户群体的重合度，选择网络媒体、频道的用户属性与目标用户属性匹配度高的网络媒体是提高广告精准投放，节省广告花销的重要步骤。要想实现这个目的，企业首先须对自己的目标客户有清晰的认识。锁定目标受众群体，基本要求广告主先了解自己的产品是面向哪类顾客，以便因地制宜地选择适合的网站投放广告。

2. 独特的广告创意及广告文案

北京奥运开幕前几个月，可口可乐公司跟腾讯QQ合作，借奥运会火炬传递的契机，在拥有2亿多用户基数的即时通信工具QQ上，举行的"可口可乐在线奥运火炬传递"活动，以娱乐为先导，让消费者互动参与其中，创造了消费者与品牌间的价值交流。

3. 广告标题展示独特之道，吸引眼球

通过标题吸引眼球，创造点击机会。这样的方法还有很多，借用热门事件和热门词汇是通用的方法之一。

4. 广告内容根据不同目标客户、不同产品量身定制

例如，在产品本身已有了一定名气，消费者对这个产品的功能作用有了一定了解的前提下，广告中就不必着重描述产品功能了，只需采用简短、直截了当的正文抓住消费者的购买诉求。例如，王老吉就强调"去火"这个效果作为重点诉求，而并非长篇累牍地介绍凉茶的配方和药效。尽量用短语，避免完整长句，采用用户熟悉的词语，尽量避免烦琐、复杂的表达是关键。

应用案例

从受众心理角度观察网络广告

网络广告的未来与它到底能在多大程度上改变人们的态度与行为有关。从受众心理的角度，我们可以看看网络广告是如何对受众产生效果的。而这一点，又有助于解释网络广告的真正长处。

其实做广告更像是打心理战，而不是一种艺术创作。了解受众对于广告的接受心理，是胜利的前提。

从受众对广告的接受过程看，其心理反应，也许可以分为以下四个阶段：感知、接收、态度、行为。

（1）感知是广告对于受众产生效果的首要环节，一般只有让人们知道一个广告的存在，才会引起接下来的各种反应。但是，在这方面，网络广告却恰恰先天不足。

允许受众拉出信息，被认为是网络的最大优点之一。网络广告似乎也就顺理成章地遗传了这一基因。但是，事实却提醒我们，需要被"拉出来"的广告，实在是很难让人"感知"，指望人们在网上注意到每一个广告是不现实的。

感知，不一定是愉悦的。很多让人舒服的广告，所带来的刺激程度，可能比不上让人厌烦的广告。网络广告过分强调赏心悦目，可能达不到预期的效果。

当然，现在有很多网络广告，也在设法争夺人们的眼球。

Flash 动画便是一种常用的手法。

"弹出式"广告，是网络对传统强制性广告的一个抄袭。它的缺点是，身手不够敏捷，以至于大部分人都可以在窗口弹出来的同时，就关闭了它。

声音，其实是做广告的最好形式之一。因为它除了占领耳朵之外，不会抢占其他资源。只要这个声音可以忍受，人们也不会与它过不去。可是，在现今的网上，似乎还没有"听"到广告——除了在千龙的音频新闻里听到了原属于北京人民广播电台的广告。

如果把音频广告与优美的背景音乐结合在一起，也许是让人们感知的一种好形式。

（2）接收，是广告流向人们的过程，是人们理解广告内容、了解产品的过程。传统平面广告的感知与接收是统一的。而在网络广告中，接收却往往需要附加动作。例如，点开链接。有时，这个过程还需要多个步骤。虽然广告创意者极力要"诱敌深入"，但受众的耐心未必那么持久。这种层层深入的做法，是沿袭了网站设计中的层次结构的做法。它过于逻辑，而忽略了人们的心理往往不是由逻辑决定的。

（3）态度，可以分为两个方面，一方面是受众对广告产生的态度，另一方面则是对产品的态度。值得注意的是，这两种态度之间，不一定存在"正相关"关系。喜欢广告，不一定就会喜欢产品；反之亦然。因为，对广告的态度，是一种审美。而对产品的态度，则是一种功利。

（4）行动，是广告的最终目的。但是，"行动"与前面的几个状态，却又可以没有必然联系。人们是否会采取购买行为，并不完全取决于是否记住了某个产品，也不取决于对广告或产品的感情。实际上，人们在购买时，"情境"所起的作用，往往要胜过广告的作用。

思考题：从自身角度出发，说明什么样的网络广告能给你留下深刻印象？

名人名言

真正的广告不在于制作一则广告，而在于让媒体讨论你的品牌而达成广告。

——菲利普·科特勒

任务示范

"世界上最好的工作"（The Best Job In The World）
——一则成功的招聘广告营销案例

全球金融危机爆发，大部分的企业因为受到冲击而纷纷采取裁员、减薪等方法以度过危机。在经济危机的时候，企业还有其他什么办法冲出重围吗？澳大利亚昆士兰州旅游局的这个经典的营销事例给了我们出人意料的答案。

2009 年 1 月，澳大利亚昆士兰州旅游局的一份招聘岛屿看护员的广告吸引了全世界的目光。该广告号称将面向全球提供一个"世界上最好的工作"，这份工作的内容比较简单，但是提供的待遇和福利却非常吸引人，半年的年薪高达 15 万澳元（约 75 万元人民币）。

接下来的几个月里，这个招聘活动赚足了全世界的眼球，2009 年 6 月 30 日，我们在百度输入"世界上最好的工作"，搜索结果达到了 100 万篇，而用 Google 搜索的同一关键词的结果则高达 1720 万条之多！

"世界上最好的工作"引爆了一颗"旅游策划的原子弹"，超过 200 多个国家和地区的34000 多人来参加应聘，英国广播公司、日本 NHK 电视台等世界多家著名媒体也相继追踪报道海选过程。

而昆士兰州、大堡礁、哈密尔顿岛等本来陌生的词汇也成为全球高知名度和美誉度的旅游向往地之一。据估计，这个活动前几个月已经带来超过 1 亿澳元（约 5 亿元人民币）的公关价值，而澳大利亚昆士兰州旅游局的全部投入不过是 170 万澳元（约合 735 万元人民币），其中还包括了护岛人 15 万澳元的薪水，真可谓是一本万利了。

"世界上最好的工作"招聘广告内容：

招聘职位：昆士兰州哈密尔顿岛看护员

工作时间：2009 年 7 月 1 日至 12 月 31 日

工作内容：清洁鱼池、喂鱼；收发信件；发表文章及上传照片、视频；接受媒体采访；巡游水域内其他岛屿等。

职位薪酬：15 万澳元/半年（约 75 万元人民币）

福利待遇：豪华住宿，工作地及申请人居住城市之间的往返机票、工作期间的保险、工作产生的交通等其他费用。

申请条件：年满 18 周岁，英语沟通良好，热爱大自然，会游泳，勇于冒险尝试新事物。

招募过程：招募活动 2009 年 1 月中旬起，申请人先上网填写申请表，上传自制 60 秒英文短片，说明申请理由。2 月 22 日申请截止，然后初选出 50 名候选者。昆士兰州旅游局再联同国际市场的代表挑选出 10 位最佳人选，再加上 1 位由招募网站访客投票选出的"外卡"候选人。5 月初，入选的 11 人将前往群岛上面试，最后选择 1 人成为哈密尔顿岛看护员。

思考题：这则招聘广告为什么吸引了公众的眼球？

知识拓展

网络广告发展的历史与概况

一、网络广告产生的历史背景

信息产业的发展极大地改变着人们的生活，同时也对传统的广告媒体产生了深远的影响。随着信息产业的高速发展，以互联网为传播媒介的网络广告（Internet Advertising）成为当今欧美发达国家最热门的广告形式。目前，我国广告公司和客商也开始涉足网络广告的新空间。这使得无论广告公司与营销厂商都面临着改变营销传播方法及选取媒体的压力和机遇。

发展适当的媒体战略时，必须考虑到很多变化，包括市场的范围、信息的性质、消费者的购买形态、预算标准、媒体的限制、竞争战略、广告主的商品需求以及媒体本身的基本性质等。将广告经费的效率发挥到极致，产生合理的到达率、频度及连续性的分量，就是媒体计划的宗旨。

与传统的四大传播媒体（报纸、杂志、电视、广播）广告及近来备受垂青的户外广告相比，网络广告具有得天独厚的优势，是实施现代营销媒体战略重要的一部分。互联网是一个全新的广告媒体，速度最快效果很理想，对于广泛开展国际业务的公司更是如此。

二、网络广告的起源

追本溯源，网络广告发轫于 1994 年的美国。当年 10 月 14 日，美国著名的 Wired 杂志推出了网络版的 Hotwired（www.hotwired.com），其主页上开始有 AT&T 等 14 个客户的广告 Banner。这是广告史上里程碑式的一个标志，同时也让网络开发商与服务商看到了一条光明的道路。

自此，网络广告逐渐成为网络上的热点，无论网络媒体或广告主均对其充满冀望。于是各网络媒体的经营者纷纷改进经营方向，向多元化发展，意在尽量地吸引多的浏览人群及广告客户。我国 IT 业界也于 1997~1998 年意识到网络广告的明朗前景，于是逐渐有网络广告出现在我国的网站中。目前，网络之门已成为各大网站的建设目标，国际知名网站

Netscape、Yahoo!、Infoseek 等早已成为网络之门，国内的广州视窗（www.gznet.com）、搜狐（www.sohu.com）、新浪网（www.sina.com）等也奋起直追，向网络之门的方向发展。毋庸置疑，网络广告引导着互联网络发展的新方向。

职业能力训练

一、单选题

1. 网上广告收费最科学的办法是（　）。

A. 按照每点击一次计费 　　　B. 按照有多少人看到你的广告来收费

C. 按照回应的有效问卷或订单来计费 　D. 按业绩收费（pay-for-performance）

2. 网络广告的最大优势是（　）。

A. 主观性 　　　　　　　　B. 客观性

C. 可控制性 　　　　　　　D. 可测量性

3. 在互联网上，有用以查询检索服务的网络服务商的站点，在这些站点查询过程中都是以关键字区分的，所以广告（　）。

A. 针对性好 　　　　　　　B. 网站醒目

C. 较易为用户所注意 　　　D. 容易成为用户浏览的首选

4. 在网络广告中，CPA 指的是（　）。

A. 每千人成本 　　　　　　B. 每点击成本

C. 每行动成本 　　　　　　D. 按业绩付费

5. 在网络广告中，PFP 指的是（　）。

A. 每千人成本 　　　　　　B. 每点击成本

C. 每行动成本 　　　　　　D. 按业绩付费

6. 一般来说，日用消费品采用（　）方法，促销效果比较好。

A. 网络公关关系促销 　　　B. 网络广告促销

C. 站点促销 　　　　　　　D. 网络广告和站点促销相结合

7. 下列各项中，（　　）不是网络营销诱发消费者购买的直接动因。

A. 产品质地　　　　　　　　　　B. 文字的表述

C. 图片的设计　　　　　　　　　D. 声音的配置

8. 消费者对网上商品比较依赖于（　　）。

A. 厂商的名气　　　　　　　　　B. 厂商的实力

C. 商品本身的质量　　　　　　　D. 厂商对商品的描述

9. 与一般的旗帜广告相比，关键词检索的优势在于（　　）。

A. 在关键词检索的页面投放广告具有较高的定位程度

B. 用户不能通过更换关键词对广告效果进行控制

C. 用户不能修改点击付费额对广告效果进行控制

D. 关键词检索的广告以 CPM 模式定价

10. 关于网络广告的分类，叙述正确的是（　　）。

A. 按照表现形式可分为静态的或动画式的旗帜广告、漂移广告、画中画广告和电子邮件广告等

B. 按照网络广告的对象不同可分为一般性网络广告、定向网络广告、分类网络广告等

C. 按照网络广告的技术特征可分为全流量广告、文本链接、插页、三维网络广告等

D. 按照表现形式可分为漂移广告、声音广告、游戏广告和电子邮件广告等

11. 全球第一个网络广告出现在（　　）。

A. 1994 年的美国　　　　　　　B. 1993 年的日本

C. 1993 年的德国　　　　　　　D. 1995 年的日本

12. 目前网络上应用最广泛的一种广告形式是（　　）。

A. 在互联网上建立介绍公司及产品的 FTP 来发布广告

B. 向广告服务商租用空间，建立自己的站点，自己进行广告运作

C. 在热门站点上做网络广告

D. 在互联网上建立介绍公司及产品的 WWW 广告服务器来发布广告

13. 投放网络广告的首选站点是（　　）。

A. 有明确浏览者定位的站点　　　B. 导航台

C. 热门站点　　　　　　　　　D. 企业站点

14.（　）是存在于文字页面中的画面，该广告可链接至其他网站，增强广告的效果。

A. 横幅式广告　　　　　　　　B. 按钮式广告

C. 画中画广告　　　　　　　　D. 全屏广告

15. 从技术层面考察网络广告的概念，下列说法不正确的是（　）。

A. 网络广告是指以数字代码为载体　　B. 网络广告是采用高水平的美工师设计和制作

C. 网络广告是通过互联网广泛传播　　D. 网络广告是具有良好的交互功能的广告形式

16. 网络促销主要分为（　）两种形式。

A. 网络主动促销和网络被动促销　　　B. 网络广告促销和网络站点促销

C. 网络直接促销和网络间接促销　　　D. 网络广告促销和网络渠道促销

17. 关于网络营销，下列表述错误的是（　）。

A. 网络营销是企业借助于互联网特性来实现营销目标的一种营销手段

B. 网络营销是电子商务的重要组成部分

C. 网络营销是通过互联网将企业原有的营销网络连接起来的一种新型的市场营销方式

D. 网络营销是现代市场营销的重要组成部分

二、多选题

1. 在互联网上有一些专门的用以查询检索服务的网络服务商的站点如 Yahoo!、Infoseek、Excite 和百度等。在这些页面上做广告的好处是（　）。

A. 在查询的过程中都是以关键字区分的，广告的针对性较好

B. 网站醒目，处于页面的明显处

C. 较易为用户所注意

D. 容易作为用户浏览的首选

2. 对促销效果评价主要依赖的数据是（　）。

A. 主页访问人次和点击次数　　　　B. 千人广告成本

C. 市场占有率的变化情况　　　　　D. 产品销售量的增加情况

3. 下列各项中，适合于网络广告促销的有（　）。

A. 化妆品、食品饮料　　　　　　B. 医药制品、家用电器

C. 大型机械产品、专用品　　　　D. 处于成长期的产品

4. 网络营销是在网上市场开展的促销活动（　　）。

A. 销售促进　　　　　　　　　　B. 网络广告

C. 宣传推广　　　　　　　　　　D. 站点推广

5. 网络广告发布时应注意的问题是（　　）。

A. 慎重选择网络广告服务提供商　　B. 避免只考虑购买网站的首页

C. 不要单纯追求网络广告的投放量　D. 网络广告的设计不要过分追求复杂

6. 消费者应当从（　　）角度考察网络广告的可信度。

A. 看发布渠道　　　　　　　　　B. 看广告用语

C. 看主页内容更换的频率　　　　D. 尝试性购买

7. 网络广告可以分为（　　）。

A. 文字广告　　　　　　　　　　B. 声音广告

C. 图形广告　　　　　　　　　　D. 视频图像广告

8. 下面各项中，影响网络消费购物的外在因素有（　　）。

A. 购物地点　　　　　　　　　　B. 商品价格

C. 购物时间　　　　　　　　　　D. 商品的新颖性

9. 网络直销的优点有（　　）。

A. 网络直销促成产需直接见面

B. 对买卖双方都有直接的经济利益

C. 及时了解到用户对产品的意见和建议

D. 简化了市场交易过程

三、简答题

1. 网络广告的特点有哪些？

2. 网络广告的发展趋势是什么？

观念应用训练

一名网络营销人员的从业之路

小胡是一名网络营销人员，他没有受过专业培训。他所有的网络知识、网络技能、工作机会均来自网络。他不是最早接触网络营销的那批人，他是处于网络营销竞争大爆发的年代，也是处于网络营销知识大爆发的年代。

1. 从手机站长起步

和很多人一样，他是从做站长开始的。和很多人不一样，他是从做手机站长开始的。那时候上高中三年级，很少有机会用电脑，就经常用手机上网。2005年开始用QQ，后来知道电脑有个工具叫"画图"，那时候兴奋得用了一个通宵泡网吧，就为了用"画图"工具把几张图片的背景用橡皮擦擦掉，然后网上下载一个GIF动画合成软件，合成一个会闪的动画，特有成就感！经常看《电脑报》，虽然上面很多看不懂，但还是看得津津有味。

2. 第一次开始推广网站

第一次开始推广网站时不懂什么叫网络营销，不懂什么叫网络推广。只是一味地追求让更多的人打开个人网站浏览。2008年，特别流行QQ空间互踩。小胡就用手机天天去踩别人的空间，把网站留下。还有一个比较大型的手机交友网站——加加城，有点类似现在的人人网，也是天天去别人"家"晃悠。功夫不负有心人，三个月后，小胡拿到了人生"第一桶金"597元，一个交友网站的广告，一个注册2毛钱（也是这个时候知道广告联盟）。

3. 逐渐走上网络营销之路

小胡上大学后，听说读大学的时候做兼职可以赚够自己的花费，不喜欢家教，不喜欢摆摊，小胡选择了网络赚钱。当时玩QQ空间的人还非常多，他就找了一个业务（QCC），就是那种在空间覆盖一个动画，可以让空间很有个性很劲爆的那种。给别人装一个15元钱，成本5元钱；招一个代理100元钱，成本20元钱。对于PC端上网的网络推广小胡还是一头雾水。不像手机上网，也就那几块，而是太多太乱了。他开始在身边的朋友间推广，网络上不断加QQ招代理。做了两个多月，赚了1000元。

一次在加 QQ 好友推广 QCC 代理的时候，知道了一个国外网络项目，去网上查找资料。放弃了 QCC，开始做这个超好赚钱的项目。

2009 年 3 月，小胡开始用织梦开源系统，用下载的一个模板修改成了一个自考招生网站。网站做好添加内容就每天更新、交换友情链接。当时和几个省份自考门户都交换了友情链接。网站上线 15 天，在谷歌 pr3、百度地区性排名第一。暑假两个月，招了几十个人，当看到自己银行卡上的数字后，第一次相信，这个可以当作一个职业。

2011 年，小胡到了一家自主生产、自主销售的产品型公司。这样的公司最符合做企业 SEM 营销的诉求。公司的网络团队非常薄弱，每天就是靠员工不断在 B2B 平台发布信息以获得客户咨询量。小胡也不得不感叹网络这个数据库够强大，一个月也有几十万元的营业额。刚到公司，他开始策划，就从搜索引擎开始。B2B 平台必须做，公司一直赖以生存的营销模式，不能放弃。但在同行竞争中，需要额外多做点什么。有业绩才有说话权，稳住脚跟才能考虑更多。

思考题：通过阅读上述小胡的网络营销之路对你有哪些启示？

👍 情景模拟训练

网络推广专员岗位职责

网络推广员小李做了以下的工作计划，如果工作上有变动或临时安排，可以随时做出调整。请阅读以下计划并回答问题：

8:00~8:30

（1）确认一天的产品推广计划。

（2）在"站长工具"中对公司网站 SEO 综合查询，包括对公司排名，百度、谷歌对公司关键词收录数量，公司反向链接收录数量，公司关键词排名情况。

（3）查看公司网站来访流量、来访关键词、来访路径，分析用户搜索热门的关键词。

8:30~10:30

（1）针对产品热门关键词，写相关的产品信息，发布到公司新闻网站，目的是利于百度、谷歌搜索引擎对公司网站的收录，保持公司网站每天都有更新。

（2）配合网络工程师对公司网站关键词的优化，提供关键词，对网站的一些建议，包括产品关键词的数量、密度，以及产品信息的发布。

10:30~12:00

在"百度知道"、"百度贴吧"、"百度百科"、"搜搜"中推广产品信息，有的是回答用户们提的信息再加上自己的产品信息推广，有的是以自问自答的方法来推广自己的产品，在百度贴吧，一般都是直接发布公司产品信息、广告词。

14:00~15:30

写一篇产品软文信息，可以发布到塞班论坛，太平洋电脑网论坛，中关村论坛，诺基亚、摩托罗亚、三星论坛及一些已经注册好的数码产品论坛中。发完后，自己再去炒作自己写的产品软文，引起网友们的热议，起到推广的作用。

15:30~16:30

（1）在以公司名义注册的新浪博客、百度博客、网易博客、天涯博客、搜狐博客等中发布公司的产品信息，基本上每个博客1~2篇。

（2）访问流量比较高的博客，并以留言的方式来推广自己的产品。

16:30~17:00

在环球资源、阿里巴巴、勤加缘、中国批发网、中国小商品网的中文网站发布公司产品信息。

17:00~17:30

邮件推广，自建QQ群，再以QQ邮件群发给相应的客户群。

思考题：对以上工作计划可作哪些改进？阅读以上工作计划后对网络推广有哪些更深切的认识？

思维拓展训练

沉睡的广告巨人

在广告行业，亚马逊有个响当当的外号——"沉睡的巨人"。之所以得此名号，是因为这家全球最大互联网零售商汇集的海量购物数据，在很多营销人员眼中，拥有无可估量的潜力。

现在，"沉睡的巨人"似乎慢慢开始苏醒。在自己网站上投放了多年的广告后，亚马逊开始向真正的互联网广告网络领域迈出了第一步：使用该公司的庞大数据库，在数以千计的第三方网站上为全球最大牌的广告主投放精准广告。

亚马逊去年末推出的移动广告网络，如今已经呈现出燎原之势，通过智能手机和平板电脑应用投放各种广告，包括苹果 iPhone 和搭载谷歌 Android 操作系统的设备。

谷歌知道人们搜索什么，Facebook 知道人们喜欢什么，也知道人们的好友是谁。亚马逊知道你上周搜索过跑鞋，还知道你一年前买过一双，这种信息更令广告主垂涎。

"在当今的营销领域，数据是黄金，亚马逊则是诺克斯堡（Fort Knox，美联储金库所在地）。"数字广告代理公司 Razorfish 首席传媒官杰夫·兰克多特（Jeff Lanctot）说。Razorfish 为奔驰、达美航空和麦当劳等客户提供服务。

亚马逊正在挺进一个竞争激烈的领域。据美国市场研究公司 eMarketer 测算，谷歌、雅虎、微软、Facebook、AOL 五大公司共计拿下了美国网络广告市场 2/3 的份额。

美国投资银行麦格理证券分析师本·沙赫特（Ben Schachter）表示，网络广告的利润率为 20%~30%，而亚马逊的零售业务却不足 5%。

但分析师估计，该公司广告业务的年营业收入已经至少达到 5 亿美元。曾经担任亚马逊高管，目前经营电子商务个性化公司 RichRelevance 的大卫·赛灵格（David Selinger）最近预测，亚马逊广告业务今年的营收将达到 10 亿美元。

与今年 750 亿美元的总营业收入预期相比，这似乎仍然不值一提。但从长期来看，如果能够在美国数字广告市场夺取更多份额，亚马逊的广告业务可能会变得非常可观。据

eMarketer 测算，美国数字广告市场规模到 2015 年将达到 500 亿美元。

"它是否会与雅虎、Facebook 或 AOL 的广告业务对抗？"沙赫特说，"肯定会。"

购物数据优势：这正是亚马逊的优势所在：在过去的 15 年间，它追踪了成千上万网购用户在亚马逊网站上的浏览、搜索和购买记录，可以使用这些信息向用户推荐相关产品。现在，它开始利用这些数据提升广告位的购买效率，然后将广告在合适的网站、合适的时间，展示给合适的消费者。

思考题：为什么说亚马逊是网络中"沉睡的广告巨人"？

任务 12 新闻组营销

任务目标

通过本次任务实训，了解新闻组的概念、特性，能够自己设置、管理新闻组，掌握通过从新闻组来获取信息的方法。

项目任务书

任务名称	新闻组营销	任务编号		时间要求	
要求	1. 使用 Outlook Express 设置新闻组账户 2. 订阅某一个新闻组栏目，收集所需要的信息 3. 利用新闻组发布一则广告				
重点培养的能力	理论联系实际能力、网络操作能力、资料分析能力				
涉及知识	新闻组账号设置，新闻组使用方法，新闻组操作流程，新闻组广告发布，新闻组广告营销				
教学地点	教室、机房	参考资料			
教学设备	投影设备、投影幕布、能上网的电脑、Outlook Express 5.0 以上				

训练内容

1. 听教师讲解案例及相关知识（时间约　　分钟）
2. 制订工作计划，了解团队要做什么，要达到什么样的目的（时间约　　分钟）；组长进行分工安排，每个人在自己的项目任务书相应栏进行记录（时间为　　分钟），组员开始行动
3. 用 Outlook Express 设置新闻组账户，订阅新闻组（时间约　　分钟），分析讨论（时间约　　分钟）；得出结论；撰写分析报告（填写任务产出表）（时间约　　分钟）
4. 利用新闻组发布广告（时间约　　分钟），分析讨论（时间约　　分钟）；得出结论；撰写分析报告（填写任务产出表）（时间约　　分钟）

训练要求

在完成任务的过程中能自主学习并掌握新闻组的有关知识；能够在规定的时间内完成使用 Outlook Express 设置新闻组；新闻组的使用；能够在规定的时间内，撰写出分析报告；团队制订了工作方案，工作有成效（能够进行很好的时间管理），团队合作较好

成果要求及评价标准

成果要求：需提交下列书面文件。
　　1. 本项目组成员的分工情况
　　2. 本项目组提交用 Outlook Express 设置新闻组、订阅新闻组的步骤，利用新闻组发布网络广告的方法
评价标准：
　　1. 对新闻组账户设置准确，新闻组信息采集与发布的方法正确对新闻组知识掌握较好，分析报告质量优
　　2. 对新闻组账户设置基本准确，新闻组信息采集与发布的方法基本正确，对新闻组知识了解一般，分析报告质量良
　　3. 新闻组账户设置方法正确，但不完整，对新闻组的使用不准确，分析报告质量合格
　　4. 新闻组账户设置不正确，新闻组的使用不正确，分析报告质量差
符合上述标准 1，成绩为优秀，可得 90~100 分；符合标准 2，成绩为良好，可得 70~80 分；符合标准 3，成绩及格，可得 60~70 分；符合标准 4，成绩为不及格，得分 60 分以下；介于这几种标准之间的，可酌情增减分

任务产出一	成员姓名与分工	成　员	学　号	分　工
		组　长		
		成员 1		
		成员 2		

续表

		学　员	学　号	分　工
任务产出一	成员姓名与分工	成员3		
		成员4		
		成员5		
		成员6		
任务产出二	列举出常用的新闻组及其特点			
项目组评价			总分	
教师评价				

引导案例（情景导入）

最早将新闻组应用于网络营销的"绿卡抽奖"广告信

微软的中文新闻组中对新闻组作了这样的一个定义：讨论组（亦称新闻组）是互联网上的一个区域，人们在这里通过张贴和读取有关自己和社区中其他人共同感兴趣的主题的消息来进行交互。每个讨论组可以包含多个讨论线程，或者一系列的相关消息。每条消息可以是对早先的消息的响应，也可以某种方式讨论新闻组的全局性主题。与发送给特定个人并且只对特定个人可见的电子邮件不同，在讨论组中张贴的消息对所有人均可用且可见。

但通俗地来说，新闻组就像是一个可以离线浏览的 BBS，它是个人向新闻服务器粘贴邮件的集合地。电脑在线时，我们可以通过新闻组浏览时间将新闻组里面的帖子全部下载到本地电脑来阅读，我们也可以自由地在新闻组服务器上粘贴消息，使用新闻组既可以节省大量的上网时间，又可以阅读到大量的资料，因此，特别是在互联网发展初期，上网费用较为昂贵时，新闻组是人们互相交流的主要方式之一。

也正是因为如此，很早就有一些人看到了网络营销的契机，就是以新闻组作为网络营销的场所。美国的亚利桑那州就有两位从事移民签证咨询服务的律师夫妻决定从这个新生事物上赚上一笔。于是他们于 1994 年 4 月 12 日把一封"绿卡抽奖"的广告信发到每一个他们可以发现的新闻组。他们的"邮件炸弹"让许多服务商的服务一时处于瘫痪状态，引起了轩然大波。这对律师夫妻从网上赚钱后半年多时间，网络广告才正式诞生，此后 15 个月全球著名的亚马逊网上商店才成立。据这两位律师在所著的《网络赚钱术》中说，他们只花费了 20 美元的上网通信费，就吸引来 25000 个客户，赚了 10 万美元。

　　思考题：如何利用新闻组发布广告？

知识链接

一、新闻组概述

　　新闻组（Usenet/News Group），简单地说就是一个基于网络的计算机组合，这些计算机被称为新闻服务器，不同的用户通过一些软件可连接到新闻服务器上，阅读其他人的消息并可以参与讨论。新闻组是一个完全交互式的超级电子论坛，是任何一个网络用户都能进行相互交流的工具。新闻组是个人向新闻服务器所投递邮件的集合。它有点类似论坛，是一个超大型的讨论区。一个新闻组上又有不同类别的子新闻组（类似于论坛的讨论区）。在新闻组你可以找到各种问题的答案，得到网友的帮助，如你的声卡不出声了，可以发一封邮件询问，很快就有人给你解答。如图 4-13 所示。

图 4-13　新闻组页面

1. 新闻组的优点

（1）海量信息：目前国外有新闻服务器 5000 多个，据说最大的新闻服务器包含 39000 多个新闻组。

（2）直接交互性：在新闻组上，每个人都可以自由发布自己的消息，不管是哪类问题、多大的问题，都可直接发布到新闻组上和成千上万的人进行讨论。

（3）全球互联性：全球绝大多数的新闻服务器都连接在一起，就像互联网本身一样。

（4）主题鲜明：每个新闻组只要看它的命名就能清楚它的主题。

（5）效率高：可以很快地访问近千个"帖子"。

（6）自由交流。

2. 新闻组的不足之处

新闻组不提供 BBS 支持的即时聊天，也不提供论坛系统的"短消息"即时私人对话。

3. 国内新闻组

下面介绍几个：

（1）济南万千 News://news.webking.com.cn。目前国内最活跃、最受欢迎的新闻组，设有 400 多个讨论组，管理者也非常负责，强力推荐！

（2）大洋 News://news.dayoo.com。"北有万千，南有大洋"，大洋新闻组是国内两大著名中文新闻组之一，最吸引网虫们的特点是可以申请开设个人组！设有 200 多个讨论组，推荐使用！

（3）CEI 自由 News://news.freesoft.cei.gov.cn。探讨计算机技术，内容较深，由博士主持，适合于专业电脑人士。

（4）浙江宁波 News://news.nb.zj.cninfo.net/。比较稳定，客流活跃。

（5）新帆新闻组 News://newsfan.net。目前国内人气最旺的新闻组之一，里面有关于电脑、生活、科学、教育等很多方面的内容，不可不去。

（6）微软中文新闻组 News://msnews.microsoft.com。微软的一个技术新闻组，是为所有中文用户开辟的一个全新的技术交流空间。探讨最新技术、共享使用经历、研究技术难题是这里的最大特点。

二、新闻组营销

1. 新闻组广告发布

在新闻组中散发消息进行网络营销要比那些拉网似的垃圾邮件强许多，主要是因为读者的

针对性强，同时也避免了信息传递的强制性。新闻组广告也称 Usenet 广告。在 Usenet 中，有一些专门用于交流商业信息的讨论组，这些组的名字中经常含有"ForSale"、"Marketplace"、"Ad"等字眼。企业可以选择一些讨论组或者开设专门的子讨论组，发布自己的广告信息。但是，由于一些历史原因，新闻组的使用者以及新闻组的管理者对于那些单纯的商业宣传十分敏感，并会坚决反对，因此你必须尽可能地了解它的使用规则，避免一切可能引起别人反感的行为，这样，你才有可能从中受益。

2. 新闻组广告策略

（1）经常地在选定的新闻组中张贴消息或回复别人张贴的消息。通过活跃于新闻组中并经常张贴一些消息及回复别人提出的问题，不仅可以在发出的消息中加入一些产品或服务宣传信息，而且还能在这些组中留下一个非常专业的形象。

（2）张贴一些能为观看者提供有价值信息的文章。在新闻组中张贴含有一定信息量的文章可以最快地获得行销的效果。即在适当的新闻组中张贴一些有关推广产品或服务的文章，但这些文章必须包含一定有价值的信息，这样，当人们看到这些文章时，不仅了解了您的产品或服务，并且还从中得到了新的知识，从而又对推广的产品或服务产生信任。

（3）网站升级通知。当在 WWW 网站上增加了一些新的内容时，如增加了一些新的文章、新的服务内容等，就应该在新闻组中发布通知，让那些感兴趣的观众访问新增加的文章，从而扩大销售量。

（4）在新闻组中发布推广的网站，并请求别人提出意见。即在相关的新闻组中发布您的网站信息，并邀请人们访问，然后提出意见。

（5）明确的广告警示内容。在新闻组中直接进行广告宣传是不合适的，并且会引起别人的强烈反感。但是，有一种简单的方法您可以尝试一下，即在张贴的文章的最前面加上一条警示内容，如"本信息不是用于推销产品"。这种方法比较适于那些高价值的产品或服务。

应用案例

猫扑网

Web2.0 已经成为一个新营销时代的符号，在这个"所有行业都是娱乐行业"的年代里，Web2.0 基础上的互动娱乐营销也正掀起一场全球性的营销革命，成为企业推广的一个主流手段。

在第 13 届广告节上，海外人士评价中国的"第一娱乐门户"猫扑网在互动营销领域表现极为出色，"中国的新闻组营销已经走到了世界前列"。Web2.0 技术使用户从信息的接收者变成了传递者，最成功的应用是 Social Networking（网络社交），目前全球前一百名的网站里，有几十家属于 Social Networking 网络，比如 Myspace、Facebook 以及 Orkut。

任何成功网站都有自己的撒手锏，Myspace 其实是把音乐的应用整合到了技术平台里去，符合了用户的需求，把喜爱音乐的原创力量整合到了一起。而猫扑网是以"交友"作为撒手锏的，中国用户的合群性需求特别强烈，而中国现在的发展阶段，用户通过互联网打开地域和心理界限进行交流的意愿也非常强，所以猫扑网把 Web2.0 服务优势集中在了"交友"上，比如在"我的空间"页面设置了基于页面端的 IM（即时沟通工具），网友可以看到其他好友是否同时在页面，可以随时打开对话框交流。这是猫扑"我的空间"和普通博客最大的不同。

和其他传统门户相比，猫扑网不仅发布信息，更是用来培育用户社会关系网络的，不是简单的信息发布者和浏览者，而是营造"好友"关系，比如"我的空间"以好友网状结构形态存在，每个用户处在一个人际关系网的节点上。

猫扑网的营销理念就是做用户为核心的深度营销。我们有很多自己的追求和所依托的信念，在营销上与传统媒体只是进行简单曝光完全不同，虽然曝光是基础，但 Web2.0 网站是以用户为核心的，使得我们一定要做深度营销。这个绝对是营销的大趋势。

思考题：猫扑网的成功之处在哪里？优势有哪些？

名人名言

我们进入网商时代，这个是互联网真正的价值所在。

——马云

知识拓展

新闻服务器

新闻组服务 Newsgroups 是互联网上重要的网络信息服务。同 WWW、E-mail 和 FTP 一样为互联网上的四大网络信息服务系统之一。新闻组服务使用的网络协议是 Network News Transfer Protocol，简称 NNTP，端口号为 119。NNTP 是网络新闻传输协议的缩写。

网络新闻组服务是基本 NNTP 协议工作的，NNTP 是一个客户机/服务器协议，IIS 实现服务器平台，典型的客户端软件包括 Outlook Express 以及 Foxmail、Microsoft Internet Mail and News 等。

新闻组客户通过客户端软件连接到新闻服务器上，然后把自己感兴趣的帖子下载到自己的计算机中讨论回复，也可以断线阅读。新闻组的实现方式与电子邮件服务非常相似，它们都是以邮件形式进行传递的，但是，新闻组与电子邮件的本质区别在于电子邮件通常

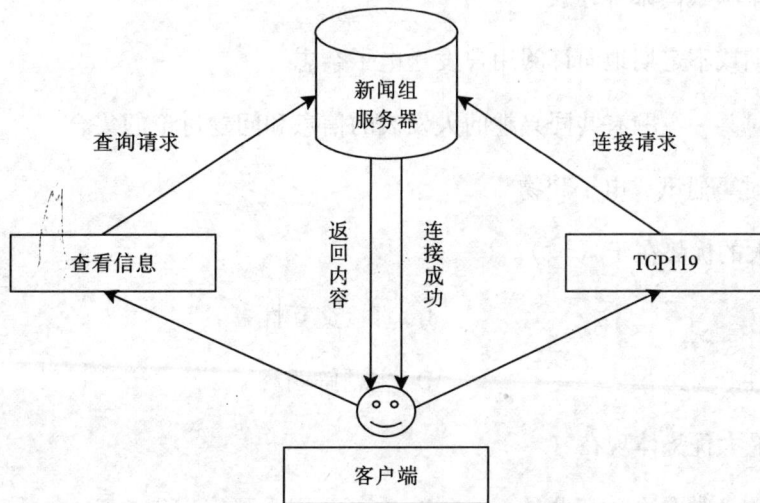

是双向的、私密的，也就是两个用户之间传递消息，而新闻组是多向的、开放的，多个用户共同查看同一条消息，任何人都可以对消息进行评价和讨论。新闻组服务器是一个基于网络的计算机组合，服务器上的帖子不仅可以是文字，也可以带有图案和音频，以及其他多媒体内容。新闻组服务器周期地与相邻服务器更换内容，这样可以定时更新服务器内容，而系统自动删除过时的信息。

人们要加入网络新闻组的时候，通常要连接一个网络新闻组服务器主机地址，这些网络新闻组服务器地址通常由提供 Internet 连接服务的机构建立，一旦有了新闻服务器主机地址，你就成为这些服务器的用户。另外，新闻组服务器接收世界各地其他网络新闻组成员所发表的消息，把它储存起来，等待自己用户接收并储存所有新闻组的内容，所需要的储存空间将相当大。NNTP 服务自身的特性决定了新闻组站点包含的文章将随着时间的推移而越来越多，如果不加节制，可用的磁盘空间将迅速消失。NNTP 站点有防止文章老化的规则，它提供了判断一个新闻文件是否应从系统中删除以节省磁盘空间的详细策略。

👍 职业能力训练

一、单选题

1. 对信息采集工具新闻组的描述正确的是 （   ）。

A. 新闻组是单项式的邮件列表

B. 新闻组定期或不定期地向订阅用户发送电子杂志

C. 新闻组是对某一主题有共同兴趣的人发表的信息和问题讨论的集合

D. 新闻组是时事通讯或电子刊物

2. 新闻组最大的优势在于 （   ）。

A. 海量信息   B. 直接交互性

C. 全球互联性   D. 主题鲜明

3. 新闻组的最大优势体现在 （   ）。

A. 新闻组的服务器是全球互联的   B. 在新闻组上可以发表文章

C. 新闻组主题鲜明　　　　　　　　D. 新闻组具有直接交互性

4. 以下关于新闻组高效率的管理运行机制说法不正确的是（　　）。

A. 用户每次利用新闻组客户端软件下载的都是新标题和新文章

B. 访问新闻组不可以和浏览主页、发送电子邮件、下载和 ftp 上传文件同时进行

C. 切断网络连接后，用户不可以在本地阅读、回复文章

D. 新闻组客户端软件能够对各种新闻组信息进行有效的组织，这将降低用户新闻处理效率

5. 以下对新闻组的定级类别介绍不正确的是（　　）。

A. comp 商业类　　　　　　　　　B. sci 科学类

C. rec 计算机类　　　　　　　　　D. alt 杂类

6. 不属于新闻组中发布信息技巧的是（　　）。

A. 在发布信息的同时使用动画

B. 在新闻组中发布网站，并请求别人提出意见

C. 张贴一些能为观看者提供有价值信息的文章

D. 经常在选定的新闻组中张贴消息或回复别人张贴的消息

7. 新闻组与 Web 页面最大的不同是（　　）。

A. 服务器之间互相传递数据，使本地用户必须登录到远处去读取信息

B. 服务器之间互相传递数据，使本地用户无须登录到远处去读取信息

C. 服务器之间不能互相传递数据，使本地用户必须登录到远处去读取信息

D. 服务器之间不能互相传递数据，使本地用户无须登录到远处去读取信息

二、多选题

1. 在新闻组中发布信息，需要避免的问题有（　　）。

A. 发布营利性广告　　　　　　　　B. 信息短小精悍

C. 把同一信息发送到多个组中　　　D. 主题鲜明

2. 新闻组提供的功能有（　　）。

A. 离线浏览　　　　　　　　　　　B. 传递各种格式的文件

C. 免费使用　　　　　　　　　　　D. 下载文章

3. 我们通常说的互联网上的三大账号是 （　　）。

A. 电子邮件账号　　　　　　　B. 上网账号

C. 新闻组账号　　　　　　　　D. 电子银行账号

4. 新闻组提供的功能有 （　　）。

A. 离线浏览　　　　　　　　　B. 传递各种格式的文件

C. 免费使用　　　　　　　　　D. 下载文章

5. 新闻组的英文写法为 （　　）。

A. USENET　　　　　　　　　B. BBS

C. NEWSGROUP　　　　　　　D. TELNET

三、填空题

1. 在新闻组软件中，点击工具栏中的 （　　）可以将一个文件作为帖子的附件一并发送。

2. 访问新闻组和浏览主页、发送电子邮件、下载和FTP上传文件 （　　）进行。

3. 在新闻组中发布广告需要根据 （　　）的主题来选择讨论组。

4. 新闻组 （　　）软件能够对各种新闻组信息进行有效的组织，方便用户查询、阅读、回应，能够提高用户信息处理效率。

5. 新闻组中发布信息技巧包括 （　　）、（　　）、（　　）、（　　）。

6. 新闻组是互联网上非常重要的资源，通常以 （　　）方式向用户开放。

四、简答题

1. 请比较电子邮件、新闻组的异同，它们各适用于什么场合？

2. 用 Outlook Express 增加一个 CN99 新闻组。

3. 新闻组在电子商务中有什么作用？

观念应用训练

网络广告在企业营销中的发展前景

网络广告自从产生之日起，就如同互联网一样经历了高速度的发展，从国外到国内，网络广告从来没有停止增长的步伐，近几年来，国内网络广告发展势头迅猛，特别在全球化营销的浪潮中，中国的网络广告也正成为国内许多企业进行国内或国际营销的重要工具。同时来自其他媒体的冲击依然存在，诸如互动数码电视的出现，将打破原有的由网络媒介垄断的互动优势，这也势必会对网络广告产生影响。但不容置疑的是，网络媒介自身的技术优势很大，关键在于网络广告应如何充分运用自身的技术优势，并且寻求适合自己的广告策略，提升网络广告的吸引力。

由于互联网存在一些自由网站和免费的信息空间，因此企业可利用网络的这一技术特征来做网络广告，比如使用新闻组和网络论坛。

新闻组不同于正式的新闻传播或出版，它是公众进行讨论和信息分享的自由网站，公众可以自由加入，成为其中的一员。新闻组成员可以阅读到大量公告，也可以发表自己的广告或回复他人的公告。新闻组因不同的讨论主题而划分为不同的网站。企业可以选择与本公司产品相关的新闻组发表公告。虽然，按照传统观念新闻组和网络论坛是拒绝开展广告活动的，但企业仍可以采用一些 Usenet 上可接受的方式与方法开展广告活动。在 Usenet 中发布广告信息的方式主要有三种：可以在某个组中单独挑起一个话题，吸引预定的受众对象加入进来；也可以寻找一个与所做广告相关的话题讨论组，巧妙的插入，将自己的广告信息有机地融入其中；还可以选择某个组的适当位置单纯地粘贴广告。需要注意的是：无论选用什么方式，一定要根据广告信息的主题选择新闻组，并且要注意技巧，以免引起其他成员的不满。Usenet 通过一些约定俗成的规则来维持其秩序，了解和掌握这些规则是非常必要的。如在讨论组中发布营利性的广告是粗野的和无理的；在讨论组里发布信息要短小精悍，主题要鲜明且与讨论组的主题相符；要相互尊重、互通有无等。

思考题： 网络广告与新闻组是如何联系在一起的？

👍 **情景模拟训练**

新闻组搜索详解

新闻组有详尽的分类主题，某些主题还有专人管理和编辑，具有大量的有价值信息。由于新闻组包含的信息实在是海量，因此不利用工具进行检索是不大可能的。DEJA 一直是新闻组搜索引擎中的佼佼者。2001 年 2 月，Google 将 DEJA 收购并提供了所有 DEJA 的功能。现在，除搜索之外，Google 还支持新闻组的 Web 方式浏览和张贴功能。

进入 Google 新闻组"http://groups.Google.com/"，你有两种信息查找方式。一种是一层层地点击进入特定主题讨论组，另一种则是直接搜索。现在，我们进行一个最简单的搜索试验，查找一下新闻组中关于山顶洞人的讨论信息。

搜索："山顶洞人"。

结果：在各群组内搜索山顶洞人共约有 2400 项查询结果，这是第 1~10 项。搜索用时 0.94 秒。

搜索结果默认按照"留言内容"排列，但是你也可以点击"依照日期"按钮，让帖子按照发布日期排列。

因为新闻组中的帖子实在太多，而且又涉及一些普通搜索所没有的语法，所以建议使用"高级群组搜寻"进入高级搜索界面。新闻组高级搜索提供留言内容、分类主题、标题、留言者、留言代码、语言和发布日期作为条件进行搜索。其中作者项指作者发帖所用的唯一识别号电子信箱。

思考题： 如何实现新闻组搜索？

思维拓展训练

"安琪酵母"利用新闻组开展市场营销的成功案例

安琪酵母股份有限公司是国内最大的酵母生产企业。酵母在人们的常识中是蒸馒头和做面包用的必需品，很少直接食用。而安琪酵母公司却开发出酵母的很多保健功能，并生产出可以直接食用的酵母粉。

酵母粉这种人们完全陌生的食品，安琪公司首选论坛进行推广。于是，它们开始在新浪、搜狐、TOM等有影响力的社区论坛里制造话题。之所以这样做，是因为在论坛里，单纯的广告帖永远是版主的"眼中钉"，也会招来网友的反感，制造话题比较让人能够接受。

2008年6月，当时有很多关于婆媳关系的影视剧在热播，婆媳关系的关注度也很高。因此，公司策划了《一个馒头引发的婆媳大战》事件。事件以第一人称讲述了南方的媳妇和北方的婆婆关于馒头发生争执的故事。

帖子贴出来后，引发了不少的讨论，其中就涉及了酵母的应用。这时，由专业人士把话题的方向引到酵母的其他功能上去，让人们知道了酵母不仅能蒸馒头，还可以直接食用，并有很多的保健美容功能，比如减肥。由于当时正值6月，正是减肥旺季，而减肥又是女人永远的关注点。于是，论坛上的讨论，让这些关注婆媳关系的主妇们同时也记住了酵母的一个重要功效——减肥。为了让帖子引起更多的关注，公司选择有权威的网站，利用它们的公信力把帖子推到好的位置。

除了论坛营销，安琪酵母又在新浪、新华网等主要网站发新闻，而这些新闻又被网民转到论坛里作为谈资。这样，产品的可信度就大大提高了。

在接下来的两个月时间里，安琪酵母公司的电话量陡增。消费者在百度上输入了"安琪酵母"这个关键词，页面的相关搜索里就会显示出"安琪即食酵母粉"、"安琪酵母粉"等十个相关搜索，安琪酵母获得了较高的品牌知名度和关注度。

思考题：安琪酵母公司新闻组营销的策略是什么？

参考答案

项目一　网上开店（B2C）

任务1　网络平台选择

一、单选题

1. C　2. B　3. A　4. B　5. C　6. D　7. B　8. D　9. C　10. C　11. D　12. A　13. D

14. A　15. D

二、多选题

1. ABC　2. BC　3. ABC　4. ACD　5. ACD

三、填空题

1. 淘宝网的交流工具是（阿里旺旺）。

2. 网络平台主要包括（自建独立网店）和（第三方平台）两大类。

3. 网上开店的优势有（开店成本极低）、（经营方式灵活）、（基本不受时间、地点、面积的限制）、（广泛的消费者范围）等。

4. 第三方网络平台的优点是（平台大）、（用户多）、（品牌保证）。

5. 目前可以免费网上开店的网站有（淘宝网、易趣网、拍拍网）。

6. 京东商城由（刘强东）创立。

7. 设立专门的网站作为销售平台的缺点是（需专业运营、推广人才，操作流量、转化率等）。

8. 易趣网 C2C 购物的基本流程为: 寻找商品 (浏览商品) (联络买家) (付款) 做出评价。

9. 电子商务的收益可大体分为 (企业的收益)、(对消费者的收益) 和 (社会效益) 三个方面。

10. 传统市场的主体是 (市场), 电子商务环境下的市场主体是 (消费者)。

任务 2　天猫开店

一、单选题

1. B　2. C　3. A　4. B　5. C　6. A　7. C　8. B　9. A　10. C　11. A　12. B　13. D 14. A　15.C　16.B　17.C　18.B

二、多选题

1. ABCD　2. ABD　3. ABC　4. ABC　5. ABCD

三、填空题

1. (2012) 年 1 月, 淘宝商城正式宣布更名为 "天猫"。

2. 天猫具有的普通店铺不具备的功能是 (信用评价无负值, 从 0 开始, 最高为 5, 全面评价交易行为)、(店铺页面自定义装修, 部分页面装修功能领先于普通店铺和旺铺)、(产品展示功能采用 Flash 技术, 全方位展示您的产品)、(全部采用商城认证, 保证交易的信用)。

3. 天猫提供的服务包括 (七天无理由退换货)、(正品保障)、(信用评价)。

4. 天猫开店的流程主要有 (淘宝会员注册)、(支付宝相关操作)、(在线报名)、(等待审核) 和 (开业大吉)。

5.具备天猫开店资格的是 (企业商家)。

6. 7 天无理由退换货规则的 "7 天" 是 (以物流签收运单显示时间为准)。

7. 商城积分有效期是 (至少为 1 年)。

8. 天猫商城正确的支付方式是 (支付宝)。

项目二　网络支付

任务 3　网上银行

一、单选题

1. B　2. C　3. B　4. B　5. D　6. B　7. D　8. C　9. D　10. B　11. A　12. C　13.C

14. C　15. B

二、多选题

1. ABC　2. ABCD　3. ABCD　4. AB　5. BCD　6. CD　7. ABC　8. BCD　9. AC　10. AB

三、填空题

1. 网上银行的优势有（全面实现无纸化交易）、（服务方便）、（经营成本低廉）、（简单易用）。

2. 网上银行密码区分大小写吗？（填是/否）（是）。

3. 客户在个人网银可以修改取款的交易密码吗？（填是/否）（否）。

4. 网络银行的核心问题是（信息安全性）。

5. 个人网银签约、注销的范围是（全国任一联网网点）。

6. 开通个人网银是否可以代办？（填是/否）（否）。

7. 信用卡的基本功能主要表现在（ID 功能）、（结算功能）、（信息记录功能）三种功能。

8. 目前国内外一些银行在网上实现的服务大体可分为三类，即（信息服务类）、（查询类）、（交易类）。

任务4　电子支付

一、单选题

1. B　2. A　3. B　4. D　5. B　6. C　7. C　8. B　9. B　10. A　11. A　12. A　13. D

14. A　15. C

二、多选题

1. ABC　2. CD　3. ABC　4. ABCD　5. ABC　6. AB　7. ABCD　8. ABCD　9. ABC

10. ABC　11. AC

三、填空题

1. 信用卡按发卡机构的性质不同，可分为（金融卡）和（非金融卡）。

2. 我国最大的第三方支付平台是（支付宝）。

3. 常用电子支付工具有（电子信用卡）、（电子现金）、（电子钱包）、（电子支票）等。

4. 第三方支付平台的优势有（有助于打破银行卡壁垒）、（作为中介方，可以促成商家和银行的合作）、（能够提供增值服务）、（可以对交易双方的交易进行详细的记录）。

5. 第三方支付平台正是在（商家）与（消费者）之间建立了一个公共的、可以信任的中介。

6. 电子支付指电子交易的当事人，包括（消费者）、（厂商）和（金融机构），使用安全电子手段通过网络进行的货币支付或资金流转。

7. （安付通）是由（易趣）联合贝宝 PayPal，向买卖双方提供的一种促进网上安全交易的支付手段。

8. 电子钱包是一个可以由持卡人用来进行安全电子交易和储存交易记录的（软件）。

9. 电子现金的特点是（匿名性）、（适合于小交易）、（身份验证由 E-Cash 自己完成，E-Cash 通过加密和数字签名防伪）。

10. 电子支票是一种借鉴纸质支票转移支付的优点，利用（数字传递）将钱款从一个账户转移到另一个账户的电子付款形式。

项目三　网店后台管理

任务 5　阿里巴巴进货

一、单选题

1. A　2. A　3. B　4. A　5. B　6. B　7. A　8. B　9. D　10. D　11. A　12. C　13. A

14. D

二、多选题

1. ABCD　2. ABD　3. ABC　4. ABCD　5. AD

三、填空题

1. 发布求购信息是指（寻找合适的供应商）。

2. 2006 年 2 月中国电子商务协会授予杭州（中香化学有限）公司为"电子商务试点企业"。

3. 网络采购的价值链包括（价格透明）（效率高）、（竞争性强）、（节约成本）。

4. 网络采购的类型有（行业采购平台集中采购）、（独立采购）、（外包采购）。

5. 阿里巴巴是（B2B）的贸易平台。

任务6 网上店铺装修

一、单选题

1. B　2. C　3. C　4. B　5. C　6. B　7. D　8. B　9. C　10. B　11. D　12. B　13. B

14. B　15. C

二、多选题

1. AC　2. ABC　3. ABC　4. ABC　5. ACD　6. ABC

三、填空题

1. 卖家在商品图片上添加店铺 Logo，主要是为了（让人容易发现你，记住你）

2 订购旺铺时赠送的增值服务是（图片空间）

3. 店铺开业时首先应该做的就是（对店铺进行相应的"装修"）

4. 店铺首页下方的店铺留言最多回复（不限制）　次

5. 选择快递发货的优势是（送货上门）

任务7 网上发布宝贝

一、单选题

1. A　2. B　3. C　4. A　5. C　6. A　7. B　8. A　9. B　10. C　11. B　12. B

二、多选题

1. ACD　2. ACD　3. AB　4. BC　5. ABCD

三、情景题

1. C　2. D　3. A　4. A　5. A

任务8 网店商品管理

一、单选题

1. C　2. A　3. B　4. C　5. B　6. B　7. B　8. C　9. B　10. A　11. A　12. A　13. B

14. D　15. D

二、多选题

1. BCD　2. ABCD　3. AB　4. ACD　5. ABCD　6. ABC

三、简答题

（1）发布店铺公告——重要信息、最新通知。（2）宝贝描述。（3）商品分类。（4）进货验收。

（5）退换货的处理。

任务 9　网店客服

一、单选题

1. B　2. C　3. A　4. C　5. B　6. C　7. B　8. C　9. B　10. C　11. B　12. C　13. A

14. B　15. A

二、多选题

1. ABC　2. AC　3. ABD　4. ACD

三、判断题

1. 错　2. 错　3. 错　4. 错

四、情景题

1. C　2. C　3. B　4. ABCD　5. ABCD

项目四　网络推广

任务 10　群发 E-mail 营销

一、单选题

1. B　2. C　3. C　4. B　5. C

二、多选题

1. BCD　2. ABC　3. BD　4. ABCD　5. AC　6. ABC　7. BD　8. ABCD　9. BCD

10. ABCD　11. ABCD

三、简答题

1. 邮件营销是指在电子商务平台上进行的一种新的营销方式，并且可以得到大多数人的认可，因为进行邮件营销的对象是你产品的订阅者，是在他们知情的情况下进行的营销，而垃圾邮件是未经你许可的情况下进行的，是违背你客户意思的。

2. 优点：

（1）E-mail 营销的成本与传统营销方式相比要低得多。

（2）E-mail 营销的回应率与其他营销方式相比效果显著。

（3）E-mail 营销可以通过电子刊物来促进顾客关系。

（4）许可 E-mail 营销可以满足用户个性化的需求，根据用户的兴趣预先选择有用的信息。

（5）E-mail 营销反应迅速，它的传递速度是传统直邮广告无法比拟的。

（6）E-mail 营销可以实现营销效果监测。

（7）E-mail 营销具有相对保密性。

（8）E-mail 营销针对性强，减少浪费。

缺点：

（1）应用条件受限制，必须具有一定的上网设备才可以接收和阅读。

（2）市场环境不成熟。

（3）邮件传输由于受到网络速度、用户电子邮箱空间等限制，并不是所有的信息都可以通过 E-mail 传递。

（4）营销效果的限制。

（5）信息传递障碍。

（6）掌握用户信息有限。

（7）垃圾邮件的影响。

（8）专业化程度很低。

（9）价格优势是相对的。

（10）邮件阅读率降低。

（11）电子邮件的寿命通常比其他出版物要短。

（12）E-mail 营销的回应率在逐年降低。

任务 11 网络广告营销

一、单选题

1．B 2．D 3．A 4．C 5．D 6．B 7．D 8．D 9．A 10．B 11．A 12．C 13．B 14．A 15．B 16．B 17．C

二、多选题

1．ABCD 2．ABCD 3．ABD 4．ABCD 5．ABCD 6．ABCD 7．ABCD 8．ABCD 9．ABC

三、简答题

1.（1）网络广告的互动性。

（2）消除时间以及空间的限制。

（3）网络广告更具经济性。

（4）网络广告效果的可测评性。

（5）网络广告的目标性、针对性强。

2.（1）信息专业化。

（2）互动人性化。

（3）运营严密化。

（4）形式新颖化。

（5）流量巨大化。

任务 12　新闻组营销

一、单选题

1. C　2. C　3. A　4. A　5. C　6. A　7. B

二、多选题

1. AC　2. ABC　3. ABC　4. BCD　5. ACD

三、填空题

1. 发送按钮

2. 可以同时

3. 广告信息

4. 客户端

5. 经常地在选定的新闻组中张贴消息或回复别人张贴的消息

　　张贴一些能为观看者提供有价值信息的文章

　　网站升级通知

　　在新闻组中发布网站，并请求别人提出意见

6. 向所有用户免费